# 全球议题的专业化报道

## ——气候变化新闻实务读本

贾鹤鹏　张志安◎主编

英国大使馆文化教育处◎总策划

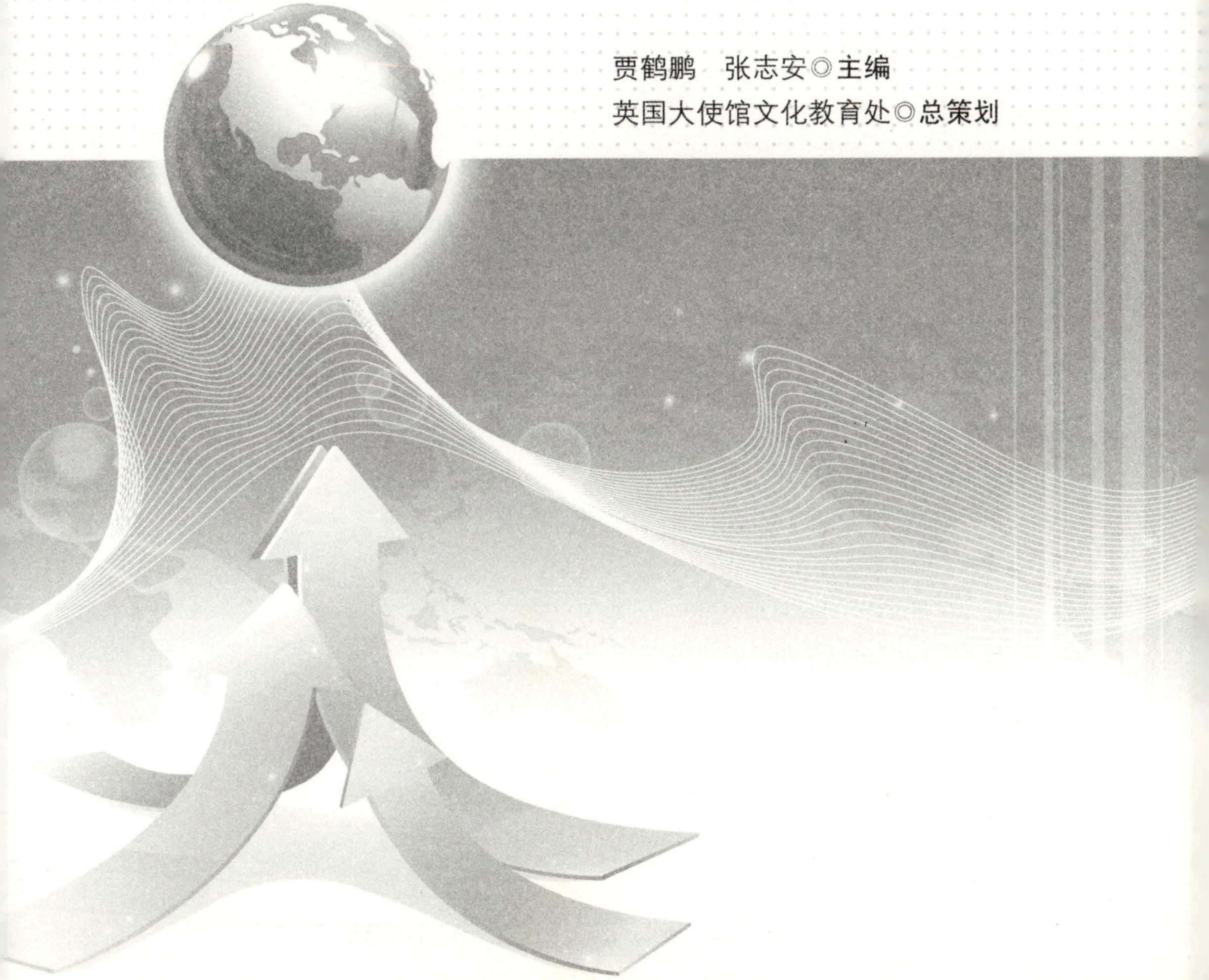

**图书在版编目（CIP）数据**

全球议题的专业化报道 ：气候变化新闻实务读本 / 贾鹤鹏，张志安主编. --广州 ：南方日报出版社，2011.12
ISBN 978-7-5491-0276-1

Ⅰ. ①全… Ⅱ. ①贾… ②张… Ⅲ. ①气候变化－新闻报道－研究－世界 Ⅳ. ①G212

中国版本图书馆 CIP 数据核字(2011)第 236688 号

**全球议题的专业化报道——气候变化新闻实务读本　　贾鹤鹏 张志安 主编**

**出版发行**：南方日报出版社
**地　　址**：广州市广州大道中 289 号
**电　　话**：（020）83000502
**经　　销**：全国新华书店
**印　　刷**：广州市怡升印刷有限公司
**开　　本**：787mm×1092mm　1/16
**印　　张**：21
**字　　数**：300 千字
**版　　次**：2011 年 12 月第 1 版
**印　　次**：2011 年 12 月第 1 次印刷
**定　　价**：38.00 元

投稿热线：（020）83000503　读者热线：（020）83000502

网址：http://nf.nfdaily.cn/press/

发现印装质量问题，影响阅读，请与承印厂联系调换

# 序　一

白琼娜（Joanna Burke）

本书是中英合作应对地球面临最大挑战之一的典范。

为推动气候变化国际对话以及对相关复杂问题更加深刻的认识和报道，英国文化协会（在中国通过英国大使馆文化教育处开展工作）汇集英中两国的科学家、媒体专业人士、学者和官员在中国 13 个城市举办了 43 次研讨会。本书便是以这些研讨会的成果为基础编撰的。

在本书中，你将找到有关气候变化的科学、政治和经济影响的最新信息，报道方针和英国最佳实践的范例。本书由麻省理工学院奈特科学新闻学者贾鹤鹏先生和中山大学传播与设计学院副教授张志安先生共同精心主编。

作为中国高校第一门“气候变化报道”课程的教科书，享有盛名的上海复旦大学新闻学院自 2011 年秋季起开始使用本书。这门选修学分的课程一经推出，即受到复旦大学和上海其他高校学生乃至从业记者的关注。我们对教授该课程的教师进行培训，并邀请专家开展嘉宾讲座。

英国之所以参与这些活动是因为我们认识到，气候变化是一项全球所面临的挑战，其影响将随着时间的推移逐渐增加，而人类的集体应对措施能否奏效便取决于对相关问题的了解以及各种解决方案的设计和共享。

作为一个文化机构，英国文化协会旨在推动世界各国人民对于气候变化的了解，以及围绕气候变化开展的对话与合作。为此，我们与地区合作伙伴开展合作，实施气候变化教育项目，帮助年轻人设计自身的基础解决方案，并为应对重大环境问题的生态企业家提供辅导。

尽管气候变化无疑使我们面临着巨大的风险，但各方对解决方案的探索也在创造出激动人心的机会。的确，随着绿色经济继续呈几何数字发展，社会对掌握本书所传授的知识和技能的人才的需求也在急剧上升。这一点在绿色技术、气候金融和可再生能源领域位居世界领先地位的英国已经十分凸显了。

在中国，有超过 900 个学术机构提供新闻学课程或学位。与中国的其他院校相比，复旦大学是将此资源纳入课程并通过本书推动中英两国个人、企业以及学术机构就气候变化以及其他全球性问题展开进一步合作的最佳院校。

（作者为英国大使馆文化教育处文化参赞、英国文化协会中国办公室主任）

# Preface

By Joanna Burke

Counsellor (Cultural), British Embassy Cultural & Education Section

Director, British Council China

This book is a compelling example of Sino-British cooperation to address one of the most important challenges facing our planet.

Its contents were developed during a series of 43 workshops which the British Council, operating in China as the Cultural and Education Section of the British Embassy, held in 13 Chinese cities to bring together British and Chinese scientists, media professionals, academics and officials to promote an international dialogue on climate change and foster better understanding and reporting of the complex issues involved.

In these pages you will find up-to-date information on the science, politics and economic impacts of climate change along with reporting guidelines and examples of best practice from the UK. The book was meticulously and expertly edited by Jia Hepeng, who is the Knight Science Journalism Fellow at the Massachusetts Institute of Technology, and Zhang Zhi'an, an Associate Professor in the School of Communication and Design at Sun Yat-sen University.

It is now used as the textbook for China's first course on 'Reporting Climate Change', launched in the autumn of 2011 at Shanghai's prestigious Fudan University School of Journalism. When first offered, the for-credit, elective course was oversubscribed by Fudan students as well as peers from other Shanghai universities and practising journalists. We provided training for the professors who taught the course and brought in experts to deliver guest lectures.

The UK's involvement in these initiatives stems from the recognition that climate change is a global challenge whose repercussions will increase over time and that the effectiveness of humanity's collective response rests on understanding the issues and devising and sharing solutions.

Our aim, as a cultural relations organisation, is to promote understating, dialogue and cooperation on climate change between people in countries around the world. We do this is by working with local partners, delivering climate change education programmes, helping young people to devise their own grassroots solutions, and mentoring eco-entrepreneurs whose businesses address significant environmental problems.

While climate change undoubtedly poses grave dangers, the search for solutions is also creating exciting opportunities. Indeed, as the green economy continues to grow exponentially there is an increasingly acute need for work forces with the knowledge and skills this book imparts. This is already evident in the UK, a world leader in green technology, climate finance and renewable energy.

More than 900 academic institutions in China offer journalism courses or degrees, and there could be no finer outcome for our cooperation with Fudan than for other universities in China to incorporate this resource into their curricula or indeed for this book to inspire further cooperation on this and other issues of global relevance between individuals, businesses and academic institutions in China and the UK.

# 序　二

秦大河

经过科学界多年研究，人类活动造成的以全球变暖为基本特征的气候变化已经是不争的事实。联合国政府间气候变化专门委员会（IPCC）于 2007 年发表的第四次评估报告显示，在过去 100 年（1906～2005 年）里，到本世纪末全球气温升高的幅度将达到 1.1～6.4℃。气候变化将会带来更多极端气候事件、海平面上升、干旱和洪涝灾害增加等严重后果，它们将会给生物多样性、农业以及人类的生命财产造成极大损失。IPCC 由于其杰出的工作而于 2007 年获得了诺贝尔和平奖（与美国前副总统戈尔分享）。

由于气候变化的严重性和迫切性，广大公众也需要积极投身到应对气候变化的活动中，这就需要媒体工作者能对气候变化有更加清晰全面的了解和认识。

然而，这一工作并非易事。由于涉及诸多因素，需要包括生命科学、地质学等众多学科在内的跨学科研究，气候科学极为复杂，到目前为止仍有一些不确定性因素。此外，气候变化也是 21 世纪国际谈判的重点，并孕育了一套碳金融体系，促进了新能源技术和市场的发展。凡此种种，都需要有一本既内容全面、又简单明了的读本，能让媒体与其他从事气候变化相关传播工作的人们能比较迅速地掌握相关知识，更有效地从事传播工作。

我很高兴地看到《全球议题的专业化报道——气候变化新闻实务读本》正是这样一本为媒体和传播工作者全面介绍气候变化及各相关领域知识的图书。该书不但对气候变化的基本知识进行了概述，还结合新闻工作实务，为如何报道好气候变化提供了指南；同时该书也通过对优秀新闻工作者的访谈，总结了报道气候变化的很多好经验。

该书的总策划英国大使馆文化教育处，一直致力于中英两国之间文化教育与科技的交流，近年来关注气候变化这一国际热点问题，并积极地为新闻及传播工作者组织各种培训活动，加强两国之间同业人员的交流。现在这本书也是英国大使馆文化教育处以及中英众多专业人员多年来气候变化传播工作的结晶。我相信，通过该书的出版，中国的气候变化传播工作会更上层楼。

在此，我也希望更多科研工作者和气候变化相关领域的专业人员，能与媒体人士一起投身到气候变化的传播工作中，为广大公众更全面地了解气候变化并采取包括节能减排等实际行动来应对气候变化作出贡献。

（作者为中科院院士、地理学家）

# 序　三

胡舒立

自哥本哈根世界气候大会开始，越来越多的中国媒体开始将目光投向气候变化问题。对记者来说，报道气候变化既是机遇，更是挑战。要把握机遇、迎接挑战并非易事，因为气候变化问题关乎政治、经济、科技、环境等多个领域，是比较专业而且复杂的议题。

在气候变化谈判的世界舞台和减少碳排放的切实行动中，中国政府承载着越来越大的压力，也正肩负起越来越重的使命。作为媒体人，我们有责任去传播气候变化相关的科学知识，也有义务去倡导社会各界更多关注这个议题。

如何做好气候变化报道？在我看来，有三点特别关键：

一、科学知识。对气候变化相关的科学知识充满好奇和兴趣，能够阅读英文的科学研究文献，不断跟踪最新的研究成果，跟科学家保持紧密沟通，相信科学却不盲从研究结论。

二、专业水平。保持独立人格和反思意识，尊重事实、探求真相，不为利益所诱。尽可能真实、准确、全面、客观地报道气候变化的相关政策、技术和行业变化。

三、坚韧精神。对环境报道、科学报道有兴趣的记者，必须要学会忍受寂寞，这个行业没有太多鲜花和掌声，需要从业者具有持久的兴趣和坚韧的努力。这样才能不断积累和自我提升，真正成为专业的新闻人。

过去几年，英国大使馆文化教育处在这个领域作出了巨大的贡献。他们通过组织“气候酷派”系列主题活动、举办“气候变化与可持续发展东亚新闻研修班”、开设国内第一门气候变化报道课程等，提高了大批记者、新闻学子的气候变化知识和报道技能。

不过，所有这些努力，依然只是开始。相对于气候变化议题的重要性和紧迫性而言，我们还应该做得更多。作为国内第一本气候变化报道实务手册《全球议题的专业化报道》，其出版具有重要且积极的意义。我相信，这本书将帮助和启发读者，更好地应对气候变化报道的挑战，以传播的力量来服务社会的进步。

（作者为财新传媒总编辑、中山大学传播与设计学院院长）

# 前 言

气候变化已经成为21世纪全球最为关注的问题之一，也是记者们报道的热点领域。但气候变化问题涉及到方方面面的内容，既有科学上的艰涩内容和不确定性，又有经济上的复杂交易机制，还因为其涉及到国家利益而需要在报道中有所顾忌。总之，要进行成功的气候变化报道并非易事。

另一方面，气候变化的报道也可以成为一名有抱负的记者磨练自己的练兵场。深入了解气候变化新闻操作这样一个涵盖科学、政治、经济等各方面内容的综合领域，也能为一名记者奠定成功职业生涯的坚实基础。

基于这一目的，英国大使馆文化教育处从2007年以来，与科技部中国科技交流中心一起启动了“气候酷派”媒体系列活动，活动同时得到了包括科学报道沙龙暨气候变化报道俱乐部（科学媒介中心前身）以及复旦大学新闻学院在内的多个机构支持，先后举办了几十场媒体研修班和两场国际气候变化传播研讨会，并成功举行了4届气候变化媒体作品竞赛。在这些活动过程中，还先后推出了两本《如何报道气候变化》手册。

这本《全球议题的专业化报道——气候变化新闻实务读本》的部分内容，就是来自对这两本手册内容的修订。除此之外，本书在成书过程中还梳理了历年来“气候酷派”媒体活动的记录。在这些活动中，包括秦大河、邹骥、潘家华、张称意、Geoff Jenkins 等来自中英科技界的专家和包括 Paul Brown、Tim Radford、Jeremy Bristow、Mike Shanahan 和 David Buchan 等英国传播专家都给记者和其他参与者进行了精彩的讲座。

综合这些活动的精华，我们形成了此书。本书更加系统地梳理了气候变化基本知识，分析了气候变化新闻的各种新闻采编要素并提出了完整的解决方案，还通过对报道气候变化的资深记者进行深度访谈的形式反思了围绕着气候变化的新闻理念、新闻实践、新闻管理和中国的新闻环境。

本书第一篇“基本知识”，主要从科学角度介绍气候变化的基本知识，包括气候变化的基本科学问题、气候变化与经济，以及围绕着气候变化的国际谈判三章。这一篇的基础是 2008、2009 两年由方玄昌、游雪晴和李虎军分别撰写的《如何报道气候变化》手册的前三章，并在此基础上融入了邱登科、贾鹤鹏撰写的气候变化报道教程中“气候变化与经济”一章的部分内容。

本书第二篇“报道策略”，主要由贾鹤鹏撰写，它从如何获取报道线索、怎样进行采访和如何写作等方面来介绍气候变化的报道策略。

第三篇“深度访谈”，由张志安组织采访并整理，该篇通过针对多名气候变化报道优秀记者的深度访谈，引导读者与该领域最资深的中国新闻人分享其报道感想及经验。

编撰本书的目的在于：让记者和渴望进入该领域的人员在短时间内兼备基本知识、新闻线索来源、操作技巧和写作技巧。这些内容不仅对于专门报道气候变化有用，对于各种专业类型的新闻报道，如环境新闻、健康新闻与科学新闻等，也有较大的参考借鉴价值。

本书编撰过程中，得到了英国大使馆文化教育处杨镝女士的大力支持，她直接参与了全书的策划。此书也得到了国内外广大新闻同行的支持，他们抽出宝贵的时间，或接受访谈，或提出各种建议。在成书的过程中，包括复旦大学生命科学学院赵斌教授、国家气候中心首席研究员张称意博士等在内的多位气候科学家帮助校读了本书的文稿。本书的撰写过程，还参考了世界科学记者联盟（WFSJ）编撰的《科学新闻在线教程》、英国大使馆文化教育处组织编撰的《COP16 媒体攻略手册》、联合国教科文组织编撰的《作为伙伴的媒体——可持续发展教育的培训与工具汇编》（*Media as partners：in education for sustainable development：A training and resource kit*）以及

InterNews、地球记者网络和国际环境与发展研究所等机构编撰的大量资料。

本书从历时 5 年多的“气候酷派”媒体活动中所汲取的资源，以及从参与这些媒体活动的专家和新闻同行中所收获的思想，更是一笔宝贵的财富。

作为本书编著者，我们在这里无法一一致谢，只能以努力的工作和充实的内容来表示我们的敬意。

尽管本书提出了比较宏大的愿景，但由于时间仓促，编著者水平有限，缺憾和问题不可避免。在此也希望本书的读者——包括媒体同行、新闻教育与科研从业者以及气候变化领域内的各种专家——对我们提出批评与建议，以便修改完善。

**贾鹤鹏　张志安**
2011 年 7 月

# 目 录

## 第一篇 基本知识

# 第二篇　报道策略

## 第三篇　深度访谈

# 第一篇 基本知识

★ 以全球变暖为基本特征的气候变化已经成为21世纪全球最为关注的国际问题之一。围绕着气候变化问题的国际谈判，虽然进展缓慢，但由于其涉及到各国，特别是像中国这样的发展中大国的未来发展空间，因而也成为新闻媒体理所当然应该重视的领域。

★ 但气候变化问题涉及到方方面面的内容，既有科学上的艰涩内容和不确定性，又有经济上的复杂交易机制，还因为其涉及到国家利益而需要在报道中有所顾忌。

★ 本篇内容主要是关于气候变化的基本知识，力图在短时间内，让读者对围绕着气候变化的方方面面内容，有一简明扼要和清楚正确的认识。

# 第一章 气候变化的基本科学问题

虽然气候变化已经成为了全球关注的焦点并成为媒体报道的热点领域，但气候变化的科学非常复杂，仍然存在不确定性并充满各种专业术语，作为媒体该如何报道气候变化的科学？即便对于科学和环境领域之外不需要专门报道气候变化科学问题的记者，他们也会经常遇到一些与气候变化及其相关的碳排放有关的科学问题，有时这些问题会成为政治经济领域一些重大政策和事件的前提，因而记者也需要学习如何在报道中处理气候变化及能源领域的科学问题。

对于报道气候变化的科学而言，实际上这又会分解成如下的问题，即如何判断一个科学问题的真伪？如何与科学家和能源专家打交道？如何获取该领域的新闻？如何找到其中的新闻点？本章将从媒体需求的角度，重点介绍气候变化的科学事实、气候变化对环境与生态的影响、气候变化与中国的关系，以及围绕着气候变化问题的主要争议热点。

本章的基础是由方玄昌撰写的 2008 版、2009 版《如何报道气候变化》手册的第一章。

## 第一节 气候变化科学概述

人类自工业革命以来，在短短的不到 200 年中，爆炸式的开发与使用资源给人类带来的一个后果便是全球升温。

在气候变化的基本科学方面，全世界都公认由政府间气候变化专门委员会（IPCC）撰写的科学评估报告。IPCC 是世界气象组织（WMO）及联合国环境规划署（UNEP）于 1988 年联合建立的政府间机构。其主要任务是对气候变化科学知识的现状，气候变化对社会、经济的潜在影响以及对适应和减缓气候变化的可能对策进行评估。迄今为止，IPCC 编写出 4 次评估报告，分别完成于 1990、1995、2001、2007 年，其中 2007 年发表的第四次评估报告是最新的一个报告。目前，IPCC 正在进行第五次工作报告的评估。

该机构下设有第一、第二、第三工作组。第一工作组讨论气候变化科学的自然科学基础，第二工作组研究气候变化对自然界、社会和经济的影响，第三工作组重点是应对气候变化的适应和减缓对策。

IPCC 第四次评估报告指出，在过去 100 年（1906～2005 年）里，全球地表平均温度升高了 0.74℃。这种气温升高不可能是地球的自然变化——包括地球围绕着太阳运行的轨道变化、太阳能量的变化、火山喷发和地球气候系统的变化等因素造成的，因为这些因素或者是发生在数百万年的长时段，或者在气候模型中无法推算出目前的气温升高数值。

IPCC 第四次评估报告指出，在本世纪末气温升高的幅度为 1.1～6.4℃。科学家指出，气温升高将造成更多极端气候事件、海平面上升、增加干旱和台风的强度、对农业造成减产等严重后果。

自从 1750 年以来，人类活动导致全球大气中的二氧化碳（$CO_2$）、甲烷（$CH_4$）及氮氧化物浓度显著增加。全球 $CO_2$ 浓度的增加主要是由化石燃料的使用及土地利用的变化引起的，而 $CH_4$ 和氮氧化物浓度的增加主要是农业引起的。

全球 $CO_2$ 浓度从工业革命前的 280ppm（1ppm 表示百万分之一）上升到了 2005 年的 379ppm。对冰芯的研究证明，这期间大气 $CO_2$ 浓度的变化远远超过了过去 65 万年来自然因素引起的变化范围。

自从 IPCC 第三次报告发布以来，就人类活动对气候变暖和变冷影响的认识已经得到了很大的提高。人类活动也导致大气中气溶胶增多，这一因素直接的作用是阻挡太阳光进入地表附近，引起气候变冷。不过总体来看，人类活动排放的温室气体带来的气候变暖的效应，要远远大于气溶胶导致的变冷效应。

## 第二节　气候变化的人为特点

### 一、科学家认定气候变化主要由人类活动造成的理由

近代的气候变化是由自然的气候波动和人类活动共同造成的，而近 50 年的全球变暖主要由人类活动造成，当然也包含了自然的因素。根据 1860 年以后全世界数十个气象站的资料可以得到 140 年来的温度曲线。根据曲线我们得出很重要的一个结论，不但气候在变暖，而且气候变暖的速度在不断加快。这条曲线从上世纪 60 年代以后逐年往上升。同时科学家监测显示，在 1960 年以前每年大气 $CO_2$ 的浓度增加是 1 个 ppm，而从 1960 年以后，特别是从 1970、1980 年以后变成了 1.8 个 ppm，几乎翻了一番。由此可见，温度的加速度上升和温室气体每年排放增加的加速度基本上匹配。

造成全球升温的原因中，自然因素主要有四个。

第一，地球围绕着太阳运行的轨道在不断地发生变化，从冰河时期到现在的温度变化，主要是由于这方面的原因引起的。但必须意识到这种变化是花了成千上万年的时间才发生的，也就是说这种因素导致的地球表面气温上升非常缓慢，无法用来解释在过去 50 年中气温迅速上升的原因。

第二，现在有人认为，太阳活动的增加可能是气候变暖的主要原因。但是事实上，增加的 $CO_2$ 产生的增温效应接近于 2.6 个单位，而太阳活动产生的增温效应只有 0.12 个单位。另外，1750 年工业化以后 $CO_2$ 突然增加，但并未同时出现太阳活动的突然变化。从这两个角度来讲，太阳活动不是近百年来气候变化的主要因素。

第三，火山爆发。传统上，人们认为火山爆发会产生一系列的悬浮颗粒，它们存在于大气当中，一方面会因为阻挡太阳光进入而降低气温；另一方面，随着火山数量的变化，火山爆发所产生的气体和颗粒，也含有部分温室气体，可能会对地球表面的温度产生升高的作用。

第四，地球气候系统不稳定，大气和海洋会发生变化。比如“厄尔尼诺”现象，也是一种自然现象。

此外，科学家也根据这四个方面的因素，对地球气候的影响进行模拟，得出的结果显示：在1960年之前的阶段，与事实上地球表面气温的变化基本上一致；但到1960年之后，自然方面的因素，不足以解释过去50年的地球表面气温升高的现象。尤其是在过去二三十年当中，有一个快速上升的趋势，差不多上升了1℃。

而把这些自然因素，与人类活动导致的二氧化碳、甲烷等其他温室气体的排放，一起放在数学模型中进行模拟处理，科学家发现，其结果和观测到的趋势是基本一致的。科学家于是得出这样的结论：过去50年地球气温的升高，大部分是由于人类活动引起的。

IPCC根据以上数据综合分析得出结论：20世纪中期以来，全球平均温度的上升很可能（90%以上的可能性）是人类活动导致温室气体增加引起的。

## 二、气候变化预测模型的可靠性

媒体和专家们经常会对气候变化预测的可靠性进行质疑，尤其100年、200年、300年，有的还1000年，可靠不可靠。

气候预测的可信度来源于三个原因：

一是构建气候模型的基础是一套描述地球系统特征的物理学定律和数学方程组，它们在物理学和数学或计算数学领域中是完全被证明和公认的。

第二个原因来自它模拟或复制现代气候的能力。通过与大气、海洋、冰冻圈和陆面观测资料的大量比较和评估表明，气候模型在模拟许多重要的平均气候特征与不同时间尺度分布型和变率两个方面都显示出显著的和不断改进的技巧和成功。

第三个原因是能够重现或复制过去气候（古气候）和气候变化的特征。例如，100年来有四次大的火山爆发，每一次火山爆发之后地球的温度都要在一两年之内降低，因为它遮蔽了太阳，太阳辐射减少。每一次大的火山爆发都有一个温度突然下降，可以将其再现出来。从这个角度来讲，应该说在所有预测未来的方法当中，气候模型应该是最为可靠的。

当然，它还有很多问题，需要科学家们去改进。

### 三、全球增温2℃的极限值

在很多围绕着气候变化谈判的活动中，都可以看到环保主义者手举2℃的指示牌，表明如果气候变化导致的全球升温幅度达到2℃，地球自然环境就会发生极为严重的灾难性变化。

应该说，全球升温2℃这一极限值，是一个根据各种气候模型计算出的升温极限值的平均数，其指导意义更多存在于政治层面而非科学层面。但通过设定这一极限值，它可以指导与此相对应的全球温室气体减排的目标和节奏。

2006年10月30日，英国政府正式发布了由前世界银行首席经济学家、时任英国首相经济顾问的尼古拉斯·斯特恩爵士领导编写的《斯特恩回顾：气候变化经济学》评估报告，受到国际社会的高度关注，也引起了广泛的反响。《斯特恩报告》对全球变暖可能造成的经济影响进行了全面分析，认为如果全球立即采取有力的减排行动，将大气中温室气体浓度稳定在500～550ppm，那么全球变暖造成的损失，可以控制在每年全球GDP的1％左右。根据气候变化的模型计算，大气中温室气体为550ppm的浓度，对应的升温幅度就是2℃。

但如果在未来几十年内不能及时采取行动，那么全球变暖带来的经济和社会危机，将堪比世界性大战以及20世纪前半叶曾经出现过的经济大萧条。届时，全球将损失5％～20％的GDP。

目前，100多个国家已接受了全球增温2℃的极限值。用概率法得到的结果表明：如果1990～2050年累积$CO_2$排放总量限制在1万亿吨以下，超过2℃增温的概率将只有25％；如果$CO_2$排放达到14400亿吨，则超过2℃的概率达到50％。1990年到2006年，$CO_2$排放已有2340亿吨，所以，只剩下7000多亿吨在2050年之前排放（排放基准年为1990年）。把2020年作为峰值的拐点年，如果全球温室气体排放这时仍然高于2000年水平的25％，则超过2℃的概率上升到53％～87％。这说明达到2℃的概率与排放路径（RCP）（即什么时候达到峰值，峰值的排放率是多少）有密切关系。

## 第三节　气候变化造成的影响

### 一、未来气候变化及其影响的预测

一系列报告都表明，在未来 20 年，如果温室气体浓度以目前的趋势增加，将引起进一步变暖问题，从而导致 21 世纪全球气候系统的更多变化，这些变化可能要比 20 世纪观测到的大得多。即使温室气体浓度保持不变，由于与气候过程和反馈相关的时间尺度的存在，人类活动引起的变暖和海平面上升将会持续数个世纪。

对用水的影响：预计 21 世纪中叶前，在高纬度和部分热带湿润地区，年平均河流径流量和可用水量会增加 10％～40％，而在某些中纬度和热带干旱地区，其径流量和可用水量会减少 10％～30％。21 世纪冰川积雪中储藏的水量预计会下降，从长远来看将减少靠冰雪融水供给地区的可用水量，而这些地区居住着当今世界上 1/6 以上的人口。

对生态的影响：如果全球平均温度增幅达到 1.5～2.5℃，目前已经评估过的 20％～30％的动植物物种可能面临灭绝的风险会增大，但这个结果只有中等可信。

对生产的影响：在中高纬度地区，如果局地平均温度增加 1～3℃，粮食产量预计会有少量增加；若升温超过一定范围，某些地区农作物产量则会降低。而在低纬度地区，特别是干季热带地区，即使局地温度有少量增加(1～2℃)，也会导致农作物产量降低。从全球角度看，若局地平均温度增加范围在 1～3℃，粮食生产潜力预计会随温度升高而增加；若超过这一范围，则会降低。这一结果也为中等可信度。

对工业和社会的影响：海岸带和易发江河洪涝的地区、极端天气事件易发地区，特别是城市化发展快速的地区是最脆弱的；那些位于高风险区域的贫穷社区更加脆弱，因为它们的适应能力有限，对敏感的气候资源的依赖性较强。

对健康的影响：对那些适应能力低下的人群，气候变化会影响成百上千万人口的健康。但在温带地区进行的研究显示，气候变化也会带来某些益处，如由严寒造成的死亡减少等。但总体上看，这些好处将会被增暖带来的负面影响所抵消，特别是在发展中国家。

## 二、未来气候变化影响的区域性差别

非洲：到2020年，预计有0.75亿～2.50亿人口面临的水短缺会因为气候变化而加剧，这将对人的生活产生不利影响，并使与水有关的其他问题进一步恶化。非洲是应对气候变化最为脆弱的大陆之一。

亚洲：预测未来20～30年，喜马拉雅山地区的冰川融化，会使洪水和岩崩增加，对水资源造成影响；随着冰川后退，江河径流量将逐步减少。由于来自海水的倒灌以及在某些大三角洲地区来自河流的洪水增加，沿海地区，特别是南亚、东亚和东南亚人口稠密的大三角洲地区将会面临极大的风险。

澳大利亚和新西兰：预计到2020年，在某些生态资源丰富的地区，包括大堡礁和昆士兰湿热带，生物多样性会显著减少。其他地区，如卡卡都湿地、澳大利亚西南部地区、亚南极洲岛屿和两国的高山地区，也面临这种风险。到2030年，由于干旱和火灾增多，在澳大利亚南部和东部大部分地区以及新西兰东部部分地区，农业和林业产量预计会下降。

欧洲：预计肆虐的热浪将导致健康风险的增大。几乎所有欧洲地区都会受到未来气候变化的不利影响，包括内陆突发洪水的风险增加，海岸带洪水更加频繁，侵蚀加重，许多经济部门将面临挑战。绝大多数生物群落和生态系统将难以适应气候的变化。高山地区将面临冰川退缩，导致积雪和冬季旅游减少、大范围的物种损失（在高排放情景下，到2080年，某些地区物种损失将高达60%）。

拉丁美洲：到21世纪中叶，温度升高及相应的土壤水分降低，会使亚马逊东部地区热带雨林逐渐被热带稀树草原所取代，半干旱植被将趋向于被干旱地区植被所取代。在许多热带拉丁美洲地区，物种灭绝使生物多样性显著减少。

北美洲：对于农作物，预估的主要挑战为温度升高是否接近其适宜范围的上限，或者所依赖的水资源能否高效利用。目前遭遇热浪的城市，预计在21世纪会遭受更多、更强、持续时间更长的热浪袭击，对人类健康造成不利影响。

极地地区：预计气候变化对极地的主要影响为冰川、冰盖的厚度和面积的减少，北极地区还包括海冰和多年冻土面积减少，海岸带侵蚀加重，多年冻土季节融化深度增加。由于气候对物种入侵的屏障降低，两极地区特殊的生态系统和环境预计会更加脆弱。

小岛屿：海平面上升会加剧洪水、风暴潮、海水侵蚀以及其他海岸带灾害，进而危及那些支撑小岛屿社区生计的重要基础设施、人居环境和其他设施。

在未来几百年到上千年的时期内，如果全球平均温度再升高1～4℃，格陵兰冰盖（或许还有西南极冰盖）估计至少会出现部分退缩，造成海平面上升4～6米，甚至更多。一些岛国有可能完全被海水淹没。

气候变化的影响将会因地而异，但总体上，这些影响造成的损失将因气候系统变暖随时间增长。本次评估清楚地表明，未来气候变化的区域影响是复杂的。如果全球平均温度相对于1990年水平上升幅度低于1～3℃，预计某些影响会给一些地区和部门带来益处。然而，如果温度升高超过2～3℃，很可能所有区域都将遭受净收益的降低或者净损失的增加。而发展中国家将会承受大部分损失。

## 第四节　气候变化与中国

### 一、气候变化与中国水资源

在中国，可再生的水资源的总量是2.8万亿立方米，而可利用的水资源仅仅是8450亿立方米，仅占总资源量的31%。水资源的空间分布不均匀，中国北方降水大概是50～800毫米，耕地面积占全国耕地面积的65%，而水资源占全国总量仅仅是 19%，GDP 占总量的 45%。中国南方，降水差不多 800～2000 毫米，可耕地占到 35%，水资源占到 81%，GDP 占 55%。

气候的变暖很可能已经对全球各大洲的自然、生物系统产生影响。在水圈里，最突出的影响是冰冻圈，主要是在北纬冻土带：极地的一些以冰雪融水为主的河流的径流也在增加，导致春季洪水提前。同时，全球范围内在极地的流域，由融雪所补给的春季的径流提前，有些河流的温度、湖泊的温度也在升高。最近 20 余年，中国地表温度的升高非常显著。同时，区域降水状况也发生了变化，在东北和华北降水是在减小，而西部降水在增加，华南降水增加。

从全国范围来看，20 世纪 70 年代至今，中国出现的是南涝北旱继续加剧的局面，原因有几点：一是我们国家因为受东亚季风的影响，东亚季风在这期间一直处于减弱的趋势，东亚季风减弱，不利于暖湿气流北上，雨带维持在长江流域和淮河流域；一是北方污染、气溶胶浓度的增加，起到了阳伞作用，在它的作用下使得陆海的温差减少，也减弱了东亚季风；另外，气温升高加剧了北方径流的减少，加剧了北方的干旱。

依据国外研究的结果，东北地区未来可能缺水；而西北地区，比如新疆，近数十年数据表明其更加湿润。

从中国自己的研究结果来看，2008 年相对于 1960～1990 年，北方的缺水并没有得到缓解；而在南方，相反降水是增加的。北方的干旱缺水未来总体上不会得到缓解，而南方的洪水可能会加大。

现在的研究还存在很多局限性。对于水资源来而言，降水趋势变化的研究也极为重要。

## 二、气候变化对中国农业发展的影响

气候变化对中国不同地区的影响也不同：东北湿地和冻土的消失是很大的影响，华北、西北主要是水资源的问题，华东是洪涝问题，华中是对农业双季稻的影响，西南是山地灾害问题，华南是红树林、珊瑚礁的白化，还有海平面上升很严重的问题。

对农业的影响，由于近期气候变化的波动大，局部的干旱高温危害将加重，霜冻增加。这里有个悖论：2008年南方发生雪灾，发生的冻灾比原来增强了。这是气候变化波动的增加导致的。另一方面是农业结构的改变，选一些新的品种适应变暖的气候，但是当波动稍稍大一点就受不了。华南地区历史上7次大的冻害有4次发生在改革开放、20世纪80年代气候变暖之后。

中国科学家现在分析，耕地由于气候变化的原因将减少13%，这个数字还有待于继续分析。而气候变化对玉米等作物产量的影响，如果不考虑$CO_2$的效应，大部分都是减少的。即使考虑，在很多情况下也是减少的。

从气候变化对全国各地的影响来看，在历史上，在东北地区对农业是正面影响。但东北农业收益的地区在未来是不是还能够真正继续受益？温度升高一方面对东北的农业生产有益，但产量增加需要有水，而偏偏温度升高的时候降水是减少的。

## 三、气候变化对健康的影响

全球变暖，气候变化对人类健康的影响，主要体现在使人类疾病增加、人类寿命缩短或者造成人类的直接死亡。

气候影响健康首先是热浪增加的频率改变会造成一些自然性的灾害，降水量、降水模式的改变可以严重地损害卫生的饮用水的供给资源。在非洲有很多国家就会有干旱的情况出现，造成饮用水缺乏。

随着水源、水资源的改变和气温的升高，在很多地区可以对农业产生严重的影响。在非洲有些国家，粮食生产基本被摧毁，所以在这些地区，人类能量的供应成为了严重的问题，营养缺乏问题普遍出现，对于健康的影响是不言而喻的。海平面上升加大了沿海地区洪灾的危险，而且对于人类居住的环境有很大的影响，迫使人类居民大规模迁移。

随着气候变化，传染病的传播季节、传播时间、地理分布改变，完全影响着疾病的传播模式。这些疾病有可能因此被带到原来没有该疾病出现的地区。气候的改变，影响植物种类的变化，以至于不同的生物媒介地理分布发生改变。一些新发的传染病在近些年频繁出现，就有可能是气候变化导致环境改变造成的，虽然这些疾病和气候的关系还需要进一步研究。

气候变化对人类健康的影响又分为直接影响和间接影响。直接影响包括极端气象、空气污染，还有因气候改变而导致植物植被的生长模式的改变，比如开花期改变将导致花粉过早传播，从而导致哮喘等疾病。儿童哮喘与物候变化关联十分紧密，很多病例都是因为花粉过敏引起，长时间处于哮喘状态、处于敏感的状态，容易导致慢性肺部疾患，慢性肺气肿，严重影响健康。对于一些老年人，慢性支气管炎等肺部疾病都是非常敏感的。

间接的影响，包括食物的安全性、虫媒传播疾病、经水传播的传染病和其他一些影响。极端天气、极端气候现象将带给我们自然灾害，比如暴雨、台（飓）风、洪水等。根据20世纪90年代世界卫生组织的文件，每年全世界大约有60万人死于与气候变化有关的疾病，95%发生在贫穷地区。经济发展情况越落后，越贫穷，抵御灾害的能力就越低，这也是为何受灾人口都分布在贫困国家和地区的原因。

自然灾害对精神健康存在着影响，同时灾害对于卫生、服务机构的摧毁造成了慢性病终端治疗的麻烦，所以对于一些看似不相干的疾病实际上有很大的影响。另外，天气状况影响通过水和蚊子等媒介传播的疾病。

中国在全球气候变暖引起的气候变化和产生的疾病与健康问题上有它的独特性和特殊性。最突出的便是城乡差别。城乡差别反映在很多方面，经济发展、医疗环境、社会保障等。因为经济发展的不平衡性，不同的地区针对出现的健康问题、疾病预防方式和抗御气候变化产生的影响的能力不一致。

中国的人口结构已经向老年性结构过渡。随着老年人口的增加，各种疾病负担的种类也在改变，国民对医疗的需求和对灾害的抗御能力由于人口本身结构的改变而改变，而气候改变的影响也是其中需要考虑的一个因素。

基于目前情况，中国应对气候变化和保护大众健康领域所采取的措施和策略假设也是三级预防模式：一级预防主要是大众的公共卫生教育，让大众对于气候变化和疾病、健康的关联要掌握，促进大众保护环境，减少气候变化的速度，增强大众的健康卫生保健知识，自我进行一些保护措施；二级预防是进行干预，在一些特殊的极端天气条件下，或者自然灾害的情况下，对于一些脆弱人群或者危险人群采取一定的措施，有针对性地采取一些行动，减少因为气候变化引起的健康状态改变，或者说自然灾害下减少直接伤害、伤亡或者疾病的发生，这些都是针对高危人群的措施；三级预防就是完善医疗服务网络，在做好公共卫生服务建设的时候，要有足够的医院来减少自然灾害或者极端天气对人群的伤害。

## 第五节　气候变化领域一些重要的科学问题

### 一、未来全球将会有怎样的趋势？

未来化学燃料的排放将取决于人口的增长、能源的结构以及能源的使用等情况。联合国政府气候变化委员会按照高低排放、高低人口增长等因素分成4种情景，科学家把4种情景代入到气候变化模型当中，发现4种情景之下，本世纪末气温变化的幅度可以在2～5℃——在低人口、低能源消耗的情景之下气温的上升是2℃。如果是高人口增长、高能源需求的情景，气温上升是5℃。而第四次评估报告给出的结论是：2005年全球大气二氧化碳浓度379ppm，为65万年来的最高值，与1980～1999年相比，21世纪末全球平均地表温度可能要升高1.1～6.4℃。

有意思的是，如果我们仅仅看今后三四十年，不管我们采取哪一种情景，气温变化的路径基本上是一样的。不管我们的人口增长数量、能源消耗的数量怎么变，气温上升的幅度是差不多的。这是因为二氧化碳的寿命非常长，目前的二氧化碳浓度还能存留百年之久，同时这种上升因素会被海洋因素抵消，海洋可捕捉热量以减缓气候变暖的趋势。40年以后气温上升的诱因是我们今天的二氧化碳的排放。虽然说本世纪上半叶变化趋势差不多，但下半叶趋势差距很大，如果想治理本世纪下半叶严峻的变暖趋势，人类必须及早动手。

这是全球平均温度的变化趋势，事实上各个地区的气候变化趋势是不同的。

## 二、全球变暖如何导致海平面的上升？

第一，随着海水温度的增加，海水本身就会膨胀。第二，冰川雪原由于气温的变暖而融化，融水流到海里导致海平面上升，尤其是两大冰盖：南极和格陵兰，如果这两个地方的冰全部融化的话，会导致海平面上升60米。

南极洲的冰盖还算稳定，在今后一两百年当中不会出现大幅度的融化。格陵兰岛的冰盖会在本世纪开始融化，融化的速度可能很慢，会需要上千年的时间。

在过去一个世纪当中，海平面一直处于上升趋势，但在最近50年当中，海平面上升出现了加速发展。20世纪全球海平面上升约0.17米，1961～2003年平均每年上升速度为1.8毫米，1993～2003年平均每年上升速率为3.1毫米。

科学家把不同的情景代入到海平面变化的测算当中，得到不同的结果。如果采取低排放、变暖趋势最低的情景，海平面会上升0.2米；如果采取最极端的模型，幅度变化最大的模型，海平面会上升0.8米。由于海平面的上升会淹没沿海地区，淹没效应最大的地区是印度次大陆以及东南亚。

现在英国学校和中国的研究机构合作研究海平面上升对中国的影响，发现太湖流域和上海周边等地区受影响的幅度会比较大，因此这些地区要加强海防工程。

## 三、全球变暖会不会导致洪涝灾害、台风及干旱进一步发展？

2005年发生了两次由于热带天气变异导致的大灾害，一是美国“卡特里娜”飓风，另外一次是2005年中国浙江省暴发的台风。现在美国科学家也在研究各类飓风的力度和频率的变化，科学家看到，中低烈度的飓风在过去三四十年之间频率变化并不大，但是高强度飓风在过去的三四十年当中频率上升了一倍。

统计显示：过去50年间台风的破坏力不断增加，这种破坏力和海水的温度变化密切相关。科学家比较有把握的是海水的温度在今后50～100年之间会增加，虽然海水的温度不是左右台风破坏力的唯一因素，但海水温度上升会导致破坏力比较高的热带风暴潮的发展。现在还不能下“以后飓风会越来越强”这样的定论，IPCC的报告中用了比较谨慎的措词，就是飓风的强度有可能会增加。对于台风、飓风不断增加的现象，IPCC的报告认为“更有可能是由于气候变化所导致”。

再看看干旱天气的发展。观察过去50年间干旱的频率变化，会发现非洲大部分地区和亚洲大陆地区，干旱的频率都在大幅度增加。结合气候变化的趋势来分析未来干旱趋势，可以看到陆地面积上遭受到干旱侵袭的地区所占的百分比，本世纪60年代相当低，接近零；但此后干旱的频度加速度增加，到本世纪末，世界上25％～30％的地区会遭受极端干旱或严重干旱。

另外，在全球整体变暖的过程中，有时会出现一些变异的现象，某些阶段或者某些地区会出现相反的模式，气温反而可能会下降导致变冷。

## 四、为什么全球变暖最终反而可能会导致冰期出现？

温度及盐度都会改变水的密度，低温及盐度较高的水会下沉，温暖及盐度较低的水会上升。这一常识性物理学规律在地球海洋的活动中起到了至关重要的作用。海洋学家称因温度、盐度不同而流动的洋流为温盐环流。

温盐环流是全球性的，它将水、热量、盐分与海水中的化学物质传送到所经之处，被称为全球海洋运输带，其中最重要的一段是北大西洋流。当其向北前进到挪威海、格陵兰海及拉不拉多海附近时，因热量散去使得海水密度变大而下沉，之后往南转向变成北大西洋深层水，成为全球深层海水的源头之一。当极区的海水下沉时，南方的温暖海水便流过去补充，使整个循环得以持续。

北大西洋暖流转向为北大西洋深层水的过程称为MOC，MOC传送给北欧的热量比北欧从太阳照射中得到的热量还要多20％。在电影《后天》中，造成气候剧变的原因就是MOC的循环停止。现实中这也一直是气象学家担心的事。1999年，一个海洋古生物学小组在分析“有孔虫”（一种细小的海洋浮游生物）化石时意外推算出，大约 1.2 万年前，温盐环流的型态与现今完全不同——不但传送的水量较少，在极区也没有冷热海水汇集区。而对应的，那时正处在冰河期。

气候学家担心，由于全球气温的上升，这种变化正在悄悄酝酿。但对于北大西洋环流是否真的正在减弱，科学家一直苦无证据。

2005 年 12 月，英国海洋中心科学家、南安普顿大学海洋与地球科学学院教授哈里·布莱登（HarryL. Bryden）领导的研究团队在英国《自然》杂志上发表了他们的研究结果：根据 2004 年设置在非洲海岸到巴哈马群岛（大约在北纬 25 度）间，横列跨越北大西洋面的监测仪器显示的资料，并与过去 50 年间得到的 4 次横跨测量数据作比较，他们发现，北大西洋流的转向循环在 1957～2004 年间有明显减弱。

从过去的古气候记录推测，洋流循环停止的事件可能使北半球的气温下降 10℃。历史上曾经发生过两次重大的突变：一个是在 12600 年前的时候，在几十年内温度突然下降三四十摄氏度，另一次是 8200 年前的时候，这次温度下降幅度稍微小一点。让科学家担心的是即便洋流循环是缓慢停止，但是气候却可能瞬间“变脸”，并且纵使洋流被重新激活，整个系统的非线性行为也会使北半球无法立即回到温暖的状态。根据最新研究的情况：如果有一天，北大西洋温盐环流突然停止，欧洲的国家首先就会变成西伯利亚气候，非常寒冷。现在看来，至少到 2200 年的时候，大部分的模式表明温盐环流还不会完全停止，大概会减弱，减弱的最大强度是 1/3。

在气候上，所谓的“瞬间”，哈里·布莱登把它定义为 20 年左右。冰层核心的记录表明：2000 年前的第九纪，曾经有突然的天气变化发生，这个变化是在短短 20 年的时间内完成的。

## 附录：气候变化科学名词解释

本名词解释表以 IPCC 第三次评估报告和第四次评估报告中的术语表为基础。

**气候**

狭义地讲，气候常常被定义为“平均的天气状况”，或者更精确地表述为，以均值和变率等术语对变量在一段时期里的状态的统计描述。这里的“一段时期”可以是几个月到几千年甚至数百万年，但通常采用的是世界气象组织（WMO）定义的30年。而“变量”一词一般指地表变量，如温度、降水和风。广义来讲，气候就是气候系统的状态，包括统计上的描述。

**气候系统**

由5个主要组分构成的高度复杂的系统，包括有大气圈、水圈、冰雪圈、陆面、生物圈，以及它们之间的相互作用。气候系统的演变进程受到自身动力学规律的影响，也由于外部驱动如火山喷发、太阳变化，以及由人类引起的诸如大气组成的改变以及土地利用的驱动等。

注：冰雪圈指由所有的雪、冰以及陆地和海洋表面上面和下面的永久冻结带组成。

**辐射强迫**

由于气候系统内部变化或如二氧化碳浓度或太阳辐射的变化等外部强迫引起的对流层顶垂直方向上的净辐射变化（用每平方米瓦表示：$Wm^{-2}$）。辐射强迫一般在平流层温度重新调整到辐射平衡之后计算，而其间对流层性质保持着它未受扰动之前的值。

**辐射强迫情景**

对辐射强迫未来发展的一种可能是合理的表述。这种辐射强迫与多种变化有关，如大气成分的变化、土地利用的变化、外部因子（如太阳活动）的变化。辐射强迫情景可以作为简化的气候模式的输入，用以对气候预计进行计算。

**能量平衡**

气候系统能量收支的全球长期平均应该是平衡的。因为驱动气候系统的所有能量均来自于太阳，能量平衡意味着进入的全球太阳辐射总量必须等于被反射的太阳辐射与气候系统射出的红外辐射之和。全球辐射平衡的扰动被称为辐射强迫，它是由自然或人为因素引起的。

### 气候变化

气候变化指气候平均状态统计学意义上的巨大改变或持续较长一段时间(典型的为10年或更长）的气候变动。气候变化的原因可能是自然的内部进程或外部强迫，或者对大气组成和土地利用的持续性的人为改变。《联合国气候变化框架公约》（UNFCCC）第一款将“气候变化”定义为“经过相当一段时间的观察，在自然气候变化之外由人类活动直接或间接地改变全球大气组成所导致的气候改变”。UNFCCC因此将因人类活动而改变大气组成的“气候变化”与归因于自然原因的“气候变率”区分开来。

### 温室效应

温室气体有效地吸收地球表面、大气本身和云所发射出的红外辐射。大气辐射向所有方向发射，包括向下方的地球表面的辐射。温室气体则将热量捕获于地面—对流层系统之内。这被称为“自然温室效应”。

### 气候敏感性

在IPCC报告中，“平衡气候敏感性”是指全球平均表面温度在大气中(当量）$CO_2$加倍后的平衡变化。更一般地讲，平衡气候敏感性是指当辐射强迫（$℃/Wm^{-2}$）发生一个单位的变化时表面气温的平衡变化。实际工作中，对平衡气候敏感性的评估需要耦合环流模式的长期模拟。“有效气候敏感性”是围绕该要求的一个相关度量。它根据模式输出来评估不断演变的非平衡性条件。它是衡量特定时间反馈力度的方法，并可能会随强迫的历史和气候状况而变化。

### 气候变异

气候变异是指气候的平均态和其他统计量（如标准偏差、极值的出现频次等）的变化，这种变异在时间和空间的尺度都要超过单独的天气事件的变化。

气候变异可能是由于气候系统内部的自然过程（内部变异）造成，也可能是因为自然的或人为的外部强迫（外部变化）。

**温室气体**

温室气体是指大气中由自然或人为产生的能够吸收和释放地球表面、大气和云所射出的红外辐射谱段特定波长辐射的气体成分。该特性导致温室效应。

水汽（$H_2O$）、二氧化碳（$CO_2$）、氧化亚氮（$N_2O$）、甲烷（$CH_4$）和臭氧（$O_3$）是地球大气中主要的温室气体。此外，大气中还有许多完全由人为因素产生的温室气体，如《蒙特利尔协议》所涉及的卤烃和其他含氯和含溴物。除 $CO_2$、$N_2O$ 和 $CH_4$ 外，《京都议定书》将六氟化硫（$SF_6$）、氢氟碳化物（HFCs）和全氟化碳（PFCs）定为温室气体。

**$CO_2$（二氧化碳）当量**

对于给定的二氧化碳和其他温室气体的混合气体，相当于能够引起同样的辐射强迫的二氧化碳的浓度。

**甲烷（$CH_4$）**

一种属于温室气体的碳氢化合物，它通过垃圾填埋场的垃圾厌氧分解、动物消化、动物排泄物的分解、天然气和石油的生产和销售、产煤和化石燃料的不完全燃烧。甲烷是《京都议定书》规定的需要减排的 6 种温室气体之一。

**臭氧（$O_3$）**

三个氧原子构成的单质气态氧（$O_3$），是大气的一种成分。在对流层中，由自然的和人类活动（光化学“烟雾”）导致的光化学反应产生的。在对流层中高浓度的臭氧对大范围的生命有机体有伤害作用，在对流层中扮演温室气体的角色。在平流层，由太阳的紫外辐射与氧气分子（$O_2$）的相互作用产生。平流层内的臭氧对辐射平衡起决定性作用，其浓度在臭氧层达到最高。由于气候变化后化学反应可能提高，平流层臭氧的损耗导致平面紫外辐射流（UV—B）增加。

**六氟化硫（$SF_6$）**

《京都议定书》管制的 6 种温室气体之一。作为高压设备的绝缘体或有助于生产电缆冷却设备，它广泛地应用在重工业生产中。它的全球增温潜势为23900。

**氢氟碳化物**（HFCs）

《京都议定书》控制的6种温室气体之一。工业上生产该物质用作氯氟碳化物的替代品。HFCs主要用于电冰箱和半导体生产。它们的全球增温潜势范围是1300～11700。

**全氟化碳**（PFCs）

《京都议定书》管制的6种温室气体之一。它是铝熔融和铀浓缩的副产品，同时它也在半导体生产中替代氟氯碳化合物。PFCs的全球增暖潜势为二氧化碳的6500～9200倍。

**卤烃**

碳与氯、溴或氟的化合物。此类化合物是大气中强有力的温室气体。含氯和溴的卤烃也参与损耗臭氧层。

**氧化亚氮**（$N_2O$）

一种通过土壤耕作活动，尤其是商用和有机化肥的使用、化石燃料的燃烧、氮酸的生产和生物质燃烧而产生的强力气体。它是受《京都议定书》管制的6种温室气体之一。

**氯氟碳化物**（CFCs）

1987年《蒙特利尔议定书》涉及的温室气体，用于电冰箱、空调、包装、绝缘、溶剂或喷雾推进剂。由于在低层大气中未被破坏，CFCs飘入高层大气层并在适当的条件下分解臭氧。这些气体正在被《京都议定书》所涉及的包括氢氯氟碳化物和氢氟碳化物在内的温室气体所取代。

**二氧化碳净排放**

二氧化碳在特定时期和具体地区或区域的源和汇之间的差额。

**碳循环**

用于描述大气、海洋、陆地生物圈和岩石圈中碳流动（以各种形式，如二氧化碳）的术语。

**生命期**

用于表示影响示踪气体进程的多种时间尺度。通常情况下，生命期是指原子或分子在特定的库如大气或海洋中的平均滞留时间。

**汇**

从大气中清除温室气体、气溶胶或它们前体的任何过程、活动或机制。

**气溶胶**

空气中固态或液态颗粒的聚集体，通常大小在0.01mm至10 mm之间，能在大气中驻留至少几个小时。气溶胶有自然的和人为的两种来源。气溶胶可以通过两种途径对气候产生影响：通过散射和吸收辐射产生直接影响，通过在云形成过程中扮演凝结核或改变云的光学性质和生存时间而产生间接影响（见间接气溶胶效应）。

**黑碳**

根据光线吸收性、化学活性和（或）热稳定性等条件定义的有机物种类，包括煤烟、木炭和（或）吸收光线的难熔的有机物（Charlson和Heintzenberg，1995年）。

**前体**

大气中的化合物，它本身并不是温室气体或气溶胶，但它能通过参与调节温室气体或气溶胶的产生或毁灭的物理或化学过程，从而对温室气体或气溶胶的浓度产生影响。

**富营养化**

水体（常为浅水）中的可溶解性养分变得丰富（自然的或因污染而造成）并造成溶解氧季节性缺乏的过程。

**固碳**

增加除大气之外的碳库的碳含量的过程。生物固碳过程包括通过土地利用变化、造林、再造林以及加强农业土壤碳吸收的实践来去除大气中的二氧化碳。物理固碳过程包括分离和去除烟气中的二氧化碳或加工化石燃料产生氢气，或将二氧化碳长期储存在开采过的油气井、煤层和地下含水层。

### 二氧化碳施肥

大气中二氧化碳浓度增加导致植物生长加速。因光合作用的机制，某些种类的植物对大气二氧化碳浓度变化十分敏感。

### 冰帽

圆形的、覆盖于高地的、范围比大冰原小得多的冰结合体。

### 大冰原

陆地上大块的冰体，它具有相当的深度足以覆盖其下大部分的岩床地形，以至于其形状主要由它的内部动力学决定（由于内部形变引起的冰体的流动及其底部的滑动）。冰原从位于小的平均表面斜坡的、具有较高位置的中心高原向外流动。边缘为陡坡，冰通过快速流动的冰流或冰川出口而塌陷，在一些情况下成为冰架漂浮于海洋中。世界上现今只有两个大的大冰原——格陵兰岛和南极，南极大冰原被横贯南极山脉分为东部和西部两部分，在冰河期，还有其他大冰原。

### 冰架

附着于海岸的、有相当厚度的、漂浮着的大冰原（经常为具有相当大的水平范围或略为起伏不平的表面），多为大冰原的向海侧。

### 冰川

陆地上巨大的冰体，可以沿山坡向下流动（因内部形变和底部滑动），同时被周围的地形（如山谷和四周的山峰）所限制，岩床地形是冰川运动和表面倾斜的主要影响因素。冰川因其上部较高处降雪的积累而维持，同时因其下部融化或流进海洋而达到平衡。

### 地下水补给

外部水进入蓄水层中饱和区的过程，既可直接进入也可间接进入而形成。

### 平均海平面（MSL）

平均海平面通常被定义为在某一时期，如一个月或一年的平均相对海平面高度，这个时间应足够长，使得能求出诸如海浪等瞬变现象的平均值。另见海平面升高。

**相对海平面**

由检潮仪测量的海平面，它与所处上方的陆地有关。

**排放轨迹**

一套平缓变化的浓度组合，它展示了通向稳定的可能路径。“轨迹”一词通常用于区别称为“情景”的排放路径。

**替代物**

一个气候指标的替代物是指，利用物理学和生物学原理，对某一局地记录进行解释，用以表示过去与气候相关的各种变化。用这种方法得出的气候相关资料被当做替代资料。如树木年轮、珊瑚特性以及各种由冰芯得到的资料。

**臭氧层**

平流层存在一个臭氧浓度最高的气层，称为臭氧层。臭氧层的范围大约从12公里延伸到40公里。臭氧浓度约在20到25公里处达到最大。臭氧层正在被人类排放的氯化物和溴化物损耗。每年，在南半球的春季，南极上空的臭氧层都发生非常强烈的损耗，它也是由人造的氯化物和溴化物与该地区特定的气象条件共同造成的。这一现象被称之为臭氧洞。

**海洋传输带**

围绕全球海洋进行水循环的理论路径，受风和温盐环流驱动。

**厄尔尼诺南方涛动（ENSO）与拉尼娜**

厄尔尼诺最初的意义是指一股周期性地沿厄瓜多尔和秘鲁海岸流动的暖水流，它对当地的渔业有极大的破坏。这种海洋事件与热带印度洋和太平洋上表面气压型和环流的振荡（被称为南方涛动）有密切关系。这一海气耦合现象被统称为厄尔尼诺南方涛动（或称ENSO）。在厄尔尼诺事件发生期间，盛行的信风减弱，赤道逆流增强，导致印度尼西亚地区表面的暖水向东流，覆盖在秘鲁的冷水之上。这一事件对赤道太平洋上的风场、海平面温度和降水模式有巨大影响，并且通过太平洋对世界上其他许多地区产生气候影响。与厄尔尼诺相反的事件叫拉尼娜。

# 第二章　气候变化与经济

探讨气候变化与经济的关系，给中国记者带来了很大的挑战。通常，除了专业的媒体外，气候变化是科学与环境记者口的事情，但这一领域的记者一般很难触及经济报道。而传统的经济报道，不论是宏观经济、产业报道还是金融新闻记者，往往缺乏气候变化的基本知识。

但作为当今全球共同关注的首要议题之一，气候变化已经深刻地影响到我们的经济生活。据芝加哥气候交易所副总裁黄杰夫的估计，全球的（减）碳交易额，可望超过石油的交易额。而为了应对气候变化，各种清洁技术、低碳能源和低碳经济发展模式日益成为经济活动中关注的焦点。不仅如此，传统产业在发展过程中，也不得不考虑到气候变化及其各国应对措施的努力。这些，理所当然地要成为媒体关注的重点，而同时，气候变化也能为媒体的经济报道带来很多新的视角。

要报道好这些内容，不掌握气候变化的相关知识及这些知识的生产方式是非常困难的，而且，由于各种因素“作祟”，要进行好与气候变化相关的经济活动的报道，也需要考虑更多的因素，同时还要努力获取一些新的报道路线。

正是基于要解决这些问题的考虑，本章基于记者从报道气候变化对知识的需求出发，对气候变化问题与经济相关领域的知识进行了简介。本章的知识性内容包括低碳经济的概念、气候变化对经济的影响、气候变化与中国经济、清洁发展机制的机遇与挑战、碳交易和碳税等，基本涵盖了报道与气候变化相关的经济事务的媒体对该领域基本知识的需求。本章内容的基础是2008、2009 年两个版本《如何报道气候变化》手册中由游雪晴撰写的第二章，并在此基础上融入了邱登科、贾鹤鹏撰写的《气候变化报道教程》中“气候变化与经济”一章的部分内容。

## 第一节　低碳经济：未来发展的必由之路

探讨气候变化与经济的关系，联合国政府间气候变化专门委员会（IPCC）第三工作组的科学评估报告，常常作为依据被各方引用。

2007 年 5 月 4 日，IPCC 第三工作组在泰国曼谷发布了第四次评估报告《气候变化 2007：减缓气候变化》的决策者摘要及主报告。报告总体认为：未来温室气体排放取决于发展路径的选择，现有各种技术手段和许多在 2030 年以前具有市场可行性的低碳和减排技术，将以较低的成本实现有效减排。在 2030 年以后将温室气体浓度稳定在较低水平的成本并不高，但需要国际合作，采取一致行动，并认为可持续发展与温室气体减排可以相互促进。

人类在经过近 20 年的探索后发现，要想真正减缓和适应气候变化，必须从根本上转变对化石燃料的依赖，也就是要实现生产方式、消费方式以及全球资产（包括产业、技术、资金、资源等）配置与转移方式全面向低碳转型。

IPCC 第三工作组的科学评估报告按照 7 个不同的部门，能源、交通、建筑、工业、农业、林业、废弃物管理，分别讨论了各个部门的减排潜力以及经济成本，具体的政策措施，以及正在和将要使用的减缓技术的发展前景。

减缓气候变化的主要途径包括：1. 提高能源效率；2. 转换燃料，比如将煤炭转变为天然气，从而降低排放；3. 发展核能和可再生能源；4. 碳捕集，就是把排出来的二氧化碳捕集，然后埋藏；5. 减少消费，改变生活方式。

在这些减缓途径的背后需要国家实施一些政策措施来促进。在一些发达国家已经有一些实践，比如利用税收手段，再有就是大力发展低碳技术，提高公众意识等等，这些都是一些有效的减排的政策措施。

发展“低碳经济”作为协调社会经济发展、保障能源安全与应对气候变化的基本途径，正逐渐取得全球越来越多国家的认同。

虽然中国是发展中国家，目前还不需要承担减排义务，但发展低碳经济，已经是中国经济社会可持续发展的必然选择。国家发改委能源研究所副所长李俊峰认为，即使不考虑气候变化，中国也不得不走向低碳经济。假如中国人均汽车保有量达到美国的水平，那么用于中国汽车的汽油消费，将耗尽全世界的炼油产量，而中国的耕地也将不得不让步于停车场。

## 第二节　应对气候变化对世界经济的影响

为了应对气候变化，世界主要发达国家提出了将气温升温幅度控制在2℃的目标，为了达到这一目标，需要将全世界2050年时的二氧化碳总排放量削减到1980年水平的一半。这给世界各国都带来了严峻的挑战，同时也意味着经济调整的机会。

### 一、气候变化对世界主要国家的影响

英国作为最早提出“低碳经济”的国家，希望采取低碳模式来解决气候变暖问题有其深刻的历史和现实原因。其主要目的在于保障能源安全，减轻气候变化影响，利用其自身能源基础设施更新的机遇和低碳技术领域的优势，提高经济效益和活力，占领未来的低碳技术和产品市场，赢得国际政治主动权并增强其国际影响力。

美国应对气候变化的重点是转变能源战略和能源利用方式。美国在奥巴马总统上台后的动向值得特别关注，在奥巴马刚刚宣布的经济刺激计划中，能源相关产业占据核心地位，同时在他公布的能源政策中，提出了节能和提高能效、发展可再生能源和清洁替代能源、投资新能源和清洁能源技术研发、改变过度依赖石油进口状况、减少温室气体排放等一揽子综合能源改革和转型措施，这不仅沿袭了美国过去关注清洁能源技术的一贯做法，更重要的是把能源发展、应对气候变化与经济振兴结合起来，这可能意味着美国应

对气候变化新机制的产生。

对于广大发展中国家而言，发展低碳经济的困难和障碍也是明显的，具体体现在发展阶段、国际贸易结构、经济成本、不完全市场、技术推广体系、制度安排、配套政策和管理体制等方面。从工业化国家经济发展与碳排放关系的历史演化规律看，这些国家一般都需要先后经历碳排放强度、人均碳排放量和碳排放总量的三个倒U形曲线，而不同的国家或地区碳排放高峰所对应的经济发展水平存在很大差异，说明了经济发展与碳排放之间不存在单一的、精确的演变规律。在没有强制减排措施和外部支持的条件下，发展中国家可能需要较长的时间才能达到碳排放的拐点。

## 二、气候变化对实体经济的影响

就低碳经济形态下的实体经济而言，最关键的领域包括能源、交通、建筑、制造业和部分相关服务业，如由低碳经济催生的新的实体经济产业包括二氧化碳捕集与封存（CCS）等。

就能源领域而言，在低碳经济形态下，最重要的两项指标是能源消耗量和能源效率，另外一个重要指针是可再生能源的比例。发展低碳能源，促进能源供应的多样化，是减少化石能源消费，减少二氧化碳排放的重要途径。在三种化石能源中，煤的含碳量最高，油次之，天然气的单位热值碳密集只有煤炭碳含量的60%。风能、太阳能、生物质能等可再生能源以及核能、水电等新型能源在低碳经济形态下发展速度不断加快，产业化规模也越来越大。

提高能源效率，等同于同样的产出却减少了能源消费，从而降低了温室气体排放，因而被认为是能源效率较低的发展中国家中近期应对气候变化减少温室气体排放的重点。因而，新能源、可再生能源以及能源效率等领域将成为应对气候变化实体经济最具革命性变化的领域。

国际能源署（International Energy Agency）2008年发表的报告称：如果2050年真正要达到二氧化碳排放量减少一半的目标，假设终端能源服务需求不变，则要求通过提高能效和减少能源消费来实现，其贡献率约为

54%，增加可再生能源的贡献约占 21%，增加核电的贡献率为 6%，CCS（碳捕集和碳封存技术）贡献为 19%。

交通排放在温室气体排放的总比例在 20%以上，因此在低碳经济形态下交通工具的减排是世界各国减排的重点领域。飞机、货轮、火车等长途运载工具的减排重点主要是能源结构的变革。以远洋货轮为例，目前主要燃料是柴油，将来的重点是将天然气作为替代燃料以减少其二氧化碳排放量，同时，运输过程的能源管理也能大幅度提高能源效率。

交通排放的重点领域还是城市汽车，其变革的重点同样是替代能源和能源效率的提高。低能耗的电动汽车和高效的燃油燃气汽车将在低碳经济形态下出现较大幅度增长，前提是技术的完善和安全性的保障。

建筑业也是能源消耗最主要的部门。建筑物耗能主要是指建筑物在采暖（制冷）、照明及使用其他电器时的耗能。建筑能耗在总能耗的比例各个国家因气候条件和技术水平的不同而有所差异。在中国，建筑能耗占总能耗的四分之一，是建筑高能耗国家，类似的情况还有美国。建筑物节能有两条途径：一是节流，即提高采暖（制冷）、照明及其他电器使用的效率，减少建筑物本身所散失的能源，比如用节能灯替代白炽灯，照明效率可提高数倍，二是开源，即在建筑中开发利用太阳能、余热能等自然资源。近年来，很多学者提出绿色建筑的概念，这种建筑是充分利用可再生的材料和能源，利用自然通风和天然采光，最大限度地节约资源、保护环境和减少污染，又能为人们提供健康、高效的工作和生活空间。

对于制造业和服务业而言，低碳化包括两个方面：一方面是制造过程本身的节能减排，另一方面是所产出的产品在生命周期（包括原料、加工、储运、流通、消费、回收等）的碳足迹。英国在 2008 年底推出了世界上首部非强制性标准，评估商品及服务的碳足迹。这部标准首次将产品生命周期的排放量与终端销售相关联，对于指导低碳经济形态下的制造业和服务业有开创性意义。

## 第三节　中国低碳经济发展的现状与目标

中国未来究竟需要多少能源？需要多少排放？

2010 年，根据国际能源署公布的《2010 世界能源展望》，中国在 2009 年消费 22.52 亿吨石油当量，相比美国石油消费总量 21.7 亿吨高出 4%，成为全球第一大能源消费国。虽然中国的专家对这一结论提出了质疑，但就总体趋势而言，中国在近期成为全球第一大能源消费国以及最大的二氧化碳排放国已经是不争的事实。

需要指出的是，能源消耗与二氧化碳排放并非完全对应，除自然因素和畜牧业导致的二氧化碳排放外，水泥生产也是二氧化碳排放的大户，其排放量约占到中国二氧化碳总排放量的 10%，即每年 6 亿吨左右。由于中国水泥产量占了全球 50%以上，所以即便中国能源消费是否完全超过美国还存在疑问，但二氧化碳排放超过美国成为世界第一已经是确定的事实。

要清醒地认识中国巨大的二氧化碳排放，就需要了解中国的能源现状。

### 一、中国能源消耗的现状

改革开放以来，中国的能源强度（通常为能源消费与国内生产总值之比）一直是呈现下降趋势的，但从 2001 年以来的能源快速增长造成了中国近几年能源强度的上升。21 世纪前几年，中国的能源消费弹性系数已经达到了 1.5～1.6。能源消费弹性系数是指一个国家的 GDP 增长率与能源消费增长率的比值。如果中国每年的 GDP 增长是 10%或者更高，那么能源弹性系数达到 1.5～1.6 的含义就是，每年的能源消费总量就要增长 15%、16%甚至是 17%，这是相当大的增长。在这样一个能源增长的背景下，中国二氧化碳的排放也表现出持续增长趋势，而且近几年有加速增长的势头。

为什么中国的能源强度在 21 世纪前几年呈现了这样快速增长的趋势？其中至少有如下几个方面的驱动力：

第一，快速工业化。中国处于一个快速工业化的发展进程中，而且这样的进程还将继续延续下去。

第二，人口增长和加速城市化。虽然中国的人口增长率还是处于一个比较缓和的阶段，但是由于中国庞大的人口基数，每一个微小的增长所带来的绝对量的增长都是巨大的。城市化也是非常重要的因素。中国每年增长 1％的城市化率，就意味着上千万的农村人口来到城市，他们需要消费更多的能源。

第三，外贸商品的隐含能源出口不断增加。出口是中国 GDP 增长的一个重要推动力，但出口产品中的能源消耗是算作中国国内的能源消耗的，所以称之为隐含能源出口或者叫内含能源。中国社科院城市与可持续发展研究所的陈迎等人最近测算出中国每年净出口能源占本国能源消费总量的比重，2002 年是 16.5％，这几年快速增长，已经接近 1/4 了。这表明中国为全世界提供了产品，却消耗了自身的能源，二氧化碳排放也是在本国产生。

第四，能源结构。中国以煤炭为主的能源结构是非常稳定的，甚至这几年还有一些恶化，因为中国的需求增长太快了。中国主要的工业产品都在迅速增长，无论是钢材、水泥还是发电，这种需求的拉动就造成了现在能源和排放的快速增长。

## 二、中国发展低碳经济的机遇与挑战

尽管中国正处于能源消耗高速增长的阶段，但从另一个角度看，减少排放、减缓气候变化对中国也是一种机遇。其一，减排二氧化碳在某种程度上也可以减少空气污染物的排放。其二，减缓气候变化、减少能源的使用，也可以减少中国对进口能源的依赖。其三，应对气候变化可以促进中国技术的更新和技术水平的提高。应该讲，减缓气候变化既是中国对国际社会的责任，也是中国自身内在发展的需求。因此走低碳发展的道路是中国必然的选择。

现在，中国政府非常重视减缓气候变化的问题，成立了国家节能减排领导小组，制定了《中国应对气候变化国家方案》、“十一五”节能减排目标、“十二五”节能减排目标、可再生能源中长期规划等一系列的文件和目标。

根据最新的“十二五”节能减排目标，中国单位GDP的能耗，到2015年“十二五”结束时，要在2010年已经比2005年降低将近20%的基础上再下降16%。

中国政府在节能减排的大目标下制定了许多具体措施，包括把16%的目标分解到各个地区，每半年统计局公布统计公报，目标落实纳入地方政府的考核等等。

另外中国政府投入巨资建立了十大重点节能项目，淘汰落后产能企业，并针对千家大企业进行能源审计和管理项目。2004年这些大企业占到了将近一半的工业能耗，占大约三分之一的全国能耗。以电力工业为例，相对而言，发电机组越大，能耗水平越低，建立大机组，压缩小机组，带来的节能减排效应是非常大的。

可再生能源的发展也是节能减排的一个重要途径。中国在2007年8月份公布了可再生能源长期规划，制定了一系列的可再生能源发展目标。2005年，中国可再生能源在一次能源消费中的比重是7.5%，中国的目标是在2010年把可再生能源和核电的一比例提高到10%，2020年发展提高到15%，达到此目标，中国减少的新增二氧化碳排放量是非常大的。

中国发展低碳（相对于煤炭）能源，也要大量增加石油、天然气的开发，同时要大量增加水电、核电的开发。应该把自己可以大量供应的清洁能源放在优先地位。

可再生能源近期主要依靠提高水电比例，同时探索风电大规模应用的技术、经济可行性。主要是发展技术、降低成本，扩大可再生能源的可利用范围和程度，为今后大规模利用做好准备。部分接近商业化的技术，尽可能利用起来，可以起到一定的补充作用。

2030年以后，中国能源增长需要基本依靠非化石能源。2020年前，除水电外的可再生能源供需总量有限，1.5亿千瓦风电仅能贡献1亿吨标煤左右的一次能源。在相当长时间内，由于技术经济性差，只能依靠政策扶持，难以成为有较高经济效益的产业。另一方面，必须大幅度降低成本，太阳能发电上网电价仍然要在每千瓦时1.5元，用户电力实际成本每千瓦时超过

3 元。

目前，风电上网电价是 0.51～0.61 元，基本上是微利或亏损状态，实际用户电力成本超过 1 元。核电上网电价可以在 0.35 元，当前远距离输送煤电价值在 0.25 元，水电低于 0.25 元。

同时，还要防止可再生能源投资过热，中国可再生能源装备制造业已经出现产能过剩，风电制造商已经有 100 多家，明显过于分散，面临调整。太阳能光伏产品 98%以上出口，产能利用率已经过低，还有大量产能即将投产。另外，研发基础薄弱，低水平重复过多。我们把高产的高新技术变成了低产的加工行业。

## 三、中国发展低碳经济的展望

那么，在发展低碳经济的背景下，中国未来的能源需求应该是什么样的情景呢?

从中国自己的角度看，要想让综合国力达到中等发达国家水平，人均能源消耗应达到 4 吨标准煤（目前为人均 2.4 吨标煤）或标油（目前为人均 1.73 吨标油）以上，4 吨标准煤是目前所有发达国家的最低限，4 吨标准油是中等偏下的。这样，能源需求总量约为 60 亿吨标煤或标油以上。

如果按照国际上建议的减排目标定在增温幅度不超过 2℃，2015 年中国温室气体的排放就应该处于碳排放增长的拐点，不能再增加。但这是完全不可能的。按照现在中国的发展态势，需要制定三步走的发展目标，拐点控制在 2030 年前后，这应该是可能的。根据现在的研究报告，中国有可能在 2020 年前后完成资本密集型工业化进程，再经过 10 年左右的整合、提升，应该在 2030 年前后进入知识密集型的后工业化阶段，这样也就有可能出现拐点。

出现拐点有三个条件：第一个条件是经济体处于相对稳定的状态，现在发达国家都是相对稳定的状态；第二个条件是人口，因为能源消费也好温室气体排放也好，都是由于人的经济活动和生产消费所产生的，人减少了，人口稳定了，相对污染就减少；第三个条件是技术，只有技术进步了，才可能提高能源效率，增大低碳能源比例。

## 第四节　中国开发清洁发展机制（CDM）的潜力巨大

《京都议定书》规定了三种灵活的减排机制，其中与中国关系最大的主要是清洁发展机制（CDM）。CDM是基于项目的减排机制，由具有减排义务的国家和发展中国家联合进行，通过这一机制，减排成本高的发达国家提供资金和先进技术，在不承担减排义务的低减排成本的发展中国家实施减排项目。产生的减排额度则属于发达国家。

中国有开发CDM的巨大潜力。世界银行2003年所作的一份研究报告显示：在全球碳市场中，中国有30亿～50亿美元的规模，占全球总额的近50%。但这是个保守的估计，从现在来看，中国通过CDM交易获得的收入已经突破了这个数额。权且按照这个估计衡量，其带动的投资是150亿～250亿美元。而2005年，中国外商直接投资为500亿～600亿美元，可见仅仅由CDM带动的投资，就达到了一年外商总投资的一半左右。

发展CDM的一个原则是证明项目的额外性，即如果不通过CDM的投资，按照正常的发展，该项目很难实现。

在中国，CDM项目通常由进行碳交易项目的公司或有减排任务的发达国家大公司发起。它们在与中国当地的企业或社区开发了一个CDM项目后，先要得到中国国家发改委的批准，然后要拿到联合国CDM执行理事会来注册，如果注册成功，它就会获得一个核证减排量（CER），这个核证减排量就可以拿到发达国家的碳市场上进行交易。

按照项目类型分，CDM的重点领域包括三个方面：一是提高能效，既包含高能效发电，也包括了制造业能效的提高，二是开发利用新能源和可再生能源，包括水电、风能、太阳能等，三是回收利用甲烷和煤层气，煤层气里面的主要成分就是甲烷，还有就是垃圾填埋，也是回收利用甲烷。

首先，可以看一下水电。中国可以开发的水电资源是4亿千瓦左右，到2010年规划装机容量达到1.6亿千瓦，到2020年希望能够达到3亿千瓦。

所以水电还会有很大发展。

当然并不是所有的水电项目都可以做成 CDM 项目，比如三峡工程这样大的国家投资，是不能作为 CDM 项目的。

在风电方面，中国可以利用的风力资源，经过系统评估后得出数据：陆地大概可以装机 2.5 亿千瓦，海上有 7.5 亿千瓦，这是从资源的可利用角度来看。目前，中国的风电装机量，已经达到了 4000 万千瓦，位居世界第一。如此迅速的发展，与很多风电项目通过 CDM 项目获得资金支持不无关系。

还有其他的可再生资源。比如说太阳能发电，即使把 CDM 的收益考虑进来，仍然很难成为具有商业吸引力的项目，因为它的成本太高了，它远远高出 CDM 所给的补贴。但也有人认为，在一些太阳能资源好的边远村庄开发这个项目，从技术引进和推广角度看有示范作用。

还有就是潮汐发电、生物质能发电等等，这些已经在山东、河南有过案例。目前大概有 40 多个处于设计和建设阶段的项目，这些都是非常优质的潜在 CDM 项目。

综合水电、风电和其他类型的可再生能源，估计大概可以达到 4000 万吨左右的 CER。这就是 2010 年中国可以达到的规模。

截止到 2007 年 10 月，中国政府批准了大约 900 多个 CDM 项目，大部分是新能源和可再生能源，包括水电、风电、生物质能等等，占总数的 70%左右，还有 15%左右的项目是节能和提高能效的。

这是从项目数量上看，如果从减排量来看，这个比例就大不一样了。可再生能源从 70%的比例降到了 25%左右。而在数量上仅占 4%的化学分解类项目，在减排量上比例上升到 40%。

目前世界上化学分解类的 CDM 项目，主要是 HFC23（三氯甲烷）的分解。三氯甲烷致暖效应相当于二氧化碳的 1 万倍，因而其产生的减排量也非常巨大。制冷剂氟里昂的生产过程中一般会产生副产品三氯甲烷。按照联合国保护臭氧层的《蒙特利尔公约》，发达国家早已禁止生产氟里昂，目前全球氟里昂主要的生产设施都位于中国和印度等国，这就为中国通过分解三氯甲烷获取 CDM 项目创造了巨大的空间。因三爱富与世界银行签订 42.5 亿元巨额协议，CDM项目目前引起较大关注。

2005年，江苏三爱富化工集团与世界银行签订了42.5亿元的分解三氯甲烷的巨额CDM协议，让它引起了较大关注。不过需要指出的是，中国所有符合《京都议定书》规定的三氯甲烷分解项目，几乎都已经做完了CDM项目。

判断CDM市场的规模主要还是看减排量，因为CER收益主要是从减排量上得到的。

为什么中国发展CDM的潜力有这么大？这主要取决于中国的经济发展和经济总量。

中国的人口占世界人口的六分之一左右，中国又是最大的发展中国家，而且GDP总量已经排到了世界前列。中国工业化发展过程只有几十年时间，这就决定了中国的技术水平相对于发达国家的先进水平是有差距的，这也是由中国的发展阶段决定的。中国的经济总量很大，技术水平又低，减排的机会自然就很大。因此不论是提高技术水平，还是开发可再生能源，都会让排放量相应减少。

另外，由于中国是以煤为主的能源结构，经济结构以高耗能制造业为主，这也决定了中国的排放量会很大。

在中国进行CDM项目，不仅为项目业主和中间商赚取了巨额利润，也能帮助中国落后地区的发展。在宁夏进行的一个利用太阳灶的CDM项目就体现了这一特点。中国的可再生能源项目大部分是水电和风电，而这个太阳灶项目非常特别。

太阳灶是家用的，而且一般只能用作烧水。这样算下来一户一年产生的减排量只有3～5吨，这样一户一户做CDM项目就没有意义了。这个项目完全不同，它是由一个投资公司，把太阳灶免费地发放给上万户买不起太阳灶的农户，而用户使用太阳灶时产生的CER就委托给投资公司来处理。这样，用户通过转让CER免费获得太阳灶，而投资公司通过先期投资太阳灶获得了CER的所有权。

这个投资公司在不同的县分别找了几个比较穷的农村。当地的年平均收入大约是每户不足 1000 元。按照联合国统计标准，属于全球最贫困的村庄之一。这个项目的受益人群是 8 万人左右。

实施这个项目的 3 个县都是国家级贫困县，这样就有了一个前提条件：如果不免费赠送太阳灶，用户自己肯定买不起，这是最根本的假设。这个假设在做项目审定和注册时，都是最核心的关键问题，需要对项目进行比较多的审定和考察。

两万多农户参与这个项目，这家投资公司一年可以有将近 4 万吨的 CER 收益。为了做这个项目，他们制定了一个监测方案，考察有多少户真正在使用太阳灶，每天用了多少。因为这个项目的减排量产生的前提是，使用了太阳灶后就不再烧煤和烧柴了。因此需要监测太阳灶的使用情况，看使用的时间是多少，替换了多少煤，这个监测非常重要。目前这个项目已经得到了国家发改委的审核。

## 第五节　碳税与碳捕集

除了通过政策鼓励来发展低碳能源和实施节能外，中国还可以通过碳税这种财政手段和碳捕集这种技术手段来应对气候变化。

### 一、碳税与碳排放交易对中国的机遇

碳税，顾名思义就是针对二氧化碳（$CO_2$）排放征收的一种税。更具体地看，碳税是以减少二氧化碳的排放为目的，对化石燃料（如煤炭、天然气、汽油和柴油等）按照其碳含量或碳排放量征收的一种税。它不同于能源税，能源税一般是泛指对各种能源征收的所有税种的统称，包括国外征收的燃油税、燃料税、电力税以及中国征收的成品油消费税等各个税种。

开征碳税有利于树立负责任的国际形象。中国目前虽然没有承诺减排义务，但作为世界上二氧化碳排放大国，中国限排和减排的国际压力与日俱增。开征碳税也有利于经济发展方式的转变。经济发展方式粗放，特别是经

济结构不合理，是中国经济发展诸多矛盾和问题的主要症结之一。节能减排是进行经济结构调整、转变发展方式的重要途径。而碳税作为重要的环境政策工具，既有利于调整产业结构，也有利于促进节能减排技术的发展，还符合中国发展低碳经济的方向。

具体来看，开征碳税能够推动化石燃料和其他高耗能产品的价格上涨，导致此类产品的消费量下降，最终起到抑制化石能源消费的目的，进而还能达到因减少使用化石燃料而减少二氧化碳排放以及减少其他污染物排放的目的。

同时，开征碳税是完善环境税制的需要。从发达国家来看，其普遍建立以硫税、氮税、燃油税、碳税等等环境税税种为核心的环境税制或绿色税制。虽然中国目前也存在着一些与环境保护相关的税种，如资源税、消费税等，但目前尚缺乏独立的环境税种，符合市场经济的环境税收制度尚未建立起来，环境治理的效果不理想。开征碳税，可以设立直接针对碳排放征收的税种，增强税收对于二氧化碳减排的调控力度。同时，也有助于中国环境税制的完善。

从政策上来看，开征碳税不仅符合中国目前贯彻科学发展观、实现节能减排目标、转变经济发展方式等方面的发展目标，也符合《中国应对气候变化国家方案》提出的制定有效政策机制的要求，是当前中国应对气候变化所应采取的主要措施的规定。

从技术上看，碳税有计量简单、操作容易、便于检测的特点。碳税的税基是碳的排放量，各种能源的含碳量是固定的，所以其燃烧排放的二氧化碳量也是确定的，再考虑减排技术和回收利用等措施计量真实的碳排放量，所以碳税计量相对简单。

但碳税的缺点是：1. 由于需求价格弹性的影响，碳税的减排效果确定性较差，而碳排放权交易在减排目标上更加明确；2. 碳税的实施阻力大，而企业一般较偏好碳排放权交易。

不论是否征收碳税，中国都可以通过建立碳排放权交易来促进二氧化碳的减排工作。碳排放权交易的实质是通过市场机制，让有能力的企业通过大幅度减少二氧化碳排放而获益，其前提是国家为企业设立碳排放的上限，如果超过这个上限，企业将面临很残酷的惩罚。为了避免这种惩罚，企业可以在碳交易市场上购买其他企业节约下来的减排指标。

中国已经提出，在“十二五”期间将进行碳交易市场的试点工作。但这方面的探索仍然刚刚起步，还有很大的挑战。其中技术上的挑战主要是在整个国家没有绝对减排指标，只有相对于国内生产总值的相对减排指标的情况下，如何确立企业的碳排放上限。在制度层面上，碳交易面临的挑战则主要是设立碳排放上限可能影响经济增长，从而让政府和企业缺乏推进这项工作的积极性。

综合来看，碳税和碳排放权交易之间并不是简单的相互替代关系，而是相互补充的关系，两者与其他 $CO_2$ 减排经济政策一起，共同发挥促进 $CO_2$ 减排的调节作用。

## 二、碳捕集与封存及其对中国的意义

在技术上，发展安全可靠的碳捕集与封存（CCS）技术也是应对气候变化的重要手段之一。所谓碳捕集与封存（CCS），指将大型发电厂所产生的二氧化碳（$CO_2$）收集起来，并用各种方法储存以避免其排放到大气中的一种技术。

CCS 技术按它字面意义上理解分为碳捕集与封存，还包括中间的运输等三个环节。

对于燃煤电站来讲，通常所说的二氧化碳捕集有三种主要的技术路线。第一是燃烧后捕集，就是在常规的燃煤电厂后面加上二氧化碳分离的装置，通过化学吸收的方法把二氧化碳从锅炉排出的烟气中分离出来。第二是富氧燃烧捕集，它可以基于传统的燃煤电站进行改造，在传统的燃煤电站里送到锅炉里的氧化剂主要是空气，而富氧燃烧技术就是用相对纯净的氧气作为燃烧剂与煤炭发生反应，这样燃烧中空气的主要成份就是二氧化碳，再处理起来就相对容易一些。第三是燃烧前捕集，它基于 IGCC（整体煤气化联合循环发电系统，是将煤气化技术和高效的联合循环相结合的先进动力系统），先把煤送到气化炉，转化为煤气，然后进行除灰等净化处理，再经过脱硫、脱碳的装置，把高浓度的二氧化碳捕集出来，最后剩下的合成气主要成份就是氢气，再利用氢气发电。

在二氧化碳被捕集后，还需要对其进行运输。二氧化碳在常温常压下是气体，从大规模运输的可行性来看，采用气体和液体的状态来运输二氧化碳是比较可行的。

目前已经实现了的二氧化碳运输方式主要包括管道运输、轮船运输和罐车运输。2002 年，全球有 2600 公里二氧化碳运输管道，近年来又新建 1000 多公里，总的二氧化碳运输量是 5000 万～7000 万吨/年。大部分二氧化碳运输管道集中在美国，长度一般都是在几百公里，而且最早在 1980 年代就投运了，所以这项技术是比较成熟的技术。

二氧化碳去向主要有几种：第一类是二氧化碳的工业应对，第二类是二氧化碳的地质封存，即二氧化碳的矿石碳化。还有其他的方式，比如说利用深海封存。

二氧化碳的工业应用分几种形式，比如说化成尿素、合成醇、合成酸等等。中国目前有二氧化碳生产企业大约 100 家左右，生产能力是 200 万～250 万吨/年。

二氧化碳的地质封存就是把二氧化碳存放到地层中自然的孔隙中，这是目前最经济、最可靠的二氧化碳处理技术。通常所说的地质封存主要包括把二氧化碳封存在油藏储层、封存在煤层或者是深部的咸水层三种方式。

当然，如果要实现真正的地质封存，对地质条件的要求也是比较高的。首先是要求地区的地质构造要相对比较稳定，否则存储的二氧化碳气体有向大气泄漏的可能性。同时，要求地层的孔隙度和渗透率高，底层有一定的厚度，能够达到所需要的存储容量。再一个是埋存二氧化碳地层的上面有不透气的盖层。储存的压力要超过二氧化碳的临界值，储藏的深度在 800 米以下。

对于 CCS 技术来说，目前主要存在几方面的问题：一是在全世界范围内都缺乏大型的 CCS 系统集成和运行的经验，其次是二氧化碳捕集会引起电站成本增加，对于这个问题可以通过技术开发推广相关设备的产业化，来降低整个捕集过程的能耗，降低能耗就意味着利用同样的煤能够发更多的电。

还有一个问题是二氧化碳如果封存到地下的话，是不是有可能会泄漏，从而造成环境污染。对于这个问题，可以在设计的时候就充分考虑潜在的风险，选择构造良好的地层来进行封存。同时，选择铺设二氧化碳运输的区域应该远离人员密集的区域，同时在捕集和运输的过程中制定严格的操作规程和应急措施，不管是成本过高还是环境污染，可能最终都会依赖于大型示范工程的建设，在建设过程中有些问题才能进一步获得解决的经验。

随着技术进步和产业化的推进，CCS 工程的造价有望大幅度降低。当然，CCS 本身也存在一定的风险，但是采取相应的措施是可以规避这些风险的。总之，CCS 这项技术的推广有赖于政府支持的大规模的 CCS 示范工程，通过工程实践积累经验，才能实现 CCS 这项技术的推广。

## 附录：气候变化经济与能源领域名词解释

清洁发展机制（Clean Development）

《京都议定书》规定的三种灵活机制之一，目的是协助未列入附件一国家（为工业化发达国家）的缔约方实现可持续发展和有益于《公约》的最终目标，并协助附件一所列缔约方实现遵守《京都议定书》第三条规定的其量化限制和减少排放的承诺。它是基于项目的机制，由附件一国家和非附件一国家之间进行合作。减排成本高的发达国家提供资金和先进技术，在低减排成本的发展中国家实施减排项目。发展中国家不承担减排义务。

排放贸易（Emissions Trading，ET）

也是《京都议定书》规定的三种灵活机制之一。附件一国家为履行其依《京都议定书》第三条规定的承诺的目的，附件 B 所列缔约方可以参与排放贸易，任何此种贸易应是对为实现该条规定的量化的限制和减少排放的承诺之目的而采取的本国行动的补充。也就是用市场方法达到环境目的，即允许那些减少温室气体排放低于规定限度的国家，在国内或国外使用或交易剩余部分弥补其他排放量。

**边际减排成本**（marginal abatement cost）

指在一特定的时间（如某个年份）内，温室气体减排活动在原减排量的基础上，再增加一个单位减排量所增加的成本。一般来说，宏观分析时边际减排成本随减排量的增大而递增。

**外部成本**

用于定义为任何活动主体未全面考虑自己的行为对他人的影响的人类活动所引起的成本。同样，外部收益是指这种影响是正面的，且在活动中不对活动主体负责。一座发电厂的特殊污染排放影响着人类健康，但在个人决策时经常不予考虑或没有给予足够重视，这样的影响是不会有市场的。这种现象被称为外部性，由它所引起的成本被称为外部成本。

**能源消费碳排放强度**（carbon emissions intensity of energy consumption）

指当年全国能源消费过程中的碳排放量与一次能源消费总量的比率。

**能源消费弹性**（energy consumption elasticity of GDP）

全国能源消费总量的年变化率与国民经济活动水平变化率的比值。后者常用国内生产总值的年增长率。此指标反映能源消费增长与经济增长之间的关系。

**能源效率**（energy efficiency）

能源系统或其中某个过程中能源产出与其投入的比率。

**可再生能源**（renewable energy）

可连续再生、永续利用的一次能源。这类能源大部分直接或间接来自太阳，包括太阳能、水能、生物质能、风能、波浪能，等等。

**化石燃料**（fossil fuels）

已经或可以从天然矿物源开采的含有能量的含碳原材料，如煤炭、石油、天然气，等等，它们是由地质时代生物埋入地层中经过长期变化后生成的。

**标（准）煤**（coal equivalent）

又称煤当量，是用其热当量值来计算各种能源量时所用的一种综合换算指标。中国采用的标（准）煤的热当量值为 29.3MJ（7000kcal）。

**碳税**（carbon tax）

对每单位二氧化碳当量排放征收的税目。

**碳汇**（carbon sink ）

广义上讲，是指从大气中清除二氧化碳的过程。狭义指吸收大气中的二氧化碳并将其固定在植被或土壤中，从而减少其在大气中的浓度。

**生物燃料**

由干燥的有机物生成的燃料或植物生成的燃油。生物燃料的例子包括：酒精（由糖发酵而来），由造纸产生的黑液、木材和豆油。

**替代能源**

非化石燃料能源。

**热电联产**

把发电产生的废热如气轮机产生的废气用于工业目的或区域供热。

**终端能源**

可供消费者转化成有用能源（如墙壁插座中的电能）的能源。

**化石 $CO_2$（二氧化碳）排放**

因碳沉积化石燃料（如石油、天然气和煤）的燃烧而产生的二氧化碳排放。

**能源强度**

能源强度是能源消费与经济或物理产出的比率。在国家水平，能源强度是国内主要能源的消费总量或终端能源消费与国内生产总值或物理产出的比率。

**能源转换**

从一种能源形式，如化石燃料所具有的能量，变为另一种能量，如电能。

燃料转换

指将煤等低碳燃料转换成天然气以减少二氧化碳排放的手段。

**本章主要参考资料：**

1. IPCC 第三工作组第四次评估报告《气候变化 2007：减缓气候变化》（中文版）

2. 潘家华，孙翠华，邹骥，周大地等. 减缓气候变化的最新科学认知. 气候变化研究进展，2007（4）：187—193

3. 苏明，傅志华，许文，李欣，王志刚，梁强. 《中国开征碳税问题研究》

4. 姜克隽，胡秀莲，庄幸，刘强. 《中国 2050 年低碳发展之路——能源需求暨碳排放情景分析》

# 第三章　气候变化与外交

作为世界上最大的二氧化碳排放国，中国面临的限排和减排的国际压力与日俱增。这直接体现为在国际谈判中，中国的一举一动都成为人们关注的焦点。而同时，中国在国际气候变化谈判中承诺的任何东西，都会反映到国内政策中，比如中国在哥本哈根联合国气候变化大会前承诺，到2020年单位国内生产总值的碳排放比1995年降低40%～45%，这一指标会细化成国内的节能减排指标，并由此直接影响到产业政策。

国际气候谈判的重要性会直接反映到媒体的日常报道中。例如，每次联合国气候变化大会都会成为国内媒体的焦点。然而，怎样报道好错综复杂的气候变化谈判，怎样在枯燥的谈判文案中找到有趣的亮点，怎样处理气候变化对全人类的普世性挑战和中国发展需要更多碳排放空间之间的矛盾，无一不会给记者的报道工作带来挑战。

另一方面，报道外交工作虽然不是大多数记者的工作重点，但由于气候谈判的各种议题和国内事件的紧密联系，记者也不得不掌握很多相关知识。同时，由于在该领域有大量的资源、线索和新闻由头，报道气候变化谈判及其相关内容，也能成为记者们练习报道复杂问题的一个很好的切入点。

像前两章一样，本章的内容也是基于这一特点，一方面力求将气候变化谈判相关的知识要点简明扼要地叙述清楚，并在此基础上提供新闻操作的指南，另一方面也力求让由此产生的相关报道能力不仅仅适用于气候变化的谈判，而且可以成为判断复杂的国际问题并写出生动和深刻报道的参照。

基于这一目的，本章的内容分为气候变化谈判的基本特点、这一谈判的主要议题、气候变化谈判的发展以及对谈判未来的展望。本章内容的基础是

2008、2009 年两个版本《如何报道气候变化》手册中由李虎军撰写的第三章。

## 第一节　气候变化谈判：比 WTO 谈判更重要

对于气候外交来说，有两本小册子堪称“红宝书”：《联合国气候变化框架公约》（以下简称《公约》）和《联合国气候变化框架公约京都议定书》（以下简称《京都议定书》）。

《公约》的诞生，首先需要感谢 2007 年度诺贝尔和平奖得主——联合国政府间气候变化专门委员会（IPCC）。1990 年，IPCC 首次发布气候变化科学评估报告。应对气候变化成为国际社会无法回避的议题，联合国由此启动关于气候变化问题的多边国际谈判。

1992 年 6 月，在巴西里约热内卢召开的联合国环境与发展大会通过《公约》。在《公约》之中，有一条非常重要的原则：共同但有区别的责任。也就是说，发达国家与发展中国家在保护气候系统的问题上具有共同但有区别的责任，发达国家缔约方应当率先对付气候变化及其不利影响。《公约》于 1994 年生效。自 1995 年起，《公约》缔约方每年举行一次全会。

1997 年 12 月，在日本京都举行的《公约》缔约方第三次大会通过《京都议定书》，规定发达国家应在 2008～2012 年的这段承诺期内，将其温室气体排放量从 1990 年水平至少减少 5%。在人类历史上，这是第一次以国际法形式就温室气体排放量作出定量限制。2005 年 2 月，《京都议定书》生效。如今在国内媒体上频频出现的清洁发展机制（CDM），即是《京都议定书》规定的三个重要减少二氧化碳排放的灵活机制之一（另外两个为联合履约机制和排放权贸易）。

美国总统布什 2001 年上任后宣布不批准《京都议定书》，至今美国没有改变其决定。澳大利亚工党领导人陆克文则在就任总理之后宣布批准《京都议定书》。

2007 年 12 月，《公约》缔约方第 13 次大会及《京都议定书》缔约方第三次会议在印度尼西亚巴厘岛举行，通过了未来两年中的谈判路线图——“巴厘岛路线图”。

此后两年中，气候变化谈判进展非常缓慢。2009年12月，《公约》缔约方第13次大会及《京都议定书》缔约方第五次会议在丹麦哥本哈根举行。各方未能就未来尤其是2012年至2020年这个时间段内应对气候变化的行动达成协议。

在很多人士看来，气候变化谈判比WTO谈判重要得多，因为这是关乎各国利益和人类未来的谈判。中国人民大学环境学院邹骥教授曾撰文指出：“气候谈判的实质是分配日渐稀缺的温室气体大气容量资源，如果说几个世纪以来对国家疆土的分割已大体结束，对环境容量资源的分割才刚刚开始。”

气候变化外交格局错综复杂。在《公约》缔约方会议和《京都议定书》缔约方会议的主战场之外，还包括其他形式的多边或双边接触。

## 第二节 《公约》、《京都议定书》与气候政治[①]

### 一、气候变化谈判的基本特点

气候变化导致的后果引起了科学界的重视。1988年，世界气象组织和联合国环境规划署成立了一个政府间气候变化专门委员会（IPCC)。这个委员会组织全世界的科学家编制全球气候变化评估报告。IPCC在1990年、1995年、2001年和2007年发布了4次评估报告。

在IPCC发布首次评估报告之后，联合国于1990年12月进行《联合国气候变化框架公约》的谈判，1992年完成，1994年生效。然后在1997年12月11日通过了《联合国气候变化框架公约京都议定书》。因为是在日本京都谈的，京都作了很大的贡献，所以就冠名《京都议定书》。该议定书是公约的补充，可以把公约视为宪法，议定书就是法规，议定书本身是具有法律约

① 根据国家气候中心原副主任吕学都在中英气候变化报道媒体研修班上的两次演讲整理而成。吕学都同时是中国气候变化谈判代表团资深成员。标题为编者所加。

束力的。

《公约》是个框架性的公约，如果没有完成《公约》下的任务，缔约国是没有责任的；《京都议定书》下如果没有完成任务是有责任的，类似于法律一样，如果你违法了，就要受到法律的惩罚。《京都议定书》有两个机构，一个可以被形容为“民庭”，另一个是“刑庭”。“民庭”是如果哪一个国家没有完成《京都议定书》的任务，它会提出警告，想帮你完成它。“刑庭”是因为你已经完不成了，已经触犯了“刑律”，就给你公示，差多少没有完成，让你在下一阶段加倍去做。当然，这个后果可以说是很轻的，这里面不存在严厉的措施。但是请注意，在联合国所有的《环境法》里，《京都议定书》是第一个带有法律后果的法律文件，应该讲是开创了一个先河。

《公约》的目标是将大气中温室气体的浓度稳定在防止气候系统受到威胁的人为干扰的水平上。公约中确定了很多原则，其中核心的是共同但有区别的责任的原则。保护不是要停止发展，发展是硬道理。只是在发展的同时要注意保护，两者都要兼顾。根据这条原则，《公约》和《京都议定书》给发达国家和发展中国家规定了完全不同的义务。在《京都议定书》里要求发达国家 2008～2012 年这段承诺期内，温室气体排放量在 1990 年基础上平均削减至少 5%，其中欧盟 8%，美国 7%，日本 6%。

人们经常会问：“为什么总用 1990 年的数据？现在已经是 21 世纪了。”联合国 1990 年启动缔结气候变化条约的谈判时，决定以谈判的第一年作为基准，这样便于计算。

气候变化问题的基本特点是广泛性，影响范围包括地球的各个角落。气候变化不是现在造成的，两百多年以前就在排放温室气体。要保护全球气候系统，也不是 5 年、10 年、30 年能够完成的，需要人类长期的几个世纪的努力，才能慢慢适应这样的变化。

这个问题的另一个特点是复杂性。它涉及到气象、能源、环境、经济、外交等各个方面，还有很多讲不清楚的地方。第三是不可逆转性，气候变化一旦发生是很难逆转的。第四是不确定性，气候变化本身还存在很多不确定的地方，科学上还无法准确说清楚全球气候变化的规模、某一区域具体的气候变化情景以及气候发生变化的程度等。做气候变化模型的时候，模拟全球的时候可能更好一点，但要说北京是什么样的？100 年后是什么样的？这里面不确定性很大。

## 二、双轨谈判

《京都议定书》只规定了发达国家 2008～2012 年减排温室气体的义务。为尽快就 2012 年之后的减排义务达成协议，2005 年正式启动了这项进程的谈判。

有很多报道说《京都议定书》到 2012 年就结束了，这个提法从法律上是不准确的。准确的说法是《京都议定书》到 2012 年的时候，发达国家第一承诺期减排任务到期。《京都议定书》同时规定这个时候要谈判第二承诺期，本身并不意味着《京都议定书》结束。

谈判是旷日持久的。在谈判内容方面，比如说谁来减、减多少，谈判起来都非常艰难。

在《公约》之下，还涉及到发展中国家承诺义务的问题。《京都议定书》的第九条规定要审查《京都议定书》的义务是否充分。这个充分指的是什么呢？《京都议定书》只规定了发达国家的减排义务，而且只规定到 2012 年。如果不充分怎么办呢？发达国家还要继续减。如果还不充分，是不是发展中国家也要减？

在发展中国家中，小岛国联盟要求减得越多越好，如果不减，海平面升高，它们的国家将消失在海平面下。石油输出国组织（OPEC）是比较消极的。主要是怕大家都减了，没人买它们的石油。

《公约》和《京都议定书》可以叫一套人马两套班子。秘书处都在一个楼里上班。一般每年召开两次会议，五六月开一次会议，十一二月则在五大洲轮流召开全会。

在谈判之中，欧盟是一家，77 国集团（77 国集团和中国同属于发展中国家阵营。77 国集团最初有 77 个成员，其成员后来增加到 130 多个，但名称不变）加中国是一家，伞形集团国家（指除欧盟以外的其他发达国家，包括美国、日本、加拿大、澳大利亚、新西兰。从地图上看，这些国家的连线很像一把伞）是另外一家。

现在的谈判是双轨制谈判，因为美国不在《京都议定书》里，其他发达国家觉得美国不在其中不合适。2007 年，在印尼巴厘岛通过了《巴厘行动计划》，决定在《公约》下同时谈发达国家减排，而且整个发达国家的义务要具有可比性。这又回到了第二个轨道：在《公约》下的轨道。

发达国家希望发展中国家也有减少温室气体排放的行动。这两者是有区别的，发达国家是减排义务，发展中国家是减排行动。无论是减排义务还是减排行动，围绕这个的问题非常非常多。比如说发达国家要考虑各个国家的国情，同时还要考虑未来我们大气的容量，整个大气允许多少浓度下排放的温室气体。

发达国家互相之间，国家有大有小，有发达的，有不发达的，有用水电多的，有用煤多的，这里面的可比性讨论很多。到底减排的强度定到什么程度？是按大气浓度确定以后，像切蛋糕一样，先把蛋糕定下来再切？是按人均来算，按总量来算，还是按效率来算？减的时候，到底是在国内减还是通过碳交易市场减？这里也有很多争论。这里还有未完成义务的惩罚，是软惩罚还是硬惩罚？

## 三、“共同愿景”下的不同责任

《巴厘行动计划》里确定了几大内容，在国内叫做四个“轮子”，减缓温室气体排放、适应、技术和资金。到 2020 年，整个发达国家无论是在《公约》下还是在《京都议定书》下，都要承担相应的减排义务，并确保发达国家减排要有可比性。

现在发达国家提出了自己的指标，欧盟提出 20%～30%，日本提出 25%。但是定指标的时候争议很大。

对于发展中国家的适当减排行动，目前还有不同的解释。主流的解释是，在依靠发达国家提供相应的资金、技术以及能力建设条件下，发展中国家在可持续发展框架下适当采取可测量、可报告、可核实的减排行动。获得多少资金和技术，就承担多少减排行动。

在气候变化谈判中，近年来新提出了一个名词“共同愿景”，但有关分歧也很大。发达国家觉得共同愿景就是确定2050年全球温室气体排放的浓度和减排的路径，发展中国家觉得共同愿景就是要全面提升《公约》的履行力度，这既包括减排，还包括适应、技术转让以及发达国家提供资金的机制等，这不仅仅是定下未来的目标，还包括实现目标的手段和路径。

共同愿景为什么那么困难呢？因为其中有很多很深刻的本质问题。2009年的八国集团会议确定了一个“双50”，就是2050年的时候，全球在1990年基础上减排50%，其中发达国家减少80%。这里的含义何在呢？

1990年全球的排放量大体上是210亿吨二氧化碳，到2050年减半为105亿吨。现在中国自己一家的排放量，2005年的数据大体上是60亿吨，如果按照现在的速度发展下去，到2050年中国一家105亿吨都不够用，不要说全球了。一个国际机构认为，如果要实现2050年公平的减排量分析，发达国家需要减到负150%，才有可能实现全球公平的分配方案。

## 四、技术转让与清洁发展机制

按照《公约》的原则性规定，发达国家有通过技术转让等方式支持发展中国家采取应对气候变化行动的义务。但目前真正在《公约》下实现的技术转让是微乎其微的，基本上都是商业化的技术转让。商业化技术转让相当于转让一方利用这个机会发一次气候财。

有人说要尊重知识产权。但所谓的技术转让不是说免费把技术拿过来。技术转让有多种形式，最简单的是设备买卖，把一个具有减排潜力的设备卖给发展中国家，第二种是转让图纸或者其他资料。发展中国家更希望的是，那些真正好的技术的诀窍，包括设计方案，能让发展中国家学到、掌握，然后再创新，使之适合本国的国情，从而大量降低成本，这样才能真正使技术用起来。在这个过程中，发达国家拥有这个技术的机构也能获得相应的回报。

再一个是资金的问题。技术转让需要资金支持，发展中国家采取减排行动需要资金支持。很多国际机构做了匡算，发展中国家为了采取适应气候变化的行动，每年需要的资金是数千亿美元。中国提出一个方案，发达国家能够从它的 GDP 里拿出 0.5%～1%来支持发展中国家的行动，这点发达国家基本上避而不谈。

气候变化确实是一个不争的事实，为此，保护全球气候的国际制度必将持续下去。气候变化问题必将成为今后相当长一段时间国际关系的一大热点问题，成为影响国家经济和社会发展的重要因素。但同时，如果中国像发达国家那样减、限排温室气体，可能严重制约国家的能源工业和国民经济的发展，可能导致很多企业关闭，很多人失业，确立的社会经济发展目标、确立的小康目标如何实现，这些都是问题。

《公约》和《京都议定书》还允许发达国家通过境外减排的方式履行其义务。发达国家国内减排成本平均在每吨碳 100 美元以上，在发展中国家的平均减排成本只有几美元至几十美元。这种巨大的减排成本差异，推动了清洁发展机制（CDM）的发展。因为减少温室气体排放，无论是在中国减、欧洲减、美国减，对大气的效果都是一样的。简单一句话，发达国家通过资金和技术的方式换取各种温室气体的排放权。

CDM 的发展超出了所有人的预料，是非常成功的。到 2009 年，全球已经有 1800 多个 CDM 项目，减排量已经签了 3 亿多吨。中国在这方面成绩是比较突出的，发展非常迅速，各方面都在全球排第一。

CDM 现在碰到很多问题，各参与方也在不断地克服，现在讨论的是不断改革管理方式。由于在哥本哈根气候大会上，各方没有能够达成减排协议，目前，CDM 下一阶段的发展并不明朗。但美国众议院在通过清洁能源和安全法案的时候，包括一个条款，允许美国的机构从境外，包括从联合国已经批准并符合美国政策的项目里，每年购买 10 亿吨的减排量。这是一个天文数字，因为现在联合国批准的所有 CDM 项目合计年减排量不过 3 亿多吨。如果协议能够达成，这个行业还是个朝阳行业，今后会有很大的发展。

## 第三节　后哥本哈根展望

2009 年 12 月，《公约》缔约方第 15 次缔约方会议在丹麦哥本哈根举行，哥本哈根气候变化谈判吸引了全球的目光。

2007 年 12 月的巴厘岛气候变化谈判，即《公约》缔约方会议第 13 次会议暨《京都议定书》缔约方会议第 3 次会议上，已经给出了这一轮谈判的时间表：2009 年 12 月在哥本哈根达成新的协议。新的国际协议达成以后，各国实施协议还需要一定时间。因此，2009 年底能够达成协议，才能留出充裕的时间，避免《京都议定书》第一承诺期结束，即 2012 年之后出现断档期。

让人遗憾的是，哥本哈根的气候变化谈判完全没有达成任何实质性的协议，只有一份不具法律约束力的《哥本哈根协议》，其主要内容包括把全球升温幅度控制在 2℃内，设立发达国家强制减排指标，发展中国家展开自主减缓行动，发达国家 2010 年至 2012 年向发展中国家每年提供 100 亿美元资金援助，至 2020 年每年提供 1000 亿美元资金援助。但是协议最后并没有说明这一资金的来源。

而在 2010 年墨西哥坎昆举行的气候变化大会也无果而终。在坎昆会议上，各国仅作出少量承诺，包括将成立一个绿色气候基金，在 2020 年前向贫困国家每年提供 1000 亿美元援助资金。同时各国还同意采取措施保护热带雨林，分享清洁能源技术。但在如何延续《京都议定书》的关键问题上，本次大会没有取得重大进展。坎昆会议的协议也没有具体阐明该如何筹集绿色气候基金每年的 1000 亿美元。

这种情况，只能让人们期待 2011 年将在南非德班举行的气候变化大会了。对于包括南非气候变化大会的后续谈判来说，最重要的问题是：温室气体最大排放国之一的美国是否会在《京都议定书》上签字，有关国家能否在 2012 年《京都议定书》第一期承诺期到期时完成减排温室气体的承诺等，发展中国家将承诺采取何种减缓温室气体的行动。

根据各缔约方在巴厘岛通过的《巴厘岛行动计划》(Bali Action Plan)，

《公约》的发达国家缔约方依据不同的国情，承担可测量、可报告和可核证的与其国情相符的温室气体减排承诺或行动，包括量化的减排和限排目标，同时要确保发达国家减排努力之间的可比性。

实际上，该条款主要针对的是美国，因为《京都议定书》特设工作组已经开始谈判其他发达国家未来承担温室气体减排的义务。所以，欧盟等发达国家，以及中国等发展中国家，要求该条款下的减排义务，与《京都议定书》之下其他发达国家的减排义务具有“可比性”。美国虽然退出了《京都议定书》，但仍然是《公约》的缔约方。而美国也为自己争取到了“依据不同的国情”等字眼，弱化了它将来可能作出的承诺。

《巴厘岛行动计划》同时提出，发展中国家要在可持续发展框架下，在技术、资金和能力建设支持的情况下，采取适当的国内减缓排放行动。而发达国家提供的上述支持，以及发展中国家的减缓行动都应该是可测量、可报告和可核证的。这种行动并不等于排放总量绝对减少的量化目标，而是如何减缓温室气体排放的增加速度，但对发展中国家而言，已经是一个重大让步。

在巴厘岛谈判之后的两年中，气候变化谈判非常曲折，进展极为缓慢。主要原因在于气候变化涉及各国的切身利益。2009 年 10 月在曼谷谈判期间，发达国家提出《京都议定书》下的谈判和《公约》下的谈判合并在一起。发展中国家和诸多国际环保组织对此表示惊讶，称之为“气候变化谈判的一次倒退”。

分析人士认为，如果将《京都议定书》下的谈判和《公约》下并行的双轨谈判合并，就意味着发展中国家可能很快被拉上绝对量化减排的轨道。毕竟，在具有法律约束力的《京都议定书》之下，目前只有发达国家具有绝对量化减排的义务。

在哥本哈根谈判之前，多个国家纷纷公布自己的温室气体绝对减排量或减缓行动计划目标。除了欧盟早就表示到 2020 年可在 1990 年基础上减排 20%至 30%，日本表示到 2020 年可在 1990 年基础上减排 25%——尽管这与发展中国家要求的 40%仍然相差较大。

俄罗斯也宣布将力争到2020年在1990年的排放水平上减少20%～25%，韩国表示力争到2020年在2005年的排放水平上减少约4%，巴西宣布到2020年将减少80%的毁林——这相当于减少48亿吨碳排放。

在整个气候变化谈判中一直处于消极状态的美国政府也宣布，到2020年前将实现比2005年温室气体排放减少17%的目标。尽管这一目标还有待其国会批准，而且只相当于在1990年基础上减排百分之几，但美国总算是有所进步。

中国政府则在2009年11月25日决定，到2020年单位国内生产总值二氧化碳排放比2005年下降40%～45%。世界自然基金会称，这相当于减少40亿吨以上的碳排放，是欧盟同时期承诺减排30%目标所能实现减排总量的3倍多。

即使各国能够就2012～2020年的应对气候变化行动最终达成协议，气候变化谈判也远未结束。协议如何执行，以及2020年之后如何行动，将是未来气候变化谈判的新焦点。

## 附录：气候变化谈判与政策问题的名词解释

### 《联合国气候变化框架公约》

1992年6月，在巴西里约热内卢召开的联合国环境与发展大会上，各国政府代表签署了《联合国气候变化框架公约》（简称《公约》）。截至2007年12月，《公约》共有187个缔约方。

### 《京都议定书》

《联合国气候变化框架公约》（UNFCCC）的《京都议定书》于1997年在日本京都召开的UNFCCC缔约方大会第三次会议上达成。它包含了除UNFCCC之外法律上所需承担的义务。议定书附件B中包括的各国（多数国家属于经济合作和发展组织及经济转轨国家）同意减少人为温室气体（二氧化碳、甲烷、氧化亚碳、氢氟碳化物、全氟化碳和六氟化硫）的排放量，在2008～2012年的承诺期内排放量至少比1990年水平低5%。

### 《京都议定书》三机制

根据 1997 年 12 月通过、2005 年 2 月生效的《京都议定书》，发达国家履行温室气体减排义务时可以采取三种在“境外减排”的灵活机制。其一是联合履行（JI），发达国家之间通过项目级的合作，转让其实现的“减排单位”（ERU）；其二是清洁发展机制（CDM），发达国家提供资金和技术，与发展中国家开展项目级的合作，实现“经核证的减排量”（CER），大幅度降低其在国内实现减排所需的高昂费用；其三是排放贸易（ET），发达国家将其超额完成的减排义务指标，以贸易的方式（而不是项目合作的方式）直接转让给另外一个未能完成减排义务的发达国家。这三个机制中，发展中国家可以直接从中获益的是 CDM。

### 《蒙特利尔议定书》

1987 年在蒙特利尔达成的关于消耗臭氧层的物质的《蒙特利尔议定书》，以后又作了一系列的调整和修订（伦敦 1990，哥本哈根 1992，维也纳 1995，蒙特利尔 1997，北京 1999）。该议定书控制破坏平流层臭氧的含氯和溴的化学物质的消费量和产量，如氯氟碳化物（CFCs）、甲基氯仿、四氯化碳及许多其他物质。

### 国家信息通报

根据《公约》，每个缔约方都有义务提供国家信息通报。其核心内容包括温室气体排放源和吸收汇的国家清单，以及履行公约所采取措施的总体描述等。中国于 2004 年 10 月向《公约》秘书处提交了初始国家信息通报，目前正在进行第二次国家信息通报。

### 技术转让

根据《公约》，发达国家缔约方应采取一切实际可行的步骤，酌情促进、便利和资助向其他缔约方特别是发展中国家缔约方转让或使它们有机会得到无害环境的技术和专有技术，并支持开发和增强发展中国家缔约方的自生能力和技术，以使它们能够履行《公约》的各项规定。但过去十多年中，关于技术转让谈判的进展非常缓慢。

### 气候变化适应基金

在 2007 年 12 月的巴厘岛联合国气候变化大会上，各方同意设立气候变化适应基金。其经费将首先来自清洁发展机制（CDM）项目收益 2%的提成。适应基金理事会暂时委托全球环境基金（GEF）秘书处提供理事会秘书处服务，并暂时委托世界银行提供基金托管服务。该基金预计于 2008 年正式启动。届时，包括易受气候变化影响的小岛国和最不发达国家在内的发展中国家可以向理事会申报项目，提高适应气候变化能力。

### 减少发展中国家毁林排放（REDD）

所谓毁林是指由农业、牧业、水利和建筑等直接人为活动导致林地转化为非林业用地的情况。巴西、印尼等发展中国家一直希望把减少毁林而“避免的温室气体排放”列入清洁发展机制（CDM）项目。相关谈判仍将继续。

## 本章主要参考资料：


1.《联合国气候变化框架公约》中文版，

http://unfccc.int/essential_background/convention/background/items/2853.php

2.《京都议定书》中文版，http://unfccc.int/resource/docs/convkp/kpchinese.pdf

3.《巴厘岛行动计划》英文版，http://unfccc.int/meetings/cop_13/items/4049.php

# 第二篇 报道策略

★ 气候变化问题虽然复杂，但气候变化报道也可以成为一名有抱负的记者磨练自己的练兵场。深入了解气候变化新闻操作这样一个涵盖科学、政治、经济等各方面内容的综合领域，能为一名记者奠定成功职业生涯的坚实基础。基于这一目的，本篇重点探讨了如何进行有效的气候变化报道。本篇内容既结合了第一篇“气候变化基本问题”中介绍的知识，也根据媒体的新闻实践，从线索、选题、准备、采访、写作等不同方面探讨了气候变化新闻的生产流程。

★ 本篇内容分为三章，分别为“第四章：气候变化报道指南”、“第五章：气候变化报道写作案例分析”和“第六章：气候变化报道范文”。第四章重点按照新闻生产的流程，第五章则通过优秀作品报道案例分析来探讨如何写作生动的气候变化报道。

★ 值得一提的是，本篇内容并非仅仅适用于气候变化报道，它也是如何处理环境与科技等专业领域新闻的一份操作指南。

# 第四章　气候变化报道指南

本章根据新闻实操的流程，按照从新闻线索获取与选题、新闻准备与采访、不同领域的气候变化新闻报道技巧及盘点气候变化报道的相关问题 4 个方面依次展开。本章内容既是一部进行气候变化报道的实操手册，又可以成为进行各种类型的专业新闻操作的参考指南。

在新闻线索获取部分，本章列举了与气候变化问题相关的主要信息源及其说明，在此基础上，本章探讨了在进行气候变化报道的过程中如何选题，该依据什么样的标准，而这些标准又是如何根据记者所在媒体的不同而变化的。

在新闻准备与采访部分，本文在探讨与专业人士交往及采访技巧的基础上提供了实践训练的样本及其分析。

在不同领域的气候变化新闻报道技巧部分，本文结合了实践经验、理论探索、既往“气候酷派”培训活动记录、名记者访谈以及范文训练，在科学与环境、能源与经济以及政治与外交三个大方面进行全面探讨。

在本章最后的盘点气候变化报道相关问题一节，本文探讨了如何看待气候变化报道的科学性，以及气候变化报道与国家利益之间的关系。

## 第一节　气候变化的新闻线索来源

### 一、气候变化科学新闻线索来源

气候变化新闻报道可以源自很多不同的资源。但一名记者能够利用每一个资源的程度取决于那些可以使用的资源，包括网络上的信息。

第一手的资料来源于气候变化科研的当事人。第二手的资料稍远一点——电子媒体或其他媒体，介于记者和第一手资料之间。对于记者来说，这些资源不是独家的。

虽然第二手的新闻线索来源不是独家的，但它们对于确保记者的基本新闻来源必不可少。这方面，最主要的线索源是科学期刊发表的重要论文和科学会议上的报道。在西方，围绕着科学期刊发表的重要论文和科学会议上的报道已经形成了稳定的新闻发布机制。

在这方面，最主要的新闻来源包括如下渠道，它们发布重要论文和学术报告的新闻稿，其中既包括气候变化科研的内容，也有其他领域的科学信息。这方面最大的网站是美国科学促进会（AAAS）运作的 Eurekalert！网站（http：// www. eurekalert. org，部分情况下可以考虑中文版 http：// zh. eurekalert. org/zh/index. php，但中文版的内容不多），共有上千份科研期刊和科研机构在上面发布最新科研进展的新闻稿。由于 Eurekalert！网站的经营者美国科学促进会同时为著名的《科学》杂志的出版商，所以订阅 Eurekalert！网站也就会很自然地得到每期《科学》杂志的重要论文的新闻稿。

除了 Eurekalert！网站外，自然出版集团的媒体网站（http：// press. nature. com/press）以及《自然》网站气候变化专题报道网站（Nature Climate Report：http：// www. nature. com/climate/index. html ）也是气候变化科学新闻的重要来源地，Nature Climate Report 上面除了新闻报道性内容外，还会发布自然出版集团有关气候变化的各子刊的重要研究，包括 *Nature Climate Change* 和 *Nature Geoscience*。

欧洲科学新闻发布网站为 Alphagalileo（http：// www. alphagalileo. org），其中也包含着大量的气候变化相关科研信息。欧洲的著名学术机构和重要科研期刊通常会在 Eurekalert！网站和 Alphagalileo 网站两处同时发布其新闻。Alphagalileo 和 Eurekalert！是世界上科研新闻最主要的新闻线索源，它们上面不刊登新闻成稿，通常是各科研机构和学术期刊发布的新闻稿（意味着需要进一步加工）。这两个网站均提供 embargoed（限时禁发）的信息。所谓 embargoed，是指在论文或信息的正式公布日期前，对注册记者开放论文或信息内容，以方便记者提前联系采访，但记者只能在规定日期（通常是论文或消息的正式公布日期）后发表新闻稿件。这两家网站 embargoed 的信息只对其注册记者开放（要求记者或自由撰稿人提供资料证明，并签署协议）。

不论是否希望获得 embargoed（限时禁发）的新闻稿，在 Alphagalileo、Eurekalert！以及 Nature Press 以记者身份注册都可以获得专家联系方式和部分论文全文等便利，而且可以每天或者每周都收到电子邮件形式的新闻稿列表。建议媒体同行都能注册。所有在职记者可以以所在媒体身份注册（在线填写表格，传真提供部门负责人签字的资料证明）。上述三个网站的注册地址为：

http://press. nature. com/press/servlet/Register

http://www. eurekalert. org/register. php

http://www. alphagalileo. org

与 Eurekalert 一样，Science Daily（每日科学：http://www. sciencedaily. com）网站也是一个以发布来自科研界新闻稿为主的站点，但并不专门针对媒体，其读者对象是包括了媒体成员在内的广大公众。Science Daily 的界面更加友好，由于站点访问量比 Eurekalert！等更大，所以检索同样的新闻时，Science Daily 往往在搜索引擎中被置于很靠前的位置。

Science Daily 专门有环境新闻类别，其下则分别有气候与全球变暖两个子栏目，分别为：

气候与地球科学类：http://www. sciencedaily. com/news/earth_climate/

气候新闻：http://www. sciencedaily. com/news/earth_climate/climate/

全球变暖新闻：http://www. sciencedaily. com/news/earth_climate/global_warming/

获得 Science Daily 新闻通讯（不需要验证记者身份）的注册地址为：

http://www. sciencedaily. com/newsletters. htm

在这一站点，可以选择接受所有类别的新闻通讯，也可以仅仅接受某个类别，如“环境要闻”：

http：//feedburner. google. com/fb/a/mailverify? uri=sciencedaily/top_news/top_environment

在中国，目前还缺乏这样的科研信息发布平台，但作为记者，可以利用如下一些国内的信息源，只是这些信息源通常是第二手或第三手的信息了，这就需要记者花费时间对信息进行核实。国内与气候变化相关的信息源如下：

中国气候变化信息网：http：//www. ccchina. gov. cn

中国清洁发展机制网：http：//cdm. ccchina. gov. cn

此外，在中国还可以通过查找主要的科研机构的网站获取相关科研信息。如中国科学院网站（http：//www. cas. cn）（及其中涉及气候科研的中科院大气物理所、地理所、兰州的寒旱所，涉及清洁能源研究的包括中科院广州能源所、中科院电工所和工程热物理所以及中科院上海高等研究院等）。

就本土科研信息，科学网论文频道（http：// www. sciencenet. cn/paper/）和《气候变化研究进展》（双月刊）的重要论文摘要（http：//www. climatechange. cn/）也比较值得参考。

除了气候变化科学新闻线索来源外，国际科学界形成了多个致力于帮助媒体的科学家网络，如气候科学快速反映小组（The Climate Science Rapid Response Team）和美国地球物理学联盟的气候问答服务（American Geophysical Union's Climate Q & A Service）都是来支持媒体的，帮助他们获得专家对气候科学的评价。其中后者由 700 名科学家组成，可以回答媒体的问题。

此外，气候变化媒体伙伴组织（Climate Change Media Partnership：www. clima-temediapartnership. org）的专家列表也可以找到气候变化相关项目的联系人。媒体还订阅各种邮件组。这些邮件组包括国际可持续发展研究所气候变化邮件列表（IISD Climate-L mailing list：http：//www. iisd. ca/email/climate-L. htm），这个列表中，数千名气候专家会分享他们最新的报告和活动信息，这就使得它兼具了新闻线索获取、知识分享和答疑解惑等几个功能。

另外，还可以通过阶段性访问相关官方网站，了解气候变化科研和政策方面的信息，这些网站包括联合国各与气候变化相关机构的站点：

联合国气候变化框架公约：http://unfccc.int/

联合国环境规划署：http:// www.unep.org

联合国发展规划署：http://www.undp.org

世界气象组织：http://www.wmo.int

也包括英国政府气候变化相关部门：

英国气象局：http://www.metoffice.gov.uk/

英国环境部气候变化项目：http://www.defra.gov.uk/environment/climate/

非政府组织网站有时也可以成为具有参考价值的气候变化新闻信息来源：如位于英国的国际环境与发展研究所网站：http://www.iied.org/和世界自然基金会等。

世界自然基金会中国站点：http://www.wwfchina.org/

世界自然基金会网站：http://www.wwf.org/

绿色和平组织：http://www.greenpeace.org/

http://www.greenpeace.org/china/

http://www.greenpeace.org.uk

还有一些有关气候变化新闻线索的电子邮件组，可以联系这些相关组织来订阅邮件组内容通知，这包括绿家园江河信息汇总、环境法公众研究网（http://www.greenlawchina.org/）以及中外对话（http://www.chinadialogue.cn）中国环境新闻摘要。

当然，仅仅依靠这些固定的新闻来源是不够的，其中存在的最主要问题有二：第一是缺乏独家性，第二是缺乏来自中国本土的内容。

因此，与中国科学家进行交流是必要的。除了在新闻发布会等场合进行直接交流外，重要的一环是就一些国际研究成果征求中国科学家的意见，并询问他们是否进行了类似研究。当然，经常参加学术会议也是获得新闻线索的重要来源。如果能经常通过新闻信息源扩展自己的知识储备，则有助于在学术会议上获得更多有关气候变化科学的内容，这包括重要的研究成果、正在进行的研究项目以及对目前一些重要研究的独立评论，也有可能获得对一些问题的争议。

## 二、气候变化经济新闻线索来源

报道与气候变化相关的经济问题，通常可以分为宏观层面和微观层面。宏观层面的报道可以包括国际和国家的能源政策、新的清洁技术发展方向以及有关能源经济的最新研究等，而微观层面的报道，则主要是各种清洁能源、节能的企业与特定技术的发展。从报道的角度而言，两者既有区别又互相补充。

就宏观层面的报道而言，寻找新闻线索无疑是最重要的挑战之一。通常，新的能源政策，如“十二五”期间中国节能减排的目标，是大多数相关领域记者报道的重点。这方面，当然可以坐等国家政策的发布，但通过与能源领域的专家保持常规接触，经常可以获得一些独家的新闻线索，因为各种国家的能源政策往往需要组织专家进行论证，而参与论证的专家往往会对一些能源政策的发展具有一定的预见性。有关能源政策报道的另外一个新闻切入点则是对现有政策的深入评价及其政策实施过程中遇到的各种挑战的分析。

像纯粹的自然科学领域一样，在能源领域，也有大量的科研工作，在这种情况下，可以通过跟踪一些学术期刊发表的最新研究，或者重要机构发表的最新报告来获得新闻线索。与纯粹的科学报道不同的是，能源问题在大多数情况下与社会经济生活关系密切，因此对能源领域研究的报道几乎总是可以找到现实的视角和参照。

就能源研究进展而言，由于中国受到了全世界的关注，国际上主要的能源与气候变化类期刊都会发表大量有关中国问题的研究。这方面世界上一些主要的期刊包括：

《能源》（*Energy*，http://www.elsevier.com/locate/energy）

《能源政策》（*Energy Policy*，www. elsevier. com/locate/enpol）

《能源杂志》（*Energy Journal*，www. iaee. org/en/publications/journal. aspx）

《国际能源研究》（*International Journal of Energy Research*，onlinelibrary. wiley. com/journal/10. 1002/（ISSN）1099－114X ）

《能源、气候与环境》杂志（*Journal of Energy*，*Climate*，*and the Environment*，http：//law. wlu. edu/jece/）

《气候变化商业期刊》（*Climate Change Business Journal*，http：//www. climatechangebusiness. com ）等。

值得指出的是，这类期刊部分没有加入到第一章中介绍的 EurekAlert! 或 Alphagalileo 等新闻发布平台，需要记者自己去期刊主页上定期查找相关的研究进展。

国内也有一批能源领域的刊物，如《能源》杂志，但相对而言，这些杂志并不太受到重要的能源政策研究专家的关注，所以原创性的重要研究很少，重要的、对记者们更有参考作用的文章是综述，这些中文综述往往能比较快地帮助记者在报道某问题时，掌握比较全面的信息。

除了学术期刊外，国际能源署（IEA）的网站（http：//www. iea. org/）上也会发表大量原创的科研报告。当然，国际能源署（IEA）也是有关能源政策的重要信息来源。

就微观层面的新闻线索，无疑大型能源企业、新能源公司和创新型清洁技术企业都可以成为媒体报道的重点。在国际上，已经形成了大量成熟的环境新闻信息服务中介机构，提供各种与环境相关的企事业单位新闻稿。例如，世界环境新闻通讯社的网站 http：//www. ens－newswire. com，其中既包括很多公司和机构与环境相关研究和活动的新闻稿，也包括这个网站原创性的内容。免费注册该网站可以获得其新闻稿定期提示服务。

清洁技术媒体网站 http：//media. cleantech. com，其中包括其上万家成员单位，主要是企业和研究所的清洁技术方面的新闻稿。

英国碳点公司网站 http：//www. pointcarbon. com/ 则会提供很多与碳

交易相关的新闻线索。

由于气候变化问题的综合性，实际上，很多研究气候变化科学的刊物，国际的如 *Nature Climate Change*，国内的如《气候变化研究进展》，都会发表大量与气候变化经济、气候变化能源、减排与适应等相关的研究成果，这些成果通常既具有经济与社会意义，也符合科学的规范。

这方面还可以参考如下一些期刊：

《英国环境与气候变化杂志》（*British Journal of Environment and Climate Change*，www. sciencedomain. org/journal-home. php? id=10）

《国际气候变化期刊》（*International Journal of Climate Change*，http：//ijc. cgpublisher. com/）等。

就中国国内的媒体而言，《21 世纪经济报道》的《低碳专刊》独家报道信息较多。其中包括了大量的低碳产业发展的政策动向和相关企业的活动动向，比较适合获取企业层面的新闻线索，并在此基础上进行深度挖掘。

据《21 世纪经济报道 · 低碳专刊》主编陈晨星介绍（详见本书第三篇“深度访谈”），该专刊重点报道 5 个方面的新闻：第一，国际国内的政策。比如美国是不是通过了清洁气候能源法案、欧盟究竟是要减 20%还是 30%、法国在讨论碳关税的问题、英国的碳预算、中国“十二五”新兴能源产业规划等。

第二是产业和公司，既包括新能源（风能、核能、太阳能、生物制能等）的公司，还包括新材料公司（原来老的化工企业发明了新材料，使得能耗减少了），还有一些传统的化石能源公司采取了什么措施减排。

第三是金融层面。包括商业银行的绿色贷款，投资银行专门的碳资产金融产品和衍生品，特别是它们可能在中国的发展。除投行以外，国内还有一些非常活跃的碳基金类的公司，比如英国气候变化资本集团类的基金等，以及与之相关的交易所的情况，也是该专刊报道的重点。

此外，该专刊也在专门报道低碳城市的发展和新出现的低碳技术。这包括 2010 年发改委公布的 13 个低碳试点省市及其低碳试点方案的制定和执行情况。

在获取气候变化经济新闻线索方面，《21世纪经济报道》采取的是类似于条线的办法。比如风能，在几个月内，一个记者只做风能，把风能的各个方面都了解到，去调查、去认识（风场的成本、设备提供商、风电上网的态度、海上风场的招标、装备公司的招标、国外国内的风机公司等等），把这个产业链全部解剖。做了3个月，这个记者确实就成了该产业的专家了。“只有跟这些业界的人熟了，人家才愿意有什么事告诉他，他也就不用愁信息源了。”

值得指出的是，与气候变化科学领域的信息可以再进行加工不同，除了经济学研究之外的气候变化经济领域，很多信息一旦变成了新闻稿发布出来，也就失去了其独家性。记者仍然需要与气候变化经济领域的重要人物，包括政策决策者、各种机构的专家和企业家保持联系，以此获知重要的相关经济进展的独家信息。

此外，就像其他经济领域的报道一样，媒体在能源与清洁技术领域，也必须小心一些源于企业的新闻线索是否具有普遍意义，是否真实可信。与纯粹的科学研究往往可以通过专业期刊发表论文来确保可信性这一点不同，企业发布信息通常并没有一个外在的现成的机制来验证，在这种情况下，媒体需要具有一定的背景知识和常识，首先判断其声明的意义，其次需要甄别信息的可靠性。例如，有人声明其开发的节能型内燃机，可以节能达到90%～95%，这很可能是夸大其词，因为常识告诉我们，技术的发展是渐进的，很难指望一项技术会颠覆现有的所有技术与理论依据，而节能达到90%～95%，这很显然是需要完全颠覆性的技术进展，发生这种情况的可能性往往是很小的，而且必须得到业内专家认可。

### 三、气候变化谈判与政策新闻线索来源

有关气候变化谈判的报道，毫无疑问相当枯燥也很专业，就谈判本身报道谈判，面临的危险包括迷失在技术细节中或根本找不到切入角度。但气候变化谈判与很多谈判并不一样，因为其一是其参与者实在太多，既包括政治家，也有科学家和能源专家，还有形形色色的非政府机构（NGO），这有助

于让媒体获得更多的信息。而由于气候变化谈判涉及到多个领域，这也就意味着需要掌握的信息很多，这一方面是巨大的挑战，另一方面则意味着丰富的报道素材。

在报道气候变化谈判时，各项谈判议程组织者的新闻发布会、各种NGO举行的边会，与代表团成员的私下沟通都可以成为新闻线索。线索多，内容核实就更显重要，因为气候变化大会的现场充斥着各种不同的利益派别和不同的声音。

如果不到现场，那么地球谈判公告（Earth Negotiations Bulletin：http：// www. iisd. ca/enbvol/enb-background. htm）或气候行动网络（Climate Action Network：www. climatenetwork. org）或第三世界网络（Third World Network）的政策简述都是记者了解谈判进展和背景知识的较好的信息来源。在谈判进行时，它们可以快速发布一些对政策和谈判进展的评论供记者作为新闻事件或专家点评选用。而在平时，则可以作为背景知识来了解。

作为记者，既需要核实信息的可靠性，也要注意特定的观点和信息是否与此前人们比较熟悉的内容一致，并在此基础上判断信息的独特性，是否具有新闻价值。确保新闻价值这一点对于气候变化大会前方的记者尤其重要，因为后方的编辑可以通过通讯社获得大量的信息甚至是现成的稿件，因此很有可能把记者报回来的一些信息作为不重要的内容拒绝采用。

近年来博客和微博的兴起为报道气候变化谈判这类宏大、复杂和多元的活动的前方记者提供了一个工具。通过及时发布博客文章，既可以体现一名记者对于谈判的独立观察和对特定信息的连续获取，也能帮助后方的编辑选择重要的话题。

报道气候变化谈判的时候最重要是抓住主线，一个是重要的进展，一个是有趣的东西。类似这样的谈判会容易写得很枯燥，包括哥本哈根大会的报道可能也有这样的问题，因此记者要尽量想能不能找到一些细节或者有戏剧化场面的东西。比如说巴厘岛最后一天的时候，联合国负责气候变化谈判的官员都哭了，包括最后一天各个国家的代表轮流谴责美国，我们要找到这样的细节。而且在谈判的舞台上有来自不同的角色、不同的代表，包括来自不同国家的，工业界的、企业的、NGO的，这也是了解不同声音的一个很好的机会。

相比于谈判工作，有关气候变化日常政策的新闻线索获取则需要记者与政府官员和参与决策的专家保持长期联系。这一点，与其他领域并无不同。就获得政府政策信息而言，很多国家的媒体都以长期维持政府关系作为主要的信息来源渠道。

与发达国家不同，就中国的情况而言，气候变化和低碳发展的政策既具有政治意义上的高度重要性，又在日常决策中，处于相对边缘化的位置。这就决定了该领域的政府官员相对而言通常更加愿意与媒体交流，借此来获得社会对其政策提案和政策方针的认可。

此外，在中国，气候变化决策领域具有很强的精英性质的专家决策属性，该领域的很多高级政府官员也同时具有专家身份，因此，该领域的一些政策动向，相对而言更加容易从与政府决策层比较靠近的专家（如气候变化国家专家咨询委员会）那里获得线索。

据《21世纪经济报道·低碳专刊》主编陈晨星介绍，该刊发表过一个独家的报道，发改委气候司副司长孙翠华跟记者透露说："自愿减排的规则正在制定中，中国将在2013、2014年推出。"这个消息是记者在一个会议的现场与她聊天时得到的。很多气候独家新闻都是这么做出来的。有时候会惹些麻烦，但也可能是因为透露消息的政府官员信任这个媒体，想通过该媒体透露一些信息给外界，探探外界的反应。还有一种是政策制定者或相关专家也没想到这一信息传播力这么大，会受到这么多关注，属于不经意间透露。

无论哪一种情况，都需要维持长期的、良好的政府关系。对于一份主要媒体，重要的部委是需要长期跟踪的，所以对部委的一些会议都有预判的，事先能得到一些信息。气候变化与低碳会涉及到发改委、财政部、工信部、农业部等等，那么这些部委的相关司局官员都要去联系。

在北京，会议非常多，对于记者而言，不管公开还是内部的，都要去接触，总能碰到一些新闻点。例如，陈晨星介绍，温家宝2010年的两会报告里出现了“碳汇”这个词，《21世纪经济报道·低碳专刊》想要去做，就去找林业局，该刊曾经采访过的一个林业局副司长是中国碳汇基金的引入者，后者得到采访也很高兴，告诉了该刊物这方面国家的设想。通过这位司长，媒体也知道了其他部委在做些什么事情。《21世纪经济报道·低碳专刊》有60%的信息还是通过政府信息源出来的。

### 附录1：气候谈判基本信息获取小指南

气候组织大中华区前研究总监、气候谈判资深独立咨询师喻捷，自2004年起跟踪气候谈判大会，她在2010年坎昆联合国气候变化大会前夕，为记者撰写了《气候谈判基本信息获取小指南》一文：

很多年度的谈判都是漫长的、新闻点不多的马拉松。了解本届谈判的特色，是行前首要功课，可以帮助记者决定选题。例如哥本哈根，谈判进程本身是大多数记者报道的重点，而前一年度的波兹南则是平静甚至枯燥的一届。好在谈判本身不仅容纳政治过程，也是科学、文化、社会运动呈现及交锋之地，因此当谈判不甚精彩时，形形色色的边会以及场外活动也大可以作为了解气候界前沿话题的机会，合适的便可以作为报道题材。

边会及活动的信息，可以从 www.unfccc.int 的网站上去寻找。一般谈判前，这个联合国气候变化框架公约秘书处的官方网站都会有会议专题，在上面可以找到会议日程以及边会信息。事先下载，可以从中找到感兴趣的线索，并在行前初步确定目标并且规划采访对象。

对谈判本身感兴趣的记者，第一次进入谈判恐怕有深入黑帮之感，因为谈判本身或资深人士的谈话常常包含了很多缩写，没有准备，很难理解。例如 LULUCF（Land use，land use change and forest），REDD（Reducing emissions from deforestation and forest degradation），LCA（Long-term cooperation action），SBSTA 等。作为秘笈，

有必要找到一本带有相关缩写的专用指南，例如我在网上找到的一本 *Post-2012 Climate Change Negotiation Handbook*（《后京都气候变化谈判手册》），尽管是土耳其政府环境部组织撰写的，却适合很多国家的一般入门者使用。

这样一本手册，介绍了谈判的一般程序、科学基础、历史、谈判的结构、目前进展和各个政治利益集团。有几本基本的文件需要阅读并常带身边：

- IPCC 第四次科学评估报告
- 联合国气候变化框架公约
- 京都议定书

这些文本都可以从网上下载，有可能的话可以打印中英文两个版本，对照着看，以了解气候变化特定名词的官方专用术语。此外，在谈判会场，也可以拿到联合国免费发放的公约和议定书的各种联合国官方语言版本。

IPCC 的报告较理想的是可以将综合报告浏览一遍，因此可对气候变化的形成、影响和减排应对的最新科学发现有一个整体的了解，如果时间不够，也可以阅读更精简的《决策者摘要》。

初次前去谈判的朋友，可以事先或者到达现场不久，识别一个有经验的同伴，有问题时，可尽快找到解答。如果没有事先的准备以及这种场内指导，一般需要经历三四次谈判才会积累起对谈判脉络、去向的基本了解。

每日清晨，谈判会场有免费的 Daily Program（今日议程）发放，这个是秘书处根据谈判进程为大会拟定并印发的。大家可以据此确定一日所要跟踪的活动和对象。谈判的开始，议程往往和之前网上公布的没有差别。越到后来，越会根据谈判的实际进展，尤其是期间非正式磋商的进展，确定公开或半公开的接触小组（Contact Group）的开会时间、地点。而最后阶段的全会更可能是让大家彻夜等待开会的通知。跟踪每日的谈判，记者有几个获得信息的基本路径。除了例行的记者招待会，首先，获得前一日信息最好的办法是看几份公民组织准备的出版物，一份是气候行动网络（CAN，ClimateAction Network）的印刷品 ECO，这是自里约热内卢环境与发展大会之后，公民组织作为三大环境公约观察员组织之后，于三大国际环境公约谈判现场即时印发的评论性刊物。因为 CAN 涵盖了全球 600 余家公民组织，因此其舆论具有相当的代表性和影响力，它通常以英语和法语两种语言刊发。如果将 ECO 看作报纸评论版，那么新闻头版和内页就是由加拿大的公民组织可持续发展国际机构（International Institute for SustainableDevelopment，IISD）刊发的 *Earth Negotiation Bulletin*（《地球谈判公报》），这份由全球相关学术研究人员跟踪谈判并由此撰写的日报，除了对各个议题的进展和争议焦点有所概括外，还有一个栏目叫“在走廊上”，将听到的一些小道消息和谣传登出来，引起读者关注。这些消息往往是非正式磋商的进展等。

这样的出版物增强了谈判的透明度。该刊的报道人员往往和一些代表团的成员建立了良好的关系，或者他们本人就是某国代表团的团员。

这些资料都是免费发放，位置就在 Daily Program 发放点旁边。不过，数量有限，去迟了可能拿不到。至于后来者，可以从相关机构的网站上下载电子版阅读以弥补。

——摘自英国驻华使领馆文化教育处编撰《Cop16 媒体攻略手册》

## 第二节　气候变化的报道视角和新闻选题

### 一、气候变化科学报道的视角与选题

对于报道气候变化的科学而言，实际上这又会分解成如下的问题，即如何判断一个科学问题的真伪？如何与科学家和能源专家打交道？如何获取该领域的新闻？如何找到其中的新闻点？如何将这些科学内容写成生动的新闻文字？如何看待科学的争议等等。

所有这些问题，不仅与科学和环境记者有关，也与其他领域的记者具有相关性，后者不但有可能会直接操刀撰写相关内容，更重要的是需要学习基于科学证据撰写各种类型的新闻作品。通过对本章内容的学习，即使没有任何科学报道经历的记者也可以在了解了气候变化科学的基本内容和主要议题的基础上，了解到科学类新闻的线索来源、与专家打交道的技巧、如何判断科学可信性以及如何基于证据和理性思维来操作各种类型新闻的初步技能。

对于报道气候变化科学来讲，需要根据读者性质来决定自己选材的视角。

下面这篇文章主要为科学与发展网络（SciDev. Net）撰写，报道了一个发表于 *Science* 杂志的气候变化研究中重要的进展，该进展可以修正现在的气候变化研究模型。

气候研究模型“普遍忽视褐碳粒子”［科学与发展网络（SciDev. Net）2008 年 8 月 15 日］

http://www.scidev.net/zh/news/zh-132743.html

美国科学家近日发现东亚地区的空气污染带中富含褐碳粒子，并且呼吁应该更新科学研究模型，以加强褐碳对大气致暖作用的研究。现今普遍采用的气候变化模型一般侧重于两种大气气溶胶颗粒的研究——有机碳和黑碳。作为大气气溶胶的重要组成部分，这两种颗粒物主要来源于化石燃料和生物质燃料的燃烧。

黑碳气溶胶对太阳辐射有强烈的吸收作用，对大气的暖化作用明显，而有机气溶胶对于光线的吸收基本可以忽略不计，其暖化效果微乎其微。联合国政府间气候变化委员会已经宣称黑碳在全球变暖中所起的实际作用比科学估算的要严重得多。但是来自美国亚利桑那州立大学的副教授皮特·克洛泽尔声称，现在广为运用的研究大气颗粒物致暖效应的模型非常单一，没有考虑到不同来源所产生的大气颗粒物致暖效果差异非常大。

对于这类文章，其新闻性主要在于其对研究过程的重要改变，而且由于是刊发于 *Science* 杂志，所以对于面向科学共同体的媒体而言，其重要性毋庸置疑，但它可能不适合大部分读者对象为普通百姓的大众媒体。

上述文章的另一个特点是，它是通过科研新闻发布网站 Eurekalert！获得一个国际科研进展的原始新闻稿，然后通过与中国科学家的交流获得了本土视角的案例。对于科学界读者，它在介绍了一个有益的科研进展的同时让文章关注到中国本土的问题，这就是文章视角的出发点。

下面这个案例则为参加学术会议后获得的信息来源：

中国发展生物燃料可能危及生物多样性［科学与发展网络（SciDev. Net）2008 年 3 月 18 日］

http：// www. scidev. net/en/news/chinese-biofuel-could-endanger-biodiversity-. html

专家们警告，利用森林和所谓的“闲地”来种植油料作物发展生物燃料，可能会严重威胁到生物多样性，这是中欧生物多样性项目首席技术顾问 Spike Millington 博士在一次国际气候变化研讨会上发出的警告。

此文的重要性在于：当时生物燃料发展得轰轰烈烈，被认为是解决气候变化的主要手段之一，但其对环境及生物多样性的影响，尚未被广泛关注。因而，这一文章提出的发展生物燃料可能带来的问题，其受众就不仅仅是科学家了。对于各种精英人士，其主题一样有意义。

对于都市报而言，单纯的气候变化科研通常难以引起读者的兴趣，而气候变化研究成果如果与公众生活发生了紧密联系，这种情况下选题更容易通过。

科学家预言 2009 年后酷热将来临（《北京晚报》2007 年 8 月 10 日）

http://news.163.com/07/0810/15/3LHVB7CA000120GU.html

英国科学家 9 日发表研究报告说，2009 年后，全球气候变暖的趋势将更加明显，在随后的 5 年里，至少有一半年份的气温会超过有气象记录以来最热的 1998 年。

淮北旱得 50 年罕见 奇寒必有奇旱（《扬子晚报》2011 年 1 月 15 日）

http://www.yangtse.com/news/ms/201101/t20110115_783178.htm

北方 9 省市大旱!

据中国天气网消息，北京连续 82 天滴雨未现，冬小麦缺水严重，人畜饮水困难突出。在南方诸省遭遇多轮雨雪侵袭时，山东、河南、河北等 9 省市降水则持续偏少，旱情迅速发展，气象专家表示：上述地区水汽条件不足是主因，预计未来十天，华北、黄淮地区仍无明显降水过程，旱情将持续……而中国气象局国家气候中心主任宋连春说："去年发生在热带太平洋的厄尔尼诺和拉尼娜事件的转换十分异常。同样，干旱仍逃不开全球变暖的大背景。"

如果说上述《北京晚报》在 2007 年的报道尚主要针对的是气候变化带来的全球天气异常，而《扬子晚报》这篇 2011 年的报道已经将气候变化问题与中国当下的气候异常和极端天气紧密结合在一起。在这种情况下，比起气候变化领域的最新科研成果来，读者通常更加关心科学界对读者亲身经历的天气异常状况的解释。

对于很多大众媒体而言，即便报道一项有关气候变化的最新研究成果，其切入点也完全可以是该研究对于眼下和最近的读者关注的现实问题是否能解释得更加清楚。对于大众媒体而言，这项有关气候变化的最新研究成果的发布本身往往不能构成重要性足够的新闻由头。

在中国，由于缺乏科学新闻的发布渠道，所以有时候为了寻找线索，记者需要直接翻阅一些专业学术期刊。这方面除了《气候变化研究进展》（http://www.climatechange.cn/）外，《科学通报》和《中国科学》（地球科学卷）也比较值得参考。由于媒体缺乏判断科学重要性的能力，所以寻找一些看起来与常规见解相反的研究结论，往往更有新闻点。

如下两个例子是通过直接阅读中国科研期刊获得的新闻线索。

气候变化促进中国的植物健康［科学与发展网络（SciDev. Net）2007 年 12 月 14 日］

http://www.scidev.net/zh/news/zh-24135.html

一项新的研究表明，气候变化促使中国陆生植物生长更加旺盛。北京师范大学的科研人员研究了在 1982 年到 1999 年期间气候因素与植物净初级生产力变化之间的联系，植物净初级生产力指的是植物在生长周期中的能量净储备值。最终，由于气候变化导致陆生植物的净初级生产力增长了 11.5%。

暖冬可能削减中国供暖费用［科学与发展网络（SciDev. Net）2007 年 6 月 12 日］

http://www.scidev.net/zh/news/zh-23680.html

中国一项最新的研究发现，冬季气温的增加意味着中国北方城市冬季供暖不再需要消耗像过去一样多的能源。

这两项研究都发表在 2007 年的中国权威刊物《科学通报》上。前者认为气候变暖导致了中国的植物生产力（吸收碳来生长发育的能力）有了显著提高，高于此前研究认为的全球平均提高的水平。后者则发现，1980 年代中期之后，中国北方城市室内供暖要达到标准温度所需要的能源比 1980 年代中期之前减少了 5%到 10%。

这两项研究的共同之处都在于：它们在气候灾难论调占据主流的情况下，都发现了与常规观点不同的结果，而这些结果又完全符合科学的逻辑和实验数据。这就让它们具有了可报道的价值。

与科学家们交流，也能发现很多重要新闻的线索，这方面包括发布新的观点，启动了新的项目，或者现有研究面临的困难和不足。

比如这几篇文章：

水资源缺乏将威胁中国的粮食安全［科学与发展网络（SciDev. Net）2009 年 2 月 23 日］

http：// www. scidev. net/zh/climate-change-and-energy/climate-change-in-china/news/zh-133699. html

中国权威气候变化专家警告，水资源缺乏将成为本世纪中国农业的最大威胁，最近的全国性干旱只是个开始。随着中国各行各业对水的需求不断增加，可用于农业灌溉的用水不断减少。“如果我们不及时采取有效的措施，20 年之后中国将面临 5%～10%的食物短缺。对于一个拥有 13 亿人口的大国来说，这个结果将是很可怕的。”中国气候变化专家林而达说。目前他是中英合作项目“气候变化对中国农业的影响”的中方带头人。

中国发起“西北太平洋海洋环流与气候实验”［科学与发展网络（SciDev. Net）2010 年 6 月 17 日］

http：// www. scidev. net/zh/climate-change-and-energy/climate-change-in-china/news/zh-136324. html

中国发起了一项国际合作计划，该计划旨在帮助太平洋西岸国家提高气象预报水平。在中国青岛启动的“西北太平洋海洋环流与气候实验”（NPOCE）会聚了来自 8 个国家的 19 家研究机构，实验目的在于增进科学界对于太平洋的了解。

很明显，通过与科学家交流而产生的这两篇气候变化科学方面的报道，

第二篇基本上只适合面向科学共同体的媒体，或者其读者群中科学界人士占据主要部分。而第一篇文章则由于提出了中国农业面临的严峻问题，而可能成为以都市报为代表的大众报刊、以《南方周末》等及各种党报为代表的精英媒体，以及以《科学时报》、《科技日报》等为代表的科学专业刊物共同关注的话题。

在气候变化的新闻来源方面，也完全可以撰写一些应对气候变化的很有意义的人和事。这方面，虽然不一定拿到第一手的信息，但完全可以通过对已有线索进行深入加工来获得更加独特的视角和情节。比如如下的文章：

肯尼亚人扔掉抽水马桶

http://www.islamonline.net/servlet/Satellite?c=Article_C&cid=1157962459731&pagename=Zone-English-HealthScience%2FHSELayout

这是一种对于人的粪便处理问题的新的解决办法，肯尼亚广播公司的电视报道对此进一步跟踪报道，产生了非常好的效果。

气候变化的报道也要尽量去揭示那些反常的事情。例如，海平面的上升必然引起一些台风和飓风的发生，在沿海地区也会造成更多的损失。孟加拉国是一个比较典型的例子。从自然变化的角度来说，孟加拉国领土的面积应该在不断扩大。但事实往往是相反的，孟加拉国的国土面积是在不断缩小，原因是海平面的不断上升。

气候变化的报道中需要引述那些生动的、人们关注的案例。威尼斯的圣马可广场实际上已经被海水倒灌进去了。1920 年的时候，一年发生的海水倒灌有三次。2006 年一年倒灌 125 次。

气候变化的报道中不光是报道灾难，也包括那些人们如何应对的故事。这些故事又总是可以联系到人们关注的其他领域。阿塞拜疆的例子可以成为一个参考。阿塞拜疆过去是多种资源开发的老工业基地，当时对于资源是疯狂地开发，最后在苏联解体以后给当时的政权留下了一个烂摊子，还要进行清理。

气候变化值得报道的内容很多，比如干旱、空气污染、海平面上升、冰川融化，比如说在喜马拉雅地区冰川融化对中国的水的供给会产生什么样的影响，比如到喜马拉雅地区拍摄一些那里生活的人民如何受到气候变化的影响、冰川的融化对他们的生活有什么样的影响等。当我们作相关的报道的时候，帮读者建立起来气候变化如何和生活的方方面面联系起来的观念，这样的一种报道往往是最生动有趣的。

如下这篇文章可以称之为将气候变化的严重性、对人们生活的影响及科学的分析结合在一起。

气候变化适应危机求解（《科技日报》2008 年 10 月 28 日 A5 版）

http：// www. stdaily. com：81/kjrb/html/2008-10/28/content _ 9540. htm

新闻缘起

10 月 9 日～10 日，由科技部、国家发改委、外交部联合主办的“东亚峰会气候变化适应能力建设研讨会”在北京饭店召开。与会专家围绕适应气候变化的共性问题，适应气候变化政策和行动、资金机制、技术转让等展开了深入的讨论，取得了广泛的共识。

然而，对于东亚各国，气候变化的影响都有哪些？为什么适应气候变化对于东亚各国如此重要？适应气候变化应从哪里入手？9 月底记者在西藏的采访经历，也许可以对此有个大致的回答。

镜头一：

看着那些赶着牛羊，渐行渐远的牧民们，变为了一些小黑点点，黄宗琥老师有些纳闷——这才刚刚进入 9 月份，而且今年的水草比哪年都好，为什么他们这么早就向湖对岸迁移了？从 2005 年中科院青藏高原研究所纳木错综合观测站建站之初，就在这里工作的黄老师，与常年在圣湖边放牧的牧民关系非常好，知道他们的放牧习性：春夏季，水草好时，在湖南岸放牧，等到秋冬季，他们就迁往湖对岸、山的阳坡放牧，那里避风，也更温暖些。

好奇心加上关心，黄老师向其他牧民询问缘由，答案却令他大吃一惊：今年雨水多，草长得好，羊不知饥饱地拼命吃，已经撑死了好几只，不得已，只好提前迁去冬季牧场了！

镜头二：

初秋的阳光暖暖地照在 68 岁的布交身上，看着自家屋后草地上悠闲吃食的牛羊，他心里同样暖意融融——今年雨水丰沛，进入秋天了，草场依然绿绿的，家里 70 头牦牛和 200 多头羊的冬季饲料不用担心了。

然而，随着目光扫到院墙上正在晾晒的牦牛粪，布交又有一丝不安掠过心头——正是因为今年雨水足，作为传统上冬季取暖和生火做饭的燃料，干牦牛粪的储备可能成为一个大问题。

三代同堂、10 口之家的布交家，是他所在的西藏那曲地区那曲县罗玛乡娘曲村最普通不过的家庭，生活水平也属于中等。作为已经定居的牧民，他们家需要很多干牛粪过冬，而那些住在帐篷中的游牧家庭，干牛粪的需要量则更大。

作为西藏最常见的生物质能源，干牛粪早已成为是西藏人生活中不可或缺的一部分。据估计，在拥有 42 万人口的那曲地区，全年烧掉的牛粪达 200 万吨之多。然而，今年水草丰美的同时，带来了严重的燃料短缺问题。

镜头三：

2004 年夏天，位于藏北高原的那曲地区那曲县那么切乡，牧民目睹了奇怪的一幕：乃日平措和错鄂湖湖水持续上涨，越过原先的湖岸之后，又悄无声息地向四周的草场蔓延开来。

从小就在那么切乡生活的久美老人回忆说："以前也有过上涨，到了冬季，湖水就会在草场中间停下来。"因此，这种情况最初并未引起牧民的警觉。

但这次有些不同。到了次年夏天，乃日平措湖的湖水又以每天一米的速度向一个村子逼近。在整个夏季中，错鄂湖的湖水也向另一个村子推进了足足 100 多米。肆虐的湖水一路上行，穿过位于低洼处的草场，慢慢向高处侵入。很多牧民的房屋和畜圈羊棚都快被淹没，还有一些牧民的房屋开始冒水。

无奈之下，那么切乡 200 多户牧民迁出祖祖辈辈居住的地方。迄今为止，这两湖已经淹没了沿湖村庄近 3 万亩草地。

自 1990 年以来，仅那曲地区中西部的六个县（区），就有 100 多个湖泊都出现了湖水上涨。近 160 万亩草场被淹没，已经搬迁和等待搬迁的达上万人。而整个那曲地区的人口加起来，也不过 42 万人。

上述这篇文章最为可取之处，就是把气候变化在世界屋脊青藏高原这样的脆弱地区的影响，内化成了普通民众的生活和当地干部的忧虑。文章不但生动，而且造成了一种强烈的紧迫感。对于选题而言，该文所具有的几个关键词"西藏"、"危机"以及"牧民目睹了奇怪的一幕"构成了对编辑和读者的强烈吸引力。

## 二、气候变化经济新闻的报道视角与选题

气候变化的经济新闻，通常分为宏观层面的综述和微观层面的产业、公司动向。

下面这篇 *Nature* 报道的有关中国碳排放峰值问题的文章，就给了我们很好的参考。

中国碳排放有望达到峰值

http://blogs.nature.com/news/thegreatbeyond/2011/04/chinese_emissions_these_too_sh_1.html

这篇文章报道了美国劳伦斯·伯克利国家实验室一项模型分析，表明中国有可能在 2025～2035 年之间达到排放峰值，即便在中国碳减排努力最差的情景下也可能如此。这一研究的意义在于关注到全球都非常关心的中国碳排放的峰值和随后的总体排量减少的问题，而这一问题直接关系到全球气候变化谈判。

如果中国记者根据这样的一篇报道，结合此前中国刚刚发布的"十二五"节能减排的目标和遭遇的阻力进行深入分析，一定可以产生一篇非常优

秀的气候变化相关问题的文章。

获得了线索后，在撰写与气候变化相关的经济话题时，记者则需要同时遵循两方面的指导原则，其一是作为经济新闻的吸引力，其二是所报道话题对于应对气候变化的意义。

就经济新闻的吸引力而言，在宏观层面上，这往往可以通过政策或新的技术方向对企业运作，并进而对消费者的影响而实现。在微观层面，让读者愿意阅读企业或技术新闻的，往往是其市场预期和创新的商业模式（注意，不只是技术）。

向二氧化碳宣战（《华夏地理》2007 年 7 月）

什么都不用多做，每年就有 100 万美元的收入，天下真有这样的好事么？对河北省一个乡镇福利油脂厂的老板李敏来说，这样的好事似乎突然真的发生了。几年前，为了解决工厂经常停电减产的问题，李敏决定自己建一个小发电厂。他购买了一套 400 千瓦的秸秆发电设备，准备用当地最常见又最便宜的秸秆作为发电的燃料。

打从买了这秸秆发电机，李敏的好运似乎就开始了。一个名叫陆宇辉的人找上门来，她是通过查找秸秆发电设备的交易单找到李敏的，这个“日本超越环境商务咨询公司”的总经理要和他“合作项目”，意不在此的李敏拒绝了合作。可是陆宇辉很快又来了，还带了一个清华大学的教授。这次他们跟他讲什么“清洁发展机制”，什么“减排量”，虽然李敏至今都没有完全明白他们在说什么，但商人的直觉让他动心了：自己建电厂，发电自己用，没有排放出来的“废气”还能赚钱？天上掉馅饼啦？

从今天的视角来看，清洁发展机制既为低碳领域的先行者带来了财富，也让他们遭遇了种种困境，因此从“清洁发展机制是天上掉馅饼”出发的选题已经不一定是非常精彩的题目。但在 2007 年，《京都议定书》生效不久，清洁发展机制刚刚在中国进入如火如荼的发展阶段，在当时向人们展示这一领域具有的巨大的“造富”前景，无疑是极为吸引读者的。

从另一个意义而言，在跟踪应对气候变化的产业进展之际，对行业出现的问题进行及时警示和深入分析，也是非常好的切入角度。如这篇对酒泉风电产业进行调查的文章：

“陆上三峡”之问：酒泉 1200 亿风电投资调查（《21 世纪经济报道》2009 年 7 月 31 日）

http://www.21cbh.com/HTML/2009-8-3/HTML_F57YESTDNYM6.html

文章揭露了在风电投资热潮下，酒泉的陆上风电三峡遭遇的并网困境、产能过剩以及造成重复投资的体制原因。在 2009 年中国风电发展仍在狂飙突进之时，这篇文章给予产业界和其他人以深刻的提示，因而其新闻价值不言自明。

如果说，上述《“陆上三峡”之问》的文章重点还是以酒泉风电作为缩影来探讨整个风电行业的产业动向，那么下面这篇《酒泉风电脱网再调查》（《21 世纪经济报道》2011 年 4 月 26 日 http://www.21cbh.com/HTML/2011-4-26/3MMDAwMDIzNDg3MQ.html）的文章，则还原了被誉为“陆上风电三峡”的千万千瓦级风电基地，由于一个小小的电缆头事故引发了风电史上最大规模的风机脱网事故的过程，并就此对风电产业快速扩张、无序发展及其与电网并网在技术上的种种挑战进行了分析。与《“陆上三峡”之问》一文对比，可以说是该文非常好的后续之作，关注的重点从产业宏观领域进入到微观的输电技术，但整个文章对新能源产业有序发展的基本关怀仍然随处可见。

除了经济新闻的吸引力外，这类报道也要注意其与气候变化的相关性。这种相关性往往可以分成两个方面，其一是所报道的内容如何有助于气候变化的减缓，也就是减少碳排放（或加速碳排放），其二则是在气候变化的大背景下，减排政策和气候变化造成的自然影响是否可能对所报道的事务造成影响。

像科学报道一样，报道气候变化相关的经济话题往往也面临着生动性的挑战。在这种情况下，最有效的办法是讲述动人的故事，这既包括企业家们的睿智和生动经历，也可以包括所报道话题的覆盖对象，如消费者的经历和感受，还能从所报道项目或事件遭遇的阻力着手。

在报道气候变化相关话题时，清洁发展机制所要求的额外性（即要证明，如果不通过这个项目，这种减排就不会发生）通常是一个很好的制造生动性的根据。因为额外性总是意味着事务的非常规发展，一定会遭遇到各种阻力和障碍，而这些阻力和障碍往往会孕育出新闻报道中非常生动的细节。此外，清洁发展机制通常覆盖的欠发达人群（因为其欠发达，所以常规情景中越不容易出现清洁发展机制的额外性结果）也能为媒体生动性报道提供很好的由头。在这方面，可以参见如下文章：

CDM 宁夏战绩（《科学新闻》杂志 2010 年 11 月 22 日）

http://www.sciencenet.cn/skhtmlnews/2010/11/1287.html?id=1287

CDM 太阳灶项目在宁夏彭阳县实现了减排和扶贫双收，这或可使市场提高对于 2012 年以后碳交易的信心……2009 年 4 月，中国第一个成功注册的太阳灶 CDM（清洁发展机制）项目使彭阳农户获得了一个寿命超过 10 年的太阳能灶，每户人家只需要交付 30 元。

在“气候酷派”报道气候变化与能源问题的媒体研修班上，与会的英方专家多次介绍了记者如何多样化报道气候变化经济问题的经验。

报道气候变化与能源可以从经济的角度，用财务数据来说明事实。比如像一些大的石油公司，包括像英国的壳牌、BP，它们不得不对自己的业务进行多样化经营，而且在很快的时间内建立起它们的专门从事可再生能源的部门。同时由于气候变化还带来了一些新的行业的产生，而且新的行业经济的规模以百万的规模来计量，比如说碳核销。

在这个过程中也应该考虑能源安全的问题。化石能源一方面存量在不断下降，另外一方面人们对它的需求是在不断增长。在这样一种背景下，我们讨论气候变化的问题时不仅仅是科技方面的事情，更是关于人类、自然的事情，越来越多地和人类的能源安全联系在一起了。这一问题在世界各国的外交关系当中已经成为非常重要的一个因素了。

在气候变化与经济报道方面，可以关注目前中国在全国进行的低碳示范园区工作，这是十分有趣的新进展，但同时，通过这个话题，也可以引申出中国各地高新区无序竞争的情况，并进而透视中国地方政府在处理发展经济与减少排放之间矛盾时的举措。

在目前这种情况下，当我们看到由于气候变化对全球经济带来的一系列的影响，比如经济下滑，对人类居住的场所造成很大威胁，可能有大量的饥饿或者是贫穷的难民不断地涌入城市，这实际上已经对我们的安全造成非常大的影响和威胁。

从记者的角度来说，这对我们是非常有吸引力的。我们可以从安全以及外交政策的角度来考察这个问题。气候变化可能会在国家之间引起一些冲突，但与此同时，因为我们要共同应对这个问题，也可能促成国家之间进一步的合作。在这样一种合作的情景之下就有很多双赢的情况产生，因为我们需要共同面对气候变化所带来的问题。

但是，在报道能源与气候变化的时候也有一些风险，其中之一就是不要把这个问题过于简单化，想象我们可以找到梦想当中比较完美的解决方案。在西方，刚刚开发生物燃料的时候，大家对此非常兴奋，认为它是非常清洁的、低碳的能源。但是在生产清洁能源生物燃料的过程中发现生产厂家大规模地破坏了东南亚的一些热带雨林。

作为一名记者，如果有人提出他们有一个解决气候变化以及相关问题的好的解决方案，我们必须对此持谨慎的态度。

还有一些与气候变化和能源相关的新生事物。越来越多的人会关注到底有什么办法可以在家中发电，也就是说自己可以在家中满足自己对能源的需求。另外在汽车方面，如有关混合动力的汽车，也得到越来越多人的关心。在报纸的有关饮食和餐馆的栏目当中，则会讲到有机食品的好处，还有从本地或者是周围购买有机食品的好处等等。然后也会出现在旅游板块上面，因为现在很多人在讨论是不是减少乘飞机出行的次数和时间。

在与气候变化相关的经济活动方面，碳交易无疑是一个新兴的和大有前景的领域。媒体自然也需要在此领域进行深入挖掘。

报道碳交易，在选题的时候要寻找与受众生活密切相关的素材来吸引他们。

在中国也可以找到气候变化的相关证据对其进行报道，但是在报道碳交易时，由于这一领域对于中国读者还非常陌生，所以需要找到很好的本土视角和案例。欧洲已经由于碳交易、碳补贴等各种交易机制，设立了很多碳交易所，包括企业之间可以进行柜台交易，这使得各类企业现在对气候变化都非常感兴趣。而在中国，碳交易距离企业非常遥远，所以需要用具体的案例和中外对比的视角来透彻阐述相关问题。这方面可以参见下述报道：

一个失落的碳交易所：碳交易“繁荣”的背后（《21 世纪经济报道》，2011 年 3 月 10 日）

http://finance.ifeng.com/roll/20110310/3616612.shtml

现在，清洁发展机制下的碳额度交易在北京、上海已经搞起来，如果今后中国能够通过公开挂牌或者私下的方式对碳进行交易的话，这也是媒体在选取环境气候变化报道时引起企业注意的一个角度。这方面一个比较好的报道案例是：

“碳减排第一案”曝中国企业碳交易软肋（《中国企业报》2011 年 4 月 19 日）

http://company.cnstock.com/industry/top/201104/1261226.htm

另外，世界各地对中国的产品已经有一些保护主义的苗头，如果一些发达国家强调中国在生产过程中碳含量、碳排放非常多的话，可能就为保护主义进一步火上浇油，使中国产品进入美欧市场更为困难。所以在低碳出口商品生产方面，媒体也可以从国际贸易的角度来进行报道。

在中国的气候变化报道中，记者们可以关注技术转移方面的内容，运用新的技术对于实现低碳经济发展模式很重要，比如说外国投资者到中国来投资建厂，它没有用到最新的低碳生产技术，而是说要把污染或者排放转嫁到中国，寻求低成本的排放，作为记者就可以在后面打个问号，问问他们为什么这么干。而对此进行深入了解后，就可能产生对社会非常有意义的深度报道。

## 三、其他气候变化新闻的报道视角与选题

相比气候变化科研和低碳经济活动，在中国寻找气候变化政策与谈判的新闻难度要大得多。原因在于气候变化的问题在大多数情况下，仍然没有列入中国政府决策的优先议程中，而中国政府在国际谈判中，相对而言立场非常一致，官员发言谨慎，难以收获有新闻点的内容。

一线记者还会遭受的另外一层挑战在于，由于气候变化议题没有进入优先性议程，那么即使有时在这个领域的记者能挖到比较大的新闻由头，相对于其他及时的政经新闻来讲，重要性也略显单薄，体量不够，得到媒体编辑重视的程度也就相对弱化。

在这种情况下，记者就更应该高度熟悉和吃透相关议题、政府的立场、政策束缚等内容，这样可以在第一时间觉察到政策出台和谈判立场的异动。

例如，在哥本哈根气候变化大会上，中国与美国等大国在最后一刻达成一个非约束力协议，从而让这次万众瞩目的大会在一拖再拖之后，终于有了一个体面而没有实质意义的结尾，从报道的角度，这非常具有分析价值。

气候变化峰会接受美国版无法律约束力协议（英国《每日邮报》2009 年 12 月 19 日）

http://www.dailymail.co.uk/news/article-1236659/Copenhagen-climate-change-conference-World-leaders-reach-Copenhagen-agreement—officials-admit-enough.html

哥本哈根：最后的马拉松（《科学新闻》2009 年 12 月 22 日）

http://www.science-weekly.cn/skhtmlnews/2009/12/893.html

在国内政策方面，选题的视角则可以聚焦于那些国际上已经非常成熟，但国内仍然缺乏的方面，比如排放权及其交易问题。2010 年 10 月在天津举行的气候变化国际谈判上，中国发改委官员透露说，自愿减排的规则正在制定中，将很快推出。虽然此前该消息也以不同形式见报，但这次在国际谈判的场合发布，显得更加正式。在这种情况下，媒体可以迅速跟进这一消息，并了解和分析如下方面内容：

在没有减排义务的情况下，企业如何做到自愿减排？中国的自愿减排能从同样不承担国际减排义务的美国的自愿减排体系中学习到什么？中国自己的特点何在？中国从事这个工作的困境如何？自愿减排如何能与国家总体的 2020 年比 2005 年单位 GDP 碳排放减少 40%～45%的承诺相关联？

事实上，上述这些问题的提出正是代表了一种在报道气候变化政策方面的实用视角，即审视中国与国际政策差异并探究原因，同时要看到新制定的具体政策与整个国家节能减排目标的关系。

虽然气候变化的政策新闻相对而言发布渠道有限，但已有的一些政策却值得做深做透，并成为进一步观察问题的视角，帮助新的新闻报道甄别线索。

举例而言，2010 年 8 月，国家推出了五省八市（广东、辽宁、湖北、陕西、云南五省和天津、重庆、深圳、厦门、杭州、南昌、贵阳、保定八市）的低碳区域发展试点工作。这一消息得到了广泛报道，但缺乏深入探究。在这种情况下，一位优秀的气候变化报道记者完全可以全面解读试点政策可能的具体内容、其对试点区域的冲击和促进、试点区域具体的执行和落实措施、某个具体试点区域相应的举措、在中国区域竞争的格局下考察是否试点城市会因此在招商引资和竞争力方面受到影响？

例如，在 2011 年 7 月 11 日，新华社报道，北京成为全国唯一连续五年完成年度单位 GDP 能耗下降目标的地区（http://news.xinmin.cn/rollnews/2011/07/11/113667）。这条新闻看似与低碳试点区域的政策不相干，因为北京不属于五省八市。但作为媒体，却应该追问，为何北京的单位碳排放全国最低，反而不进入五省八市的试点？进入了试点的城市，其碳排放情况如何？是否这项政策对其工作有所促进？等等。

而这只是在宏观层面上的跟进和分析。在微观层面上，完全可以长期跟踪某地在落实低碳试点方面的挑战与执行措施及区域间的比较。对于地方都市报而言，探究和长期跟踪低碳城市试点工作与老百姓日常生活的关系往往是让人不厌倦的主题。

“十一五”节能减排政策落实情况是与气候变化紧密相关的话题。在“十一五”期末，中国一些地方出现了大面积的为了完成节能减排任务而大规模拉闸限电的现象，很多敏锐的媒体在第一时间捕捉到了这种情况并进行了报道。这也是气候变化政策新闻的一类。进行这类报道时，媒体事实上采取了一种看门人的角色，即质问各地方政府何以不尽早落实相关政策，一直要等到五年计划结束要交卷的时候才迫不得已，采取拉闸限电这类极端措施。

深入的分析报道，完全可以就这个问题进一步追问，即单位 GDP 能耗20%的节能指标是否合理？政策制定伊始，是否考虑到了执行落实措施？单位 GDP 减少能耗尚且如此困难，那么中国经济的发展阶段是否到了不可能奢望二氧化碳排放总量减排的地步？

而对于任何一项大政方针，新旧两种政策的衔接永远都值得媒体关注。应对气候变化与节能减排的政策也是如此。探究“十二五”的节能减排政策与“十一五”政策的衔接，考察“十一五”的拉闸限电对“十二五”政策的启示和挑战，以及思考“十二五”节能减排和新增的碳排放指标控制如何致力于完成中国做出的 2020 年比 2005 年单位 GDP 节能减排 40%～45%的承诺，都是非常有趣，值得深入的话题。

正如其他领域一样，在气候变化政策报道中，细节也永远是制胜的法宝。不论是低碳发展试点区域也好，“十一五”计划节能减排目标的落实也好，还是“十二五”计划节能减排新政也好，记者既可以报道政策覆盖之下普通民众和企业的生态，也可以描写政策对民众的影响并借此引出对政策体系的反思，还能用细节切入到对气候变化民生的描述之中。

实际上，气候变化新闻领域，除了科学、产经和政策之外，还有一大类题材，我们可以暂且界定为民生新闻。

有关中国“农民低碳第一人”的刘兴山的报道，就可以称之为这类民生新闻的典范。但很多媒体仍然可以通过深入的采访，挖掘到不少有趣的细节，从中实际上可以体现出中国农村低碳事业的希望与艰辛。

农民刘兴山和他的乡间别墅（《辽宁日报》2006 年 5 月 31 日）

http://newspaper.lndaily.com.cn/lnrb/200605/15579420060531.htm

农民也能享受舒适的地热，随时洗热水澡，你信吗？阜新蒙古族自治县建设镇德一村 53 岁的农民刘兴山为改变农民的生存环境，20 年苦苦研究，终于设计出了一种让农民梦想成真的神奇的房子。今年 1 月，他申请的实用新型专利“多功能组合式太阳能住房”已被国家知识产权局受理。

德一村，有两户农民盖的二层楼，冬天不用燃煤能享受地热，还能热乎洗澡。夏天不用空调电扇，却凉风习习，真正称得上是乡村别墅。村民称这两所房子为“半截美”。这两所房子，都是老刘设计的。

值得一提的是，在这篇 2006 年的报道中，由于低碳概念还没有进入中国，当时报道如今因为“低碳农民”而“走红”的刘兴山的媒体，还没有从低碳这一视角进行阐释，但阅读文章可以发现，上述的《辽宁日报》文章报道的，实际上仍然是低碳节能的乡村生活实践。这类的报道能在低碳概念兴起之前占据相当篇幅，说明“低碳概念”本身并不重要，节能舒适的农村生活方式才是吸引人的主要关注点。

## 第三节　气候变化报道的准备和采访

### 一、如何准备和规划气候变化的报道工作[①]

本文先以气候变化科学类题材的报道为例，阐述准备和规划气候变化报道的工作。

一些记者或许能触及到科学类期刊刚发表的研究。他们或许能直接看到这些科学发现——不管是直接从做该项研究的科学家那里来的，通过浏览杂志内容来的，还是通过新闻稿来的。另一类记者能涉猎的文献是综述性的论文，这些综述对已经发表的科学发现作出了全景式的展望。

应该记住这点：尽管这样的论文目标是科学家读者，但在里面也能包含好的新闻点。记者将会发现自己要费力地读大量的技术性的语言和术语。因此，知道在一篇科学论文中在哪里寻找最有用的信息是重要的。

举一个例子：加利福尼亚科学家 2006 年 12 月发表的一项发现表明：发生在印度的棕色云团污染可能是导致水稻减产的原因。因为这些云团遮盖了水稻生长所需的明媚阳光。这项发现登载在美国科学院学报（*PNAS*）上，而且无需订阅即可取得。点击以下的链接就可看到原初的论文：http：//www. pnas. org/cgi/content/full/103/52/19668。“复合模型表明印度大气中的棕色云团和温室气体导致水稻减产”的标题，就像论文中其他地方一样，不会吸引多少读者。无疑，这是写给熟悉本领域研究的科学家读者的。

与此相对照的，一篇由科研机构发布的新闻稿描述了同样的论文，《在印度，减轻空气污染可以增加水稻产量》介绍了科学家信息的同时在措辞上是记者能够使用的：http：// www. eurekalert. org/pub _releases/2006-12/uoc—rap120106. php。通过点击这些链接，你可以看到新闻报道的由头：污染让水稻减产：http：// news. bbc. co. uk/2/hi/science/nature/6206766. stm。

---

① 本节部分内容来自世界科学记者联盟开发的《科学新闻在线教程》（www. wfsj. org/course）。

印度上空的橙色云导致水稻减产：http：// environment. newscientist. com/channel/earth/climate-change/dn10722-brownhaze-over-india-harming-rice-harvest. html。

研究表明：水稻产量被气候影响：http：// www. thehindubusinessline. com/2006/12/06/stories/2006120602951200. htm。

美国最新研究表明污染导致印度水稻减产（中文）：http：// 86ne. com/ Jnhb/200612/Jnhb_9739. html。

但记者怎样从原始论文中得到他们需要的信息呢?

幸运的是，在 *PNAS* 上发表的论文都是范围广阔的交叉学科的，在风格上比许多专业杂志上的论文更易于接受些。

这些论文是按照相对标准的惯例写的，最快的帮助记者找到有用信息的途径是阅读文章的第一段，通常叫做摘要（abstract）或者概述（summary），然后是文章结尾的讨论（discussion）或结论（conclusions）。

有耐心或借助教科书的记者或许想坚实地读过“方法”和“结果”部分，抓到多余的细节。这些细节能帮助你采访科学家，以及在你的报道中加入事实和数据。但总体上说，最好是在阅读了摘要部分（经常是借助新闻稿的帮助），再询问一下进行研究的科学家，让他们口头上解释方法和结果，一般更容易少一些技术，多一些理解。

下面我们通过一篇 2011 年 7 月发表于 *PNAS* 上的论文，来帮助读者更好地了解如何准备对重要的气候变化科研成果进行报道。

## Reconciling anthropogenic climate change with observed temperature 1998–2008

**Robert K. Kaufmann[a,1], Heikki Kauppi[b], Michael L. Mann[a], and James H. Stock[c]**

[a]Department of Geography and Environment, Center for Energy and Environmental Studies, Boston University, 675 Commonwealth Avenue (Room 457), Boston, MA 02215; [b]Department of Economics, University of Turku, FI-20014, Turku, Finland; and [c]Department of Economics, Harvard University, 1805 Cambridge Street, Cambridge, MA 02138

Edited by Robert E. Dickinson, University of Texas at Austin, Austin, TX, and approved June 2, 2011 (received for review February 16, 2011)

论文标题如上，即“对人类活动造成的气候变化与 1998～2008 年温度观测值之间差距的解释”。该文的作者们指出，人类活动排放的二氧化碳增加导致全球变暖已经成为了科学定论，但最近10年来全球却出现了地表平均气温降低的现象，这不但与过去10年间二氧化碳排放大幅度增加相逆，也导致公众日渐怀疑由人类造成气候变化这一结论。

该文作者们通过推算与模拟，发现造成这一现象的原因，是中国大量排放的具有制冷效应的硫酸盐气溶胶，抵消了温室气体增加导致的致暖效应，结果让这一时期自然界周期性的变冷因素成为了影响气候变化的决定性因素。但随着中国提高环境治理（主要是燃煤脱硫措施）导致的硫酸盐气溶胶排放大量减少和自然界进入致热周期，不久后全球气温将呈现加速上升的势头。

非常重视宣传其重要论文的*PNAS*为此论文制作了新闻稿，特翻译如下：

中国燃煤“遏制”了全球变暖

2011年7月26日，人类活动排放的二氧化碳增加导致全球变暖已经成为了科学定论，但最近10年来全球却出现了气温降低的现象，这不但与过去10年间二氧化碳排放大幅度增加相逆，也导致公众日渐怀疑由人类造成气候变化这一结论。

在最近发表于《美国科学院学报》（*PNAS*）的一项研究中，来自美国波士顿大学的Robert Kaufman及其同事发现，最近10年的变冷状况，是由自然和人类因素共同造成的。该研究组使用模型预测的方式，指出了导致近10年变冷的各种因素，而没有这些因素，近10年本来应该是总体变暖的阶段。

首先，研究者们指出，近10年是太阳能量输入下降这一常规变化发生的阶段，同时，这一阶段也是“厄尔尼诺”现象向“拉尼娜”现象转换的10年，两者都是海洋一大气的运动现象，后者经常导致变冷。

除了这些自然现象外，该论文作者们指出，中国在2003年到2007年间煤炭消费量增加了一倍，这导致了硫排放的大幅度增加，这可能给地球带来了很大的制冷效果。这批研究者们指出，这种制冷效果可能抵消了二氧化碳排放增加导致的变暖效应，从而让自然因素成为驱动地球温度的决定因素。

作者们表示，根据这种解释模式，未来有可能出现一段快速变暖的时期，因为未来将进入太阳能量输入增加的阶段，同时，随着中国普遍为煤电及燃煤设施安装了脱硫设施，这导致中国排放的含硫气溶胶大幅度减少。

在采编实践中，记者们通常会首先看到新闻稿，然后根据新闻稿的提示来获得论文原文。首先我们可以看到，如果不是新闻稿，而是根据原来的论文《对人类活动造成的气候变化与 1998～2008 年温度观测值之间差距的解释》这样一个静态标题，媒体很难有报道的欲望。这也充分说明了科学文本与新闻的差别，前者经常是对一个动态科研过程的描述。

但假设我们注意到这篇论文，那么我们首先要读下去的是论文的摘要：

Given the widely noted increase in the warming effects of rising greenhouse gas concentrations，it has been unclear why global surface temperatures did not rise between 1998 and 2008. We find that this hiatus in warming coincides with a period of little increase in the sum of anthropogenic and natural forcings. Declining solar insolation as part of a normal eleven-year cycle，and a cyclical change from an El Nino to a La Nina dominate our measure of anthropogenic effects because rapid growth in short-lived sulfur emissions partially offsets rising greenhouse gas concentrations.

As such，we find that recent global temperature records are consistent with the existing understanding of the relationship among global surface temperature，internal variability，and radiative forcing，which includes anthropogenic factors with well known warming and cooling effects.

即便没有新闻稿的提示，论文摘要的第一句话，也就是“尽管温室气体排放日增，地表温度在 10 年间却没有增加”这一点，也应该足以引起我们的重视，至少是往下读下去的兴趣，而随后，读者则可以注意到作者不仅探讨了自然变化，也探讨了气溶胶的排放，尤其提到了中国在其中发挥的作用。

随后，作为记者，完全可以忽略论文中间的数理论证部分，直接进入讨论和结论部分。对于中国读者来讲，由于该研究与中国的密切相关性，因此有必要细致阅读其探讨中国排放的部分。当然，也可以借助新闻稿对此进行分析。

在了解了基本内容后，我们发现，由于该研究的重要性及其与中国的相关性，其本身已经值得撰写一篇有价值的新闻报道，但很有必要采访中国科学家，对其研究结论进行评价。而如果要深入思考这个问题，撰写更有深度的新闻稿，则可以在研究结论的基础上提出如下问题：

1. 研究结果是可信和确定的吗？（在气候变化科研中，由于经常涉及到建立模型，因此有必要对这类通过模拟获得的结果进行求证，这个问题既可以向原作者求教，请他进一步解释，同时也要向第三方专家来求教，请他评论。）

2. 该研究与此前的研究相比，区别和创新性在哪里？（在全球变暖成为全球广泛关注的科学议题后，类似于10年间地表温度不升反降这种现象，一定会有若干种解释。这一问题非常有必要向论文作者请教，而且这样的问题一般能引导论文作者给予较深入的解释，因为这是属于容易受到科学家欢迎的问题。）

3. 该研究中分析的各个因素是否在时间和空间上具有协同效应？（也就是说，含硫气溶胶的排放是否能恰恰和自然变暖的趋势吻合起来，中国燃煤脱硫措施是逐渐强化的，而非某日一步到位，那么这种渐进过程对大气气溶胶排放的影响何在？）

4. 含硫气溶胶既然具有阻挡全球变暖的优势，为何不任之排放甚至人为增加排放？（可以肯定，燃煤脱硫一定是对环境友好的政策，但这与制冷气溶胶的排放是否存在一个均衡问题？）

5. 该研究对全球气候变化谈判是否会有影响，对中国是否有政策含义？（这也同样是受科学家欢迎的问题。）

6. 该研究主要基于对过去十几年数据的分析，那么它对未来变暖趋势的预测是否准确？（通过提问和思考这个问题，可以对未来的研究方向有所把握。）

上述的这些问题，未必都是要在采访中实际提问的，而应该看作为记者对基于论文的科学新发现类新闻线索的思维方向。

对于阅读科研论文而言，最好的检索工具是 Google scholar（http://scholar.google.com，在中国大陆，网址为 http://scholar.google.com.hk），该搜索引擎联系的国际科技期刊数据库最新最为广泛，在国内则与维普系统开展合作。维普论文检索系统（http://www.cqvip.com）虽然收录的论文数量不如中国科技信息研究所开发的万方系统（http://www.wanfangdata.com.cn）和清华大学同方集团开发的中国知网（http://www.cnki.com.cn）多，但收费合理，对于一般性的媒体需求信息量也已经足够。

需要提醒记者的是，由于中国科学家通常会把最有原创性的科研成果发表在影响因子更高的国际英文期刊上，所以国内中文论文系统往往难以收获很有新闻性的原创科研。但国内期刊的一大好处是会发表大量综述性论文，这类综述性论文有些虽然属于科学家完成国内发表任务的产物，但其专业论文引用量通常不大，比较适合媒体报道时，了解一项成果的前因后果时利用。

作为记者，在发稿之前要充分了解报道的主题。但是气候变化本身是一个非常复杂的现象。我们在报道当中也要不免涉及到气候变化当中的不确定性因素。所以在报道当中，一方面要总结科学家的观点，同时我们也要去承认他说的这些科学上的观点并不是已经为所有人共知的绝对的事实。

而且另外有一个问题，气候变化这件事很难以一篇报道说得很全面，要写成很多的故事。例如，北京的空气质量的污染就是一个很好的例子，因此这不单是气候变化的报道，同时可以成为卫生报道、社会报道和经济报道。还有，比如说，上海会不会被淹没？作为记者，应该密切地追踪做海平面上升方面研究的工作组，不断跟它接触，接触几个月之后就会得到一些独家的报道。

不同的媒体报道可能有各种形式，报道的事情虽然都是气候变化，但是也有不同的角度，英国的记者在报道气候变化的时候，报道出来的结果、呈现出的形态是千差万别的。不同的几份媒体，如《伦敦晚报》、《东区快报》（伦敦东区的一份日报，伦敦东区是最有可能被洪水淹没的地区）、《卫报》、《HELLO杂志》（主要报道类似于明星婚恋之类的八卦），报道的角度是不同的。

《卫报》是英国知识分子比较喜欢的报纸。它较早地报道气候变化，它首先将之作为一个科学理论，所指向的对象有可能影响到我们的子孙后代。

《伦敦晚报》在报道一本关于气候变化的书时，选择的则是马尔代夫这样一幅图片，这个国家随着海平面的上升、气候的变化，很快就会消失。很多人在英国都听说过这么一个地方，因为这是一个享有盛名的度假胜地。对于《伦敦晚报》来说，它们认为这是一个非常有趣的故事。

《HELLO杂志》上作出的报道又有不同。这份杂志面向年轻的读者。一般来说30岁以下的人一般不会考虑到对他的养老金进行储蓄。可以向这样的读者指出，由于气候变化，到65岁的时候，十有八九这个金融机构已经因为气候变化而破产了，他们没法拿回自己的钱的。

《东区快报》所作出的报道，更加关注伦敦东区可能被淹没的问题。就气候变化在当期就作了整整4个版面的报道，而且有非常好的标题性的文章，希望能够促动政府采取行动应对气候变化所带来的影响。

通过这样一些例子，可以知道，虽然它们报道的都是同样一件事情或者同样一本书，但是在不同的报纸和杂志上却采取了不同的角度进行报道。

气候变化不仅仅是关于科学事实的报道，实际上也会有一些商业方面的新闻价值。很多美国保险公司已经不再接受关于飓风、台风造成的恶劣影响的投保，包括在加勒比海地区也是这样。

正如在本文第二节“气候变化的报道视角和新闻选题”所记述的那样，找出中外差异，并找到文章切入的由头是进行气候变化报道的重要方法。上述的保险业情况也是如此。了解了国际的情况后再来审视中国国内的情况，找到彼此不同之处，并结合适当的，如保险公司启动新险种或保监会启动改革等新闻由头，就可以撰写出比较生动的报道。

在处理气候变化与产业联系这种比较新颖题材的时候，细致地撰写自己的工作计划、采访提纲和写作纲要会对文章生产有非常大的帮助。关键的问题在于，与一个人们都非常熟悉的领域不同，气候变化领域有很多新的概念和新的思考，也会有各种新的政策在酝酿中，这就意味着事先的规划经常会被修改，因此清晰地罗列一个工作计划和采访提纲将会对进一步的工作有非常大的帮助。

如下文章的生产过程就体现了清晰的工作计划和一贯的关注对生产重要文章和独家文章的重要性。

碳捕获与封存试验的中国速度（《科学新闻》2009 年 8 月 3 日）

http://www.science-weekly.cn/skhtmlnews/2009/8/538.html

随着年底在哥本哈根召开的联合国气候变化大会日益临近，各国应对气候变化的努力明显升温，中国也不例外。2009 年 7 月中旬，华能集团上海石洞口第二电厂碳捕获项目在沪开工，这套年捕获二氧化碳 10 万吨的设备是全球最大的燃煤电厂燃烧后碳捕获项目之一。

7 月 6 日，华能控股的绿色煤电公司在天津建立的中国首家容量为 25 兆瓦的 IGCC（整体煤气化联合循环发电系统）示范工程项目正式开工。

上海和天津的示范性项目仅仅是中国为促进碳捕获和封存试验所做工作的一部分。中科院武汉岩土力学研究所研究员李小春的资料表明，电力和能源巨头已经筹备了 20 个 IGCC 项目。

首先从一贯性上来讲，该文是笔者长期关注气候变化及其有效应对措施碳捕获与封存（CCS）的产物。2008 年，笔者第一次报道该选题（华能北京高碑店电厂安装的中国第一套碳捕获示范装置），并仔细阅读了当时 *Nature* 的报道后，就为自己留下如下问题：第一套碳捕获示范装置如何走向实践？捕获的二氧化碳在没有开辟封存工作时如何用？该实验示范装置是否可能增大容量？

事实证明，这些问题是非常有效的。2009 年 6 月，英国驻华使领馆文化教育处在北京举办的“气候酷派”媒体气候变化培训活动上，与会专家介绍了中国第二套体量大得多的碳捕获示范装置将在上海石洞口电厂开始安装。而当时（2009 年 7 月 6 日），华能控股的绿色煤电公司在天津建立的中国首家容量为 25 兆瓦的 IGCC（整体煤气化联合循环发电系统）示范工程项目正式开工。随后在 7 月初于广州举行的“气候酷派”媒体气候变化研修班上，中科院南海海洋研究所周蒂研究员在引述中科院武汉岩土力学研究所李小春研究员的资料时表明，国内电力和能源巨头已经筹备了 20 个将来可能与 CCS 联合使用的 IGCC（整体煤气化联合循环发电系统）项目。

根据上述信息，一个重要的新闻报道方案迅速形成，总结如下：

选题意义：1. CCS 作为应对气候变化的关键解决方案，此前在中国主要停留在纸面上，如今开始上马；2. 20 个 IGCC，其体量足以成为世界第一，如此大的规模，值得进行报道；3. 2008 年在北京华能热电厂投产的 CCS 小型装置，在当时运行了已经一年时间，有何借鉴作用？

文章要重点回答的问题：作为重点关注科技界的《科学新闻》杂志，首先要考虑的是技术的可靠性、可应用性（成本问题）、中国自己的独立研发情况、国际科研合作情况、捕获的二氧化碳如何进行封存？封存是否会产生一些意向不到的问题？国内大规模采用 CCS 的瓶颈主要在哪里？

但仅仅回答这些技术问题并不够，还需要探究更多体制性的因素，这也是气候变化报道吸引人之处。所以笔者接着要探寻如下问题：

CCS 捕获了二氧化碳后，在存储中是否要解决一些法律与制度层面的问题？IGCC 成本很高，何以中国能源企业有那么大的积极性上马？背后的动力是否如风电的跑马圈地一样？在中国电厂安装 CCS 的制度瓶颈主要体现在哪里？

采访计划：在基本明确了这些需要了解的问题后，就需要确定该采访哪些人。

首先，通过参加两次活动加上此前的资料搜集，介绍 CCS 本身的专家已经基本无需采访，但需要补充的是，中科院南海海洋研究所周蒂研究员在引述中科院武汉岩土力学研究所李小春研究员的资料，那么需要直接采访李小春研究员。

其次，虽然了解了 CCS 的介绍，但需要了解其在中国企业中实际应用的情况，而根据经验，直接在电厂采访得到接待的可能性很低，所以切入点可以放在两个地方：一个是开发碳捕获装置的华能西安热电研究院（专家更愿意讲话）；另一个是推进华能高效煤发电技术的华能绿电公司（通常新的事业推进者更愿意面对媒体以呼吁社会支持）。

第三，碳封存的环境影响问题，绿色和平总部已经发布过一份研究报告，是否可信？有哪些科学家参与了该报告撰写，是否可以联系采访？

第四，返回国内和返回产业界，面对专家可能提出的中国CCS的发展瓶颈以及环境组织等提出的碳封存的环境担忧，产业界是否能回应？谁来回应？国内是否可以回应？

采访提纲：主要通过上述想了解的问题，根据专家背景进行组合。

替补措施：在某个环节上采访不到相关人该如何处理？哪些人或观点可以成为其替补？

通过上述设计，本文基本上形成了一套比较清晰的工作计划和执行逻辑。在实际的采访过程中，专家比预期更容易采访，原因包括作为一个新兴领域，专家更愿意大声呼吁来推动社会支持其发展。企业界则比预料中采访起来更加困难，原因是作为一个新兴领域，企业界人士担心把握不好，说错话给企业发展带来影响。

本文最后的解决办法是，企业界观点部分通过仔细研究其讲话内容来解决，部分上以专家的嘴代替企业发言。

缺乏充分的企业界的声音，不能不说是本文的一个遗憾，这也更加说明，做好气候变化的相关报道，不仅需要科学家的支持，长期维护企业界的关系也非常重要。

## 二、如何与科学家及气候变化专业人士交往

记者在直接和人（甚至一些重量级的名人）谈话方面有巨大的优势。其他的职业不会有这样的特权，所以记者必须掌握好这仅有的机会。

但是很多记者经常会抱怨说科学家很难打交道，反之也有类似的呼声。

这一点，与笔者此前进行的一项研究一致。这一研究发现，中国媒体绝大多数对气候变化产生影响的报道，很少提及青藏高原冰川之外的中国的情形，很少报道同期中国科学家对本土气候变化及其影响的研究，也缺乏对中国科学家科研工作细节的描述，读者很难把这类新闻与自己的生活相联系。不仅如此，这项研究在随后对科学家和记者的采访中，发现很多记者都认为自己了解了中国科学家的工作，而实际上并非如此。这表明，中国记者在整体上还缺乏与科学家交流的意愿和能力。

造成这种原因的重要因素，实际上在于科学与新闻的实质性区别。科学与新闻存在很大的不同，这包括写稿时限上的不同、文章长短的不同、对待科学意义与不确定性的差异、评价标准的不同等等。

由于缺乏激励机制，中国科学家普遍缺乏与媒体打交道的动力。在这种情况下，顺应科学家的习惯来推进与他们的交往，是报道气候变化的科学问题不得不采用的办法。

如何顺应科学家们的习惯呢？最直接（当然，这并非简单）的方法就是阅读科学家们论文的摘要，并顺着科学家们的思路发现其研究的主要突破点和不足。

由于科学发现通常是循序渐进的，在大多数情况下，某项重要研究不一定立刻就会颠覆其他所有人的结论，在这种情况下，对于勤奋的记者而言，一个有效的切入点就是询问做出这项重要研究的科学家，已经有很多人持类似观点，那么其结论的独特意义到底在哪里？而下一个问题则是如何获得了这种独特意义的研究结论，最后，则可以补充上一个如何进一步发展和应用这意义独特的科研结果。

在另外一些时候，采访科学家需要了解的并非是其本人的研究，而是需要他们评价一项研究或者一个事件，对于大多数大众媒体而言，这种类型的采访更加普遍。

即便如此，在有时间的时候，也很有必要温习一下被采访的科学家的主要科研论文，并通过谷歌（这方面谷歌比任何其他搜索引擎都好）检索一下其主要观点。而邀请这位科学家对某事或某研究进行评论时，与其直接了当地询问科学家如何看待这个问题，不如先说“您在这个领域有了这样的重要观点，那么对于我们现在要谈的这个问题，是否也持这种观点呢?”

通过这样的工作，一方面体现了对科学家的尊重——至少认真阅读了其著作或了解了其观点——更加重要的是，通过这种方式，记者能迅速把自己提升到与科学家进行对话的水平，至少貌似如此。而科学家对接受采访的主要顾虑之一是担心记者不能确切把握自己的本意，通过显示自己了解了科学家的观点和研究，往往能让这位科学家更加愿意信赖这位记者，从而更加容易“吐露真言”。

此外，了解科学家的著作还有一个好处是，科学家在潜意识可能将你当作同类，他们也会把一些通常并非会讲给媒体听的内容透露给你。

当然，阅读科研论文还有一个最为现实和直接的好处，那就是查找科学家的联系方式。论文往往要印出通讯作者的联系方式，至少是电子邮件。在大多数情况下，把电子邮件输入谷歌，可以很方便地找到作者的办公室电话。

经过一段时间培养，记者应该与一些科学家建立了比较紧密的联系。这时候应该尽可能独自面见他们。

由世界科学记者联盟编撰的《科学新闻在线教程》第二章“寻找并判别科学新闻报道”的作者 Julie Clayton 就认为，独自面见科学家而不是在公共场合（比如是记者招待会）听他们发言的巨大好处就是私下的会面更可能揭开公众视野后面的事件发展真相。不管你在哪儿和科学家见面，在会上，在实验室，在某个场所，或在其他的场合——他们都会和新闻界自由交流。在任何面谈中，他们会指出他们说的哪些是不见于记录的。如果他们有一些不宜向外界公布的初步研究结果，他们会同意在以后吐露更多的细节的。一个科学记者如果尊重这些顾忌就能和科学家建立彼此信任的关系，保持联系，当科学家在将来某天愿意向媒体透露时，就可以回访原先的话题。和科学家保持和谐的关系是超值投资。①

---

① 参见《科学新闻在线教程》“第二章 寻找并判别科学新闻报道”（作者 Julie Clayton）：http://www.wfsj.org/course/ch/L2/L2P06.html。

世界科学记者联盟《科学新闻在线教程》还描写了发展中国家的情况。在发展中国家，记者或许对于本地区正在进行哪项研究缺乏信息了解，因为研究者常常没有什么资源来“推销”他们的研究。其他的研究者或许受到这样的限制，他们和国外的研究机构联系在一起，作为回报，他们会在国外的刊物而不是本地的刊物上发表研究。

到那时稍稍付出额外的努力，就能找到本地区谁正在作研究。

有许多的途径来找到科学家。试着拜访医学院、医院和研究机构，找到登载会议或研讨会的条幅和海报，记下来，给会议组织者打电话，有记者参加的话，他们通常很高兴。这样你就能建立新的联系，当突发事件发生时就能立即打电话给他，请他作评论。

如果你约好了一个采访，通常要找出同一部门和机构的其他人在做什么。人们经常会告诉你他们刚刚开始的项目，记下来，一年后再联系他们。

在气候变化领域，另一个非常活跃的群体是非政府组织（NGO）。在气候变化的国际谈判中，NGO 已经不只是旁观者而是重要的推动力量。而且，NGO 由于对一些气候变化游说活动参与较深，又崇尚透明化，加之一般没有严格的信息发布管理体制，所以往往是气候变化报道、特别是气候变化谈判的重要消息来源，或者是评价政府政策和谈判动向的重要观点来源。

但 NGO 群体良莠不齐，而且对于媒体来讲，一个比较困难之处在于 NGO 的信源难以核实，部分 NGO 热情高涨但理性不足，容易发表一些偏激的言论。

在这种情况下，作为媒体，需要把握一些与 NGO 相处的原则。只要遵循这些原则，通常就会克服 NGO 信息源的偏颇，而收获非常重要的信息。这些原则如下：

1. 总是重视 NGO 作为重要的信息源，但除非万不得已，避免单信源引用 NGO 的消息。

2. NGO 信源，评论价值大于信息价值，但评论价值不能带来对事实的误导。

3. NGO 信源需要与官方或科研单位信源进行核实，如果没有直接来自官方或科研单位的及时信息，可以根据以前这些机构一贯发布的内容进行推测。

4. 客观看待NGO信源及其附加其上的价值色彩。如NGO信源普遍追求比较理想化和绝对化的结果，但在现实中，很难有这种绝对化的结果，如绝对零风险的事务是不存在的，绝对的积极解决方案也很少（大部分情况下是利弊权衡的结果）。

5. 在国际上具有长期活动历史、较为广泛地参与科研活动、并定期出版报告的NGO要更加值得信赖。

6. 需要与NGO保持长期联系，定期获取相关资料，并进行整合和鉴别的工作。

## 三、如何进行气候变化相关议题的采访

气候变化是一个范围庞杂、内容复杂而且颇多不确定性的领域，体现在采访提问上，这意味着采访结果可能多变而难以形成一致答案。因此，仔细准备和好好把握气候变化的相关议题，从而实现成功的采访，对于成功的气候变化报道来讲非常重要。

要进行成功而有效的采访，需要做的第一个基本功是研究被采访对象。因为气候变化涵盖的领域非常广泛，做气象研究的可能不熟悉长时段的气候研究，而进行土壤碳循环的科学家虽然称之为“气候变化领域专家”，但完全有可能对大气科学一窍不通。

要研究被采访对象，对于科学家而言，最好的办法就是看其科研背景和发表文章的记录。这个通常可以在其供职的单位网站上找到，如果没有，也可以通过其姓名加供职单位或工作领域的办法，在google上搜索到。虽然搜索器有很多种，在气候变化报道领域，google可能是最好用的，一方面是因为它拥有google scholar这一学术研究引擎，另一个是在于其检索到的国际资源要比百度等竞争对手多很多，而气候变化作为一个新兴学科，很难想像一个该领域知名的专家没有任何国际背景。

那么该选择哪一位专家采访呢？

从议题出发，查找该领域的研究，作为记者，可以看看在这个领域中，或者在探讨这个话题的学者中，谁的学术名头最大，所在机构最为显赫。虽然这并不能确保记者可以收获最有价值的采访，但学术名头往往代表着其他人的认可和该研究者本人的人脉关系。至少通过该研究者，记者可能获得该去采访谁的推荐。

如前一节所述，阅读科研论文可以找到科学家的联系方式，至少是电子邮件。在大多数情况下，把电子邮件输入谷歌，可以很方便地找到作者的办公室电话。

确定了采访对待，找到联系方式后，需要对确定目标进行采访。如果采访对象是科学家，事先发一个电子邮件介绍你的目的和问题还是很有必要的，有些时候，科学家们会直接用邮件回复你，但如果这是一个比较重要的采访，即便你已经获得了想要的大部分信息，仍然有必要通过电话甚至当面进行采访。因为只有这样，才能让被采访的科学家知道你不仅仅是知识的索取者，也是一个很重要的知识贡献者，当然要想成为后者，非常积极的思考是很有必要的。

该采访的时候，要问些什么问题呢？非常重要的一点是让被采访对象知道，你已经掌握了其研究的意义，至少是强烈希望了解这一点。了解具体的研究内容应该从属于这一点。在此基础上，可以进一步提出的问题是“既然这是一个非常重要的问题，那么何以你的课题组能做出这一发现（因为重要，所以其他人也在该领域耕耘）?”如果在提问前吃透了作者研究的实质性内容（即便不了解实验细节），那么还可以问的问题是“你收获这一成果所使用的科研方法的局限性何在?”紧跟着的一个非常重要、但很容易提出来的问题是，“这一重要成果应该在实践上如何应用?”以及“你下一步的工作计划?”那么自然紧跟着的一个问题就是“在实践上应用其瓶颈因素在哪里?”

盖瑟·库克在其《期限报道》（Embargoed report）一文中，还为没有时间充分阅读论文的记者提出了下述建议：

当记者没有时间去准备问题时可以这样问：它有什么新颖之处？哪些是

陈旧的？其重要性在哪，原因何在？谁将对其持有异议？基于何种证据？谁资助了该项研究？下一步会做什么？我还应该采访哪些人？你跟他们有何种关系，为什么你会对此感兴趣？迟些时候，包括在晚上，我怎么联系你？①

下面以实际的采访过程为例来说明此问题。

案例一：前面介绍过的文章：气候研究模型“普遍忽视褐碳粒子”［科学与发展网络（*SciDev. Net*）2008 年 8 月 15 日］

http://www.scidev.net/zh/news/zh-132743.html

美国科学家近日发现东亚地区的空气污染带中富含褐碳粒子，并且呼吁应该更新科学研究模型，以加强褐碳对大气致暖作用的研究。现今普遍采用的气候变化模型一般侧重于两种大气气溶胶颗粒——有机碳和黑碳的研究。作为大气气溶胶的重要组成部分，这两种颗粒物主要来源于化石燃料和生物质燃料的燃烧。

黑碳气溶胶对太阳辐射有强烈的吸收作用，对大气的暖化作用明显，而有机气溶胶对于光线的吸收基本可以忽略不计，其暖化效果微乎其微。联合国政府间气候变化委员会已经宣称黑碳在全球变暖中所起的实际作用比科学估算的要严重得多。但是来自美国亚利桑那州立大学的副教授皮特·克洛泽尔声称，现在所广为运用的研究大气颗粒物致暖效应的模型非常单一，没有考虑到不同来源所产生的大气颗粒物致暖效果差异非常大。

针对这一研究，笔者通过电子邮件向作者提出的部分问题如下，并同时分析了提出这些问题的原因：

① 盖瑟·库克《期限报道》，选自《科技记者报道指南》，P107。

| 问题 | 说明 |
| --- | --- |
| 这一研究结论在多大程度上可以改写和影响 IPCC 的结论? | 强调了其研究意义和重要性，同时有助于全面了解该研究的内容。此外，将其与 IPCC 相联系非常重要，因为气溶胶是一个公众并不十分熟悉的问题，而大家都知道 IPCC 在做气候变化的评估报告。 |
| 这一研究结论与此前 *Science* 上发表的黑炭致暖效应被低估有何一致性? | 发现科研之间的联系，同时体现记者对该领域的长期关注，便于对话。 |
| 这是一个非常重要的问题，那么何以你的课题组能做出这一发现? | 找出该研究的独特性，此问题有可能收获非常具体的研究细节。 |
| 这一重要成果应该在实践上如何应用? | 进一步提升研究意义，同时让作者找出重要性。 |
| 该发现在实践应用上的瓶颈是什么? | 帮助被采访对象呼吁，容易得到对方好感，同时一些瓶颈性因素可以联系到新的采访对象。 |
| 下一步的研究计划? | 对于科学家来讲，这个结果非常重要。科学家都愿意继续对已有成果进行研究。 |

案例二：

《中国青年报·冰点周刊》的记者则从自身实践的角度提出了获得生动报道的办法，那就是对一些日常的新闻和消息作一些深度的阐发。比如 2007 年春节前北京发布了一个科技新闻，北京的科学家通过对北京郊区石花洞中石水的研究，揭示了北京多年的气温变化规律。很多媒体作了很简短的报道。《冰点》记者在看到新闻发布会的内容之后产生了更多的问题。比如说石水是埋在地下的，怎么和气温建立起联系呢？并且这种研究是否科学呢？是怎么重建的这种关系？《冰点》记者访问了这位科学家，起初这位科学家拒绝采访，因为他认为记者什么都不懂。但是记者花了三天时间去研究这位科学家在这个领域里发表的所有论文，发现了他在建立这种研究的过程当中，曾经和另一些气候学派引起过争论，并且发现了石水研究派的一些错误，同时这个研究已经做了19年。当记者把这些问题提出来，再向他采访，最后到报道出来的时候，这个专家就非常信服。后来他给《冰点》记者发了一封电子邮件，说“科学报道需要像你们这样严谨而负责的媒体作家”。

上面主要针对气候变化的科学报道如何进行提问展开了分析。气候变化的政经报道，在本质上也与上面的对科学问题的采访没有本质区别。核心之处都在于，要迅速把握一个事务的重要之处，并通过采访了解其重要意义。

在面临一项经济活动或政策进行报道时，首先要考虑的是该项目或政策的可应用性，执行的瓶颈，时机（为何是现在而不是早先或更晚），其对现有活动的影响和冲击，该项目或政策的可持续性等等。如果站在中国的角度，还有一点很重要，是要了解类似项目或政策在国外的情况及其与中国的对比。

## 四、气候变化议题采访的模拟训练

2009年10月21日，“气候酷派”系列活动进行了“国际气候谈判与气候变化的未来”媒体报道研修班。会议进行了两场模拟新闻发布会，分别邀请大自然保护协会（TNC）专家张小全博士和气候组织大中华区研究总监喻捷担任模拟联合国官员，接受记者采访。

这次采访问答都非常精彩，足以成为帮助记者更好训练提问技巧的一个范本。

其中，涉及清洁发展机制（CDM）改革的新闻稿如下：

模拟新闻稿：联合国各方在哥本哈根就改革清洁发展机制达成一致意见

——具体方法论仍然需要细化

（哥本哈根，2009年12月15日）全球186个国家在哥本哈根举行的第十五次联合国气候变化会议（COP-15）上达成一致，将让清洁发展机制

（CDM）这一有助于发达国家减少温室气体排放和发展中国家更好地获取环境友好技术的机制更好地致力于最贫穷国家的发展。

新的协议将让那些最不发达的国家在承担 CDM 项目时获取更多的经核证的减排量（CER），从而鼓励它们更多地参与到 CDM 项目中。

"这项新的协议是本次气候变化大会上迄今为止最大的亮点，它让我们认识到需要把贫穷国家的发展与应对气候变化的全球性使命结合在一起，"联合国秘书长潘基文先生说。

清洁发展机制是《京都议定书》规定的三种灵活机制之一，目的是协助未列入附件一（为工业化发达国家）的缔约方实现可持续发展和有益于《公约》的最终目标，并协助附件一所列缔约方实现遵守《京都议定书》第三条规定的其量化限制和减少排放的承诺。它是基于项目的机制，由附件一国家和非附件一国家之间进行合作。减排成本高的发达国家提供资金和先进技术，在低减排成本的不承担减排义务的发展中国家实施减排项目。

通过 CDM 项目，在发展中国家实现的每吨二氧化碳当量，经过设在波恩的清洁发展机制执行机构确认后，将获得一个经核证的减排量（CER），该减排量（CER）可以算作发达国家碳排放的减少量。发达国家可以通过排放贸易——允许那些减少温室气体排放低于规定限度的国家，在国内或国外使用或交易剩余部分弥补其他排放量的一种灵活制度——进行交易。

自从《京都议定书》2005 年生效以来，CDM 已经为《京都议定书》的履约作出了巨大的贡献，同时它也促进了发展中国家获取来自发达国家的技术和资金减少其温室气体的排放。

据联合国气候变化框架公约（UNFCCC）秘书处的统计，到 2012 年为止，全球通过 CDM 实现的核准减排量将达到 29 亿吨。

到目前为止，亚洲太平洋地区，特别是中国和印度，是进行 CDM 数量最多的地区，截至 2009 年 10 月 16 日，亚太地区进行的 CDM 项目的数量，占据了全球 CDM 数量的 73.7%。相比之下，其他地区明显落后，例如，到 2009 年 10 月 16 日，整个非洲实施的 CDM 项目，只有中国核准项目数量的 1.94%。

为了更好地促进最不发达国家能更好地利用CDM来促进全球减少碳排放，全球加入《京都议定书》的186个国家达成一致协议，在易受气候变化影响的小岛国和联合国确立的49个世界最不发达国家实施的CDM项目，每实现一吨当量的二氧化碳排放，其获得的核证减排量（CER）将达到2，由2008年启动的气候变化适应基金负担其多出来的1个核证减排量。

气候变化适应基金是在2007年12月的巴厘岛联合国气候变化大会上，各方同意设立的，其经费将首先来自清洁发展机制（CDM）项目收益2%的提成。适应基金理事会暂时委托全球环境基金（GEF）秘书处提供理事会秘书处服务，并暂时委托世界银行提供基金托管服务。包括易受气候变化影响的小岛国和最不发达国家在内的发展中国家可以向理事会申报项目，提高适应气候变化能力。

为了能确保改革后的清洁发展机制能顺利实行，哥本哈根联合国气候变化会议上与会各国一致同意，将气候变化适应基金从清洁发展机制（CDM）项目收益中的提成从2%增加到5%。

“新的协议能大力促进小岛国和最不发达国家进行清洁发展机制的工作，从而让最容易受气候变化影响的国家获得更大的应对气候变化的手段”，UNFCCC秘书处执行秘书德布尔（Yvo de Boer）先生对此表示赞赏，“而且，事实证明原则性的共识可以建立在坚实的物质基础上”，德布尔补充。

目前，经新CDM执行方法产生的额外的核证减排量的补贴计价标准仍然在探讨中，探讨的核心问题是发放补贴依据的是及时市场的交易价格，还是一个固定价格。此外，与会各方也一致同意，将探讨其他发展中国家——特别是发展程度优于最不发达国家但是工业化水平仍然较弱的国家——在执行清洁发展机制时的灵活计量问题。

各方还达成一项协议，由UNFCCC秘书处设立一个小岛国和最不发达国家清洁发展机制促进委员会（The commission for advancing CDM in small island and the least developed nations），推进在小岛国和最不发达国家加速开展国家清洁发展机制的工作，其所需经费一半来自气候变化适应基金，30%来自发达国家政府资助，20%来自在小岛国和最不发达国家成功实行清洁发展机制项目的收益提成，目前并没有确定此收益具体的提成比例，具体比例将在UNFCCC秘书处组织的未来的CDM会议上继续讨论。

目前，丹麦政府和瑞典政府已经承诺分别提供2亿美元用于资助小岛国和最不发达国家清洁发展机制促进委员会的活动，其中1亿美元为无偿援助，另外1亿美元为无息贷款。

在哥本哈根会议上，各方还同意，将把CDM会议与应对气候变化的清洁技术转让更加紧密地结合在一起。目前，各方仍在拟议成立一个清洁技术转让基金，但是由于在资金来源上存在分歧，所以没有达成一致意见。

在达成上述CDM改革措施的过程中，中国和印度作为目前世界上两个实施CDM项目的国家，均发挥了积极作用。各方对其积极工作表示赞赏。

“应对气候变化需要各国的共同努力，中国和印度在有关CDM改革措施的商谈中发挥的重大作用，充分说明了这一点。”德布尔补充。

由于没有参加《京都议定书》，美国政府没有参与有关改革CDM的谈判，但是该国派遣了观察员参与了全部商谈的过程。

围绕着这个新闻发布会，与会记者进行了激烈的提问，“联合国官员”和“联合国专家”也进行了巧妙解答。其中精选内容如下：

“马尔代夫记者”：马尔代夫这个岛国现在快被淹掉了，正在买土地，我想问这对我们这个快要淹掉的国家有什么好处？还有一个问题，中国以前CDM项目最多，是不是以后对中国人也有什么不好的影响？

编者点评：这个问题问得非常好。首先从对新项目产生的受益国角度提问，随后又从项目改变之前最大的受益国角度提问。回答也很精彩，从多个角度阐述了该改革的影响和意义。通过这样有针对性和挑战性的提问，记者非常容易引出如下结果：1. 容易获得对该项目的精彩评论，作为报道中的直接引语；2. 得到一些没有在新闻稿中体现的潜台词和可能采取的政策措施或执行措施。

“联合国清洁发展机制专家”（资深独立气候分析师喻捷扮演）：马尔代夫这个问题需要联合国研究，这个问题非常严重，联合国秘书长潘基文也非常重视，在其他一些补偿，包括怎么样解决小岛国将来移民的问题上，希望有更多的国际平台讨论合作机制，周边国家可能会接受一些小岛国的移民。

您刚才问到中国是不是在CDM新的改革中受损失？我的理解是这样的，我们现在涉及的机制是用经济的力量来进行一些调整，我们知道可能在一些最不发达的地区，本身工业化的程度比较低，减排的机会也比较少，而且用农业减排的话，交易成本比较高，但获得的减排额又比较少，从市场来说价值不高。所以，我们希望用倍数减排额这样新的机制，能够鼓励最不发达国家能够有一些调整和吸引这样的投资。

但是，中国仍然是世界上最大的快速发展中国家，和印度一样，它的工业化的进程中会产生非常多的减排机会，我们知道现在中国和印度这些发展中国家已经形成清洁发展机制成熟的行业，一条龙的服务，应该说企业还是比较愿意在这些国家投资的。以后可能这些发展中国家可以利用自己在清洁发展机制方面积累的经验和资源，到非洲开设办事处，中国的专家或者公司能够为非洲带去相应的服务，培训当地的人员，可能会有一些影响，但是未来中国的清洁发展机制的前景还是比较良好的。

"潘基文"（《财经》杂志科学编辑方玄昌扮演）：CDM和马尔代夫是有关系的，在2007年的时候已经谈出了一个适应基金，这个适应基金目前的主要来源是项目的提成，大概2%，适应基金是帮助像马尔代夫这样受影响最严重的国家和地区。今年的会议关于适应基金也正在谈判，明天有一场关于适应基金的发布会，希望记者继续关注。

关于中国CDM的份额会不会减少的问题，这其实也是这次会议大家最关注的问题，就是我们能不能达成一个2012年以后新的减排协议，如果说能够达成，而且是在原来的框架下，那CDM总项目的盘子还会增加，这样的话整个中国和印度总的CDM项目量会增加，所以我们非常希望三天以后达成新的协议。

"《金融时报》记者"：我想知道这个新的CDM协议的达成会对碳价格的走向有什么影响？既然这个盘子大了，是不是碳就不值钱了，你们能不能够给出预测？

"《印度时报》记者"：我想问，我们在《京都议定书》第一阶段减排期，手里压了一些碳，第二期开始了，我们手里压的碳还算不算数了？

编者点评：这两个问题非常专业，从一项政策性的改革转入到对市场的影响，这是气候变化相关领域特别需要关注的。另一方面，这也表明气候变化的政治、经济和科学彼此有很紧密的关系。在报道这个话题时，媒体不能限于自己专业的“口”。

“联合国清洁发展机制专家”：第一个问题，刚才潘秘书长提到的盘子做大是需求大了，就是整个发达国家如果它的承诺由第一期的像欧盟8%，如果提高到20%、25%的话，需求大了，供给不变，价格就会上升，如果需求大了，供给也大了，可能会有一个价格平衡的作用。后面要看发展中国家在做清洁发展机制上将来的内容有没有突破，从项目的清洁发展机制扩展到打包的清洁发展机制，或者有其他创新的扩大市场的形式。当然，我们希望碳价能够在中长期有一个稳步上升的趋势，我们一方面要创新，但是另一方面也不想给发展中国家有太大的压力，所以从长期来看应该是向好的。我们今天这个协议的达成，因为非洲刚刚起步，它的市场份额还比较小，应该说影响不会太大。

第二个问题，是目前我们悬而未决正在谈判的问题，我们是希望给市场一个信号，一个稳定的市场信号，因为我们觉得长期的气候协议不只是《京都议定书》一期、二期或者哥本哈根，它应该是到2050年长期的协议，应该让投资者放心，你的第一阶段，碳作为一种减排额、作为一种商品是长期有效的。

记者：碳的交易如果平均计算的话，一个交易的完成大概需要多长时间？

“联合国清洁发展机制专家”：很遗憾地告诉您，在这两年项目运作的周期是越来越长了，这一方面和项目开发的发展中国家的积极性很高有关系，另一方面，虽然联合国的清洁发展机制执行理事会也作出了很大的努力，人员已经扩张了十倍，但还是不能跟上项目发展的步伐。所以，现在一般的周期大约是一年半，我们也觉得这个有点对不起市场，因为投资者的积极性非常高，现在都在排队，我们不能够及时地签发、及时地批复，也是市场中大家抱怨比较多的一个方面，我们争取在下一阶段，《京都议定书》之后对执行理事会进行一个大的改革，能够提高效率。

"《西藏人民日报》记者"：我是来自西藏人民日报的记者。对于中国这么大的国家，西藏在中国占了很大的面积，西藏按照经济发展水平来看的话，我们这个地区应该是属于最不发达国家，我们西藏也没有工业，但是我们享受不到利益，因为我们一个CDM项目都没有。

"联合国清洁发展机制专家"：西藏仍然是中国领土的一部分，既然中国的谈判代表在谈判现场没有激烈地提出这个问题，我们希望将来内部消化吧。

主持人：就这个问题我想补充一下，实际上涉及到发展中国家确定一个不同待遇的时候，像中国、印度这样地区差异非常大的国家，在很多问题上会出现这样的问题。我想目前国际政治的主体还是只能以国家为单位，从另一个角度来讲，应该调整好你自己国家内部发展的差距，这首先是一个国家自己的责任和自己的义务，其次才是国际社会考虑的问题。国际社会目前还是以国家为单位，或者是以独立的地区为单位进行考虑。

编者点评：这个问题很重要，因为它涉及到一个国家内部的利益分配问题。从提问的角度而言，这样的问题让讨论进一步深化。在一场新闻发布会中，记者的问题及其对这个问题的回答，并非就是提问记者一定要报道的。有时候，这些问题能激发深入的讨论，从而产生更加有深度的新闻报道。

"《美国时报》记者"：我来自《美国时报》。刚才潘基文秘书长已经说过了，在这种谈判的体系下，各个国家是不是在统一的碳价格下进行交易，如果不是统一的，碳排放之间的转移，比如发达国家碳价格比较高的话，发展中国家碳价格比较低的话，是否可以从发达国家向发展中国家生产碳排放比较大的工业方面的碳转移。

"潘基文"：实际上CDM设计的初衷就是不仅对发展中国家有利，对发达国家也是有利的，可以帮助它降低减排的成本。价格的话，CDM本身就是一个市场的机制，所以不会有一个固定的价格，这样是违反设计的初衷的。

我想在这里再呼吁发达国家不只是降低减排成本，同时也转让一些发展中国家需要的技术，这也是我们 CDM 项目的初衷。

“《人民日报》记者”：我是来自中国《人民日报》的记者。中国虽然在 CDM 方面已经实施了很多项目，但是目前为止，并没有通过 CDM 获得特别多非常好的低碳的技术，在诸位专家和诸位谈判代表考虑 CDM 新机制的时候，是否考虑过如何更好地通过 CDM 来促进技术转移的问题?

编者点评：这个问题非常重要，从一项政策性的改革转入到该政策对更根本问题的解决上。能问出这样的问题，一方面体现了提问者对于此问题很熟悉，另一方面则表明，提问者一直在关注着气候变化谈判与技术转移这样的谈判的核心问题，后者是生产有影响力文章的基础，而出现了一项新的改革政策，则可以成为生产这样文章的由头。

“联合国清洁发展机制专家”：技术转移的问题也是我们这一轮谈判核心的问题，从我们执行理事会的理解来看，技术转移有几种不同的定义，一个是知识产权的转让，一个是低碳技术在发展中国家大幅度大规模的应用，发展中国家可能是得到更多低碳技术知识产权，我们从联合国的角度来看，是希望全球能够用更低的成本实现更多的减排。所以，政府首先不能够干预知识产权本身的运作，但是政府可以通过清洁发展机制来降低发展中国家运用低碳技术的成本，给它以某种补贴，这也是技术应用或者技术渗透、扩散的概念。

关于清洁发展机制，我觉得它是一个交易机制，它所能做的是以价格为杠杆来启动交易，您刚才提到的第一层面的技术转让，应该是在另外的联合国的平台上，在共同愿景的平台下会有更多的讨论，今天的发布会就不涉及了。

“《财迷日报》记者”：我是《财迷日报》的记者，我们那边觉得有更多的利益驱动会比较快地推动政策实施，也就是说如果有企业参与进去效率会更高。宏观上讲都是国家层面上来操作这些东西，背后有没有具体的企业，哪家企业或者哪种类型的企业去操盘?

“联合国清洁发展机制专家”：操盘可能是指控制，企业控制市场，参与市场。要看各个国家给电力行业、高耗能企业都分配了排放的指标和额度，每个企业都有一个碳票，它如果超额排放的话就需要去买，如果达到本身指标的话可以出让排放额度。企业行为在其中是市场的主体，对于其他一些企业来说，政府也有其他的措施，比如说通过碳税，比如说通过其他的政策激励手段，对企业有一些激励和约束，越来越多的企业正在制定碳的战略。

因为中国现在只参与清洁发展机制方面的碳交易，所以目前来说，应该是一些减排潜力比较大的中国企业，比如说钢铁、水泥、余热利用、风力发电企业、小水电企业等等参与程度比较高，未来随着清洁发展机制的改革，可能会有更多的机会，包括建筑节能的机会、交通节能的机会参与市场，要看下一阶段谈判得出的成果。

"英国《泰晤士报》记者"：我来自英国《泰晤士报》。我们跟中国做了很多CDM的交易，我们有一点担忧CDM我们给了钱之后项目的监测，因为我们在这边不是很能控制，不知道CDM机制是不是可以作出约束？

"联合国清洁发展机制专家"：您提的问题非常好，涉及到CDM里第三方核证的问题，我们现在正在加紧对第三方认证的考核，如果发现什么问题，我们会采取相应的措施。

编者点评：上述的精彩问答，对于记者进行气候变化相关报道很有启示借鉴价值。从上述的问题中，我们可以总结出：由于气候变化的影响非常广泛，那么碰到一项新的政策，我们立刻就可以思考它对相关国家的影响、对相关产业的影响、对已经存在的市场的影响、对企业参与的影响、对国家内部利益分配的影响、对技术转移的影响，对进一步谈判内容的影响等等诸多方面。每个方面都可以深入展开，合在一起，对一项新政策、新项目的报道就可以形成一篇深入的文章。

## 第四节　气候变化新闻的相关问题

### 一、如何处理气候变化报道中遇到的各种问题

在关于气候科学的报道里，就像IPCC中出现的词汇，很可能、可能、

几率。但是记者在报道中这么写，读者可能就没有兴趣。怎么去处理这样的问题呢？

最重要是首先要吃透语言，如果“可能”，那么很可能概率应该是 20%、30%或者是 100%，吃透这个语言之后，要看一看这个科学报告（论文）是谁写的，从报道里找到作者的名字，找到有关这个问题的专家并采访他，引用他的话。引用本国人的话非常重要。如果说我们还是心存疑问的话，就需要反复求证，要把报道里面的理论、论据做扎实。

从新闻报道的角度讲，这不仅仅是个理解专业术语的问题。为什么有术语，不同的人群对信息的精确程度不一样。比如，为什么需要用弹性系数来解释能源问题呢？因为研究能源专业的人需要就专业问题进行探究，而我们写给公众看，就没有必要让公众接触许多专业术语，因为这个高或者是低对于他们没有意义。但是，作为我们记者或者是传播者来讲，需要明白专家说的专业术语，并且把专业术语用通俗语言传递给大家，这时候可能用通俗术语讲的过程中，很可能会丧失掉部分信息的精确性，但是我们要考虑，我们不是将信息传递给专家，所以，有些信息不一定达到非常精确的程度。

气候变化报道中，由于涉及到很多专业问题，很难迅速完成稿件。对此，可以提前把一个选题摸清楚，但是不告诉编辑，在跟他交谈之前，自己先作点研究，采访一些科学家，把这些东西在数据库里面查一查，确保做的这个报道和事实没有什么抵触、是正确的。万事俱备，马上要下笔的时候，再跟编辑报稿子。

但是有一些报道会比较复杂，比如 IPCC 发表一个新的报告，你去报道这件事情的话，就要在发布这个报告的当天把报道写出来。因此这个时候的要点是，平常要跟科学家们搞好关系，加强联络，一旦这个报告发布出来，马上可以去咨询他们，让他们给出一个简单明了的解释，把报告的情况说清楚。这需要在各个领域都有一些愿意交流的科学家“备份”。

气候变化报道中，经常会涉及到科学的不确定性。尽管全球变暖已经是不争的事实，但是围绕着气候变化仍然有很多的不确定性。到底 2006 年的重庆大旱是不是全球变暖的结果？如果说暖冬的增加是全球变暖导致的，那么又如何理解2008年1～2月间出现的全国大范围冰雪天气？这些问题困扰着科学家，也同样对气候变化的新闻报道构成了挑战。

实际上，从科学上讲，气候是一段时间天气情况的平均值，既然是平均值，那么天气的波动就是正常的，在变暖的环境中出现寒冷的气候也就很好理解。而且，各种气象事件在自然发生正常波动的情况下都可能出现。以重庆的暴雨为例，在2007年7月17日，重庆的沙坪坝降水量达到262.8毫米，这是有记录以来最大的一次。几乎是每年，或者是每两年就有暴雨，但是，这么大的值，是从1892年以来出现的第一次，从趋势上来讲，这可以说与气候变化的趋势有一定关系。

记者们也同样要注意到那些趋势性的内容，并通过与科学家进行沟通来帮助受众了解短期的气象事件与变暖趋势的关系。

面对气候变暖与短期的极端气象事件的时候，记者们还要从气候变暖造成的多种效应角度来理解气象的问题。例如，全球变暖的趋势造成了空气中水汽的增多，在一定的气象条件下，水汽就可能以冰雪的形式发生。这一过程中必然与天气发生联系。水分在降下来，然后再蒸发上去的过程，与天气是有必然联系的。

由于气候变化的不确定性，记者必须时时刻刻保持警惕。必须记住一点，没有任何一个科学家是完全客观的，他们总是有自己的看法在里面。所以，当我们和科学家进行交流的时候，也要考虑这种情况，并尽可能反映气候方面的全面情况，需要采访同一领域的不同科学家，也可以采访不同领域的气候科学家，来获得对同一件事的全面看法。

面对科学不确定性的报道，需要经常与科学家进行沟通，但是这就回到了记者们经常面临的一个问题，难以找到相关科学家并与科学家交流。在现有情况下，克服这个困难还主要靠记者们自身的努力，那就是努力适应科学家的逻辑和交流的习惯，具体而言，就是要研究科学家们进行的研究，努力研习他们的论文。

在遇到需要寻找某个领域专家的时候，可以先到scholar.google.com或者万方数据（wanfangdata）中检索论文，比如用“全球碳循环”这样的关键词。找到论文后（当然这中间要经过排查）通常论文中会有第一作者的联系方式（电子邮件）。通过论文（包括综述）来寻找某个领域的研究人员是最可靠的方式。随后，再把第一作者的电子邮件输入 google，经常可以找到办公电话。即使没有，学术性的采访，事先发送一个邮件也是比较精确的方式，可以多发送几个邮件，再对回复的专家进行电话或者当面采访。这种办法的另一个好处是在与专家联系之前，你已经对这个题目以及目标专家的论述有了一定了解，比较好交流。

## 二、客观全面地对待气候变化报道

在涉及到气候变化谈判问题时，媒体报道的立场问题经常显得非常重要。实际上，气候变化报道难以把握，既有科学上的不确定性，又有政治上的敏感性，因为中国面临着减排的强大国际压力。例如，一项有关过去二氧化碳浓度导致气候升温的变化可能在政治家那里变成要求中国减排的借口。

有的专家指出，即使是权威论文，其结论仍然可能是片面的，并且会造成政治上的压力。正是因为如此，所以记者们在采访气候科学家时，经常发现科学家们出言谨慎，甚至不愿意作出评论。为此，专家建议了如下两点。

第一，引用数据的时候尽量从 IPCC 的官方报告中引用，一来这是中国政府和专家认可的数字，二来科学家们对此也比较熟悉，容易发表评论。

第二，当国际知名科学刊物报道了气候变化方面的重要论文时，不是盲目报道，而应该尽量请教中国科学家的观点，对论文中可能出现的一些极端结论进行阐释和中和。

实际上，这两点本来就应该是科学记者们遵循的基本规范，即权威数据出处和权威第三方评述。不过，难以要求记者每一篇报道都上升到国家利益的高度。只要小心处理科学问题，并尽量引述本国科学家评论性观点，应该就做到了尽职。当然，从技术上来讲，科学家们不愿意评论，那还是需要记者们尽量读一读论文，总结出一些主要结论，并尽可能把要报道的论文原文提前给科学家们看，遵循科学界的规矩。

那么，是否是说与官方口径不尽相同的研究就一定敏感得难以报道了？

实际情况并非如此。我们可以用发表在 2007 年 11 月 15 日的中国权威刊物《科学通报》上的一项研究为例对此进行说明：

气候变化促进中国的植物健康［科学与发展网络（SciDev. Net）2007 年 12 月 14 日］

http://www.scidev.net/zh/news/zh-24135.html

这一研究认为气候变暖导致了中国的植物生产力（吸收碳来生长发育的能力）有了显著提高，高于此前研究认为的全球平均提高的水平。应该说，这一研究的逻辑前提很正常，大气中二氧化碳浓度的增加和全球变暖导致植物更加活跃，从而吸收了更多的碳，这应该是很正常的一个过程。但是，这看起来与官方强调的中国将受到气候变化严重打击（从而不会回避对付气候变化的责任）有所不同，如何处理呢？

笔者认为，在科学新闻报道中，仍然要以被报道研究的科学性为前提。科学应该全面反映自然界的情况，并不一定是以政治敏感性作为前提，何况科学家们已经在公开发表的论文中全面展示了研究，记者们就更没有必要回避相关内容。

尽管如此，采访和写作中要特别考虑这项研究结论如何与通常认可的气候变化负面效应的关系。在上述的这篇文章中，笔者进行了这样的描述：这一发现并不与全球变暖造成负面影响的共识相违背；对农作物来说，植物净初级生产力的增长未必能转化为粮食产量的提高，例如，植物的茎可能比果实还要长得好。气候变化也可能在个别地区造成严重的自然灾害，这是不可能通过植物的生产力增长来抵消的。

此外，还很重要的一点是，要通过引述其他科学家评论这项研究，指出其可能具有的不足。这样做不是为了挑毛病而挑毛病，而是通过复述科学共同体交流的方法，将报道集中在科学报道的话语情境中。

在报道气候变化问题上，避免可能的政治影响的另一个需要注意的地方就是，经常请教和引述所涉及领域的本国科学家。有专家指出，由于中国科学家在国际气候研究中的力量还很薄弱，一些研究结论并没有充分反映中国科学家的研究成果，特别是当这些研究涉及到中国的情形的时候，就更应该经常引述本国科学家的观点。

避免气候变化报道带来不良负面影响的工作还要依赖记者们的敏锐思考。例如，2008年3月11日美国加州大学伯克利分校的科学家发表在《环境经济学与管理》(*Journal of Environmental Economics and Management*)上的一项研究指出，此前，包括IPCC在内的国际组织认为的中国2004～2010年间的二氧化碳排放量增幅（5%左右）可能被低估，实际上的增幅可能高达11%。研究没有利用中国能源消耗的数字来估计二氧化碳排放，而是利用各省的数字相加，但是各省是不公布能源消耗的，于是这项研究使用了各省的污染物（如二氧化硫）排放，从已知的污染物排放与二氧化碳排放的数量关系来推论实际的二氧化碳排放。

这项研究的确很创新，而且我们记者也没有能力判断研究结果是否准确。但是，即使不考虑作者们是否有政治动机［后《京都议定书》的谈判，而且作者们的研究得到了加州大学全球冲突与合作研究所（Institute of Global Conflict and Cooperation）的资助，尽管对该机构不了解，但是从机构名称看，更像一个政治方面的智库］，这项研究从逻辑上仍然有问题。试分析如下。

作者们不相信IPCC采用的中国能源消耗的数字是因为这个数字可能被低估，于是转而寻求各省数字的总和，就像各省加起来的GDP通常总是比国家统计局的高一样，但是，就像GDP一样，各省污染物的排放数字又如何可信呢？而且，中国情况这么复杂，各省的污染排放中如何能推测出一致的二氧化碳排量呢？切记，二氧化碳可不是中国界定的污染排放物，没有任何一个统计数字。再有，就算中国实际的二氧化碳排放量更大，包括IPCC在内的那么多机构，也不可能到熟视无睹的程度吧。

国内媒体并没有报道这条消息，很明显这是因为这条内容很敏感，而且也于我不利。不过，负责任的记者没有理由见到这样的消息就躲开。如上所述，即便是记者，缺乏专家的背景知识，我们也能发现一些逻辑分析的可能的瑕疵。而且，其实这条东西在国际上报道很多了，而中国的气候变化谈判主要是在国际上进行的，所以国内中文媒体报道的负面结果应该也不会太大。

也有媒体表示，从事报道的时候可能有各种限制，但是，不应该把这种限制理解为禁止报道。例如，报道气候变化的问题，“不准炒作”并不意味着不能报道。同样的事情，完全可以从中国积极应对气候变化的角度着眼。实际上，中国在这方面的确进行了大量的工作，有很多事例值得报道。而且，通过描述细节，不但可以让一篇报道更加生动活泼，也可以让该报道不会局限在一两个比较敏感的“雷区”。

## 三、“气候酷派”活动新闻采编观点总结

自 2007 年 3 月以来，英国驻华使领馆文化教育处与中国国际科技交流中心合作发起了“气候酷派”活动，至今已经在中国各地举办了近 50 场媒体研修班，超过 3000 名记者参与了“气候酷派”的媒体研修活动。

在历时 5 年的研修班中，与会专家与媒体进行了大量深入的讨论，留下了很多极有价值的观点，此处，本书总结了英国《金融时报》前任能源编辑、现牛津大学能源研究所高级研究员 David Buchan，英国 BBC 电视台时事栏目监制人 Jeremy Bristow，国际环境与发展研究所高级新闻官 Mike Shanahan，英国《卫报》前科学栏目编辑、现已退休的资深科学与环境记者 Tim Radford 以及英国《卫报》副总编 Ian Katz 五位的精华观点，供读者参考并结合本书其他内容进行思考。

### 1. 寻找碳交易的各种影响——英国《金融时报》前任能源编辑 David Buchan①

英国《金融时报》前任能源编辑、现牛津大学能源研究所高级研究员 David Buchan 指出，最好的报道角度还是应该像 IPCC 一样，采取比较平衡

---

① 根据英国《金融时报》前任能源编辑 David Buchan 于 2008 年 9 月 13 日在“中英‘气候酷派’媒体系列研修班”中的《气候变化和经济》的发言总结而成。

的论调，综合多方面科学家的意见，可以报道科学家大体一致，气候变化是由人类活动所引起的，但是还是要如实反映，科学界对于未来的发展趋势还是有很多不同意见的。

Buchan认为，在欧洲，由于那里有碳交易、碳补贴等各种交易机制，设立了很多碳交易所包括企业之间可以进行柜台交易，这使得各类企业现在对气候变化都非常感兴趣。

现在，清洁发展机制下的碳额度的交易在北京、上海已经搞起来，如果今后中国能够通过公开挂牌或者私下的方式对碳进行交易的话，这也是我们在选取环境气候变化报道时引起企业注意的一个角度。

另外，世界各地对中国的产品已经有一些保护主义的苗头，如果大家意识到中国在生产过程中碳含量、碳排放非常多的话，可能就为保护主义进一步火上浇油，使中国产品进入美欧市场更为困难。所以在低碳出口商品生产方面，我们也可以在国际贸易的角度来进行报道。

在中国的气候变化报道中，记者们可以关注技术转移方面的内容。运用新的技术对于实现低碳经济发展模式很重要，比如说外国投资者到中国来投资建厂，它没有用到最新的低碳生产技术，而是把污染或者排放转嫁到中国，寻求低成本的排放，作为记者就可以在后面打个问号，问问他为什么这么干。

**2. 时刻保持怀疑主义精神——英国BBC电视台时事栏目监制人Jeremy Bristow**①

Jeremy Bristow指出，作为一个记者，必须把气候变化本身复杂性的信息非常好地传递出来。所以，在进行报道的过程中，不仅仅是要向广大公众进行相关信息和知识的教育，还要对和我们一起工作的同事进行教育，向他们传达，因为在气候变化领域当中存在许多的不确定性，有很多的可能性，并非如我们想象的什么事情一定、确定会发生。

---

① 根据英国BBC电视台时事与新闻栏目的监制Jeremy Bristow于2008年12月10日在“中英‘气候酷派’媒体系列研修班”中的《气候变化和水资源》的发言总结而成。

作为记者，非常重要的一点是保持怀疑主义的精神，要对所有信息源持怀疑态度。比如说比较两种不同的科学家，用两种不同的模型，出来的预测是完全不一样的，甚至完全是相反的。所以，有一个关键就是对所有成文的东西都要进行双重的核实，核实它的真实性。想要做到这一点，有时候确实是非常困难的，因为有很多模型里面有预测或者猜测的因素在里面，而且记者同行往往会倾向于过度的夸张，导致很多新闻就会写得耸人听闻。这样往往会导致公众对于气候变化方面的报道失去信任。从某种程度上说，记者在进行气候变化报道时，需要创造一种新的新闻语言，因为在这个方面的报道有一个很重要的工作，就是要让受众和编辑们熟悉这里面所涉及到的不确定性。

还有另外两点，就是在制作有关气候变化片子的时候，非常需要创意，讲故事的过程中要充满创造力，通过适当的方法来抓住受众的想象力，并且通过具有创造力的方法来表达我们的意思，以及说明这个意思其中所包含的复杂性。另外一点，是一个值得尊敬的老新闻人曾说过的，他说，"最好的情况是这个报道、这个故事里有一个人或者有几个人、一群人，他们在与某些事情进行抗争，而最终他们可能是克服了这些困难。"

**3. 探索气候对健康的影响：国际环境与发展研究所高级新闻官 Mike Shanahan**①

Mike Shanahan 指出，记者面临的挑战是气候变化是一个缓慢的、逐渐发生的过程。而作为记者我们不能等着气候变化引起的灾害发生了再进行报道，这是不太现实的。所以挑战是要把这样一个缓慢的、逐渐发生的过程能够和所发生的新闻事件相联系起来。

另外，记者也需要满足听众和读者的需求，尤其是要贴合本地的读者关注的方面，比如说在非洲疟疾的爆发是很严重的，非洲离中国是非常遥远的，怎么样把非洲的疟疾和中国人联系在一起呢？一个角度是有很多的中国

---

① 根据英国伦敦国际环境与发展研究所（IIED）的高级新闻官 Mike Shanahan 于 2009 年 1 月 12 日在中英气候变化和健康媒体研修班的发言总结而成。

人是在非洲展开工作的，他们也不见得对疟疾都是完全能够免疫的。另外一方面，用来治疗疟疾的药中有一个成份是青蒿素，它是种植在中国的，而且是中国传统的中医药非常常用的东西，从这个角度来说我们就可以展开报道，为了要治疗在非洲的疟疾，中国可以向非洲出口更多的药材。另外一方面，由于气候变化也会导致这种植物本身的种植或者分布会受到一些影响，而使得大家不那么容易获得这样的药材，这都是我们可以展开报道的角度。

近些年，记者在对气候变化如何影响到人类的健康这个问题上所做的报道很少。在 Mike 所看到的有关于联合国气候变化会议的报道的 178 篇媒体文章当中，有 13000 次提到了气候变化这个词，而只有 25 次提到健康这个词，而具体讲到气候变化与健康关系的时候只有 2 次。

造成这种现象的原因在于，大多数情况下消息主要来自于企业或者是非政府组织。从企业的角度来说，他们比较愿意媒体报道关于气候变化的方面，可能是因为他们有一些商业的目的在里面，比如说他们愿意推广节能灯泡，所以会推广节能的概念。

另外，从非政府组织的角度来说，他们可能给予环境和动物的关注更多，而不是主要关注人，比如说对于北极熊会受到什么样的威胁，或者在什么地方的冰盖会受到什么影响。但对于读者来讲，大家会觉得这是很遥远的事情，跟自己没有太大的关系。

由于气候变化和健康的信息往往会让人们感到非常害怕、惊恐，而目前在关于气候变化和人类健康之间的关系问题是一个比较新的话题，所以还没有很多确定的科学方面的事实，这导致相关报道数量不大。另外一方面，由于大家目前对于减少温室气体排放的话题更加关注，而对于为了应对气候变化所采用的适应性措施的关注相对较少。

此外，气候变化与健康的问题没有得到太多的报道，因为能够有这个能力专门做这方面报道的记者是非常少的，而很多编辑由于本身不了解气候变化，便不喜欢这一类报道。但是事实上，每年受到污染影响而死亡的人在 80 万左右。有时在寻找一些双赢的结果的时候，我们会发现一些意想不到的情况，如在埃塞俄比亚，他们为了解决当地的饥饿进行了相关的水利灌溉的项目，但该项目增加了蚊子滋生的场所，使当地受到疟疾影响人数增加了7倍。

4. **应对不确定性：英国《卫报》前科学编辑 Tim Radford 观点总结**[①]

Tim Radford 指出，当对环境问题进行报道的时候，一定要掌控我们所面临的不确定性。

这个听起来可能有点自相矛盾，但事实上做环境报道的时候，不确定性确实是非常重要的话题，我们可以用心地倾听每个人的意见，但是最终我们还是要做出自己的决定，不要轻易地相信任何人的点。

环境报道涵盖面广泛，我们在进行气候变化报道时往往要报道我们没去过的地方，使用一些从我们个人角度无法核实的数据，往往要引用我们从来没有见过、从来没有听说、以后再也不会听说的研究人员给我们提供的数据，所以这里有很多的不确定性。

另外还有一些不确定性，就是我们在报道中要使用很多数据，而且我们需要在这些数据的基础上对未来进行预测。在报道的过程中，也要不断地收集证据，而证据本身就有很大的不确定性，而且我们要在这个基础上对几乎不可预测的未来做出一些判断和决策，这本身有很大的不确定因素在里面。

虽然面对这么多不确定的因素，我们必须要作出我们的报道，而且是有力的报道，因为我们必须引起公众的注意，要能够向公众非常清晰地描述当前的情况。作为一个环境记者来说，所做的工作往往可能跟陪审团的工作差不太多，也就是说我们要在一堆的证据面前作出我们自己的判断，而且往往这种证据会有自相矛盾的地方。

作为环境记者提高自己科学素养最好的办法就是多和科学家交流，仅仅是读他们所发的新闻稿是远远不够的，因为你和科学家谈得越多，写出来的报道就越有意思，能够获得的信息也会越有价值。因为要写好新闻报道的

---

① 根据英国《卫报》前科学栏目编辑、现已退休的资深科学与环境记者 Tim Radford 于 2009 年 3 月 24 日在“中英气候变化和低碳城市发展媒体系列研修班”的发言总结而成。

话，仅仅坐在办公室里是不够的，在网上搜索也是不够的，而需要和科学家去谈。通过这个过程，会慢慢地建立起信任，如果你的报道确实在科学家看来是比较准确的，符合他所说的内容，他肯定会越来越信任你的报道，在这个过程中也会成为朋友。

5. **英国《卫报》气候变化报道的情况**①

《卫报》是英国知识分子比较喜欢的报纸。作为一份独立的报纸，1980年就出版了欧洲首份关于环境问题的专版，它较早地报道气候变化，首先将其作为一个科学理论。

目前从《卫报》的角度来说，关于环境和气候变化的问题对编辑来说都应该是最重要的报道问题。同时，《卫报》也看到在这里面有很多商业方面的机会。

现在《卫报》关于气候变化问题的报道不仅仅局限于气候变化是否已经发生或者它的影响将会是多么的糟糕，其核心是关注气候变化这个问题的复杂性。因为气候变化已经变成非常复杂的问题，涉及到政治、经济等领域，所以报道不只是涉及到适应的问题和减排的问题，它涉及到生活的各个方面和各个领域。

在《卫报》专门负责气候变化报道的有 6 位记者，1 位专门负责网络版的编辑。这些人是《卫报》气候变化报道团队非常核心的人员。报社中负责能源、科学、经济以及外交事务的记者和团队，他们大概会花三分之一的时间做气候和环境方面的报道。《卫报》在气候变化报道中的一个非常核心的做法是：不仅仅告诉大家坏消息，最重要的是要向读者、向公众提供解决方案。

作为媒体，《卫报》所希望发挥的作用和角色，就是监督政府来负起责任，如果政府承诺了要做什么事情，《卫报》发现他们没有按照他们的承诺做出这样的事情的话，就会对此进行披露，而且要求政府采取措施，实现他

---

① 摘自英国《卫报》副主编 Ian Katz 在 2009 年 9 月 11 日举行的 2009 年气候变化媒体高峰论坛上就气候变化的发言。

们的承诺。

## 四、附录——对气候变化报道记者的 25 个建议

英国伦敦国际环境与发展研究所（IIED）的高级新闻官、科学与发展网络（SciDev. Net）前任新闻编辑 Mike Shanahan 博士梳理了业界多年来的气候变化报道状况，总结出记者在报道气候变化问题时应该注意的 25 个问题。在征得 Shanahan 本人同意后，本文特翻译如下[①]。

### 对气候变化记者的 25 个建议

本专题基于多年来对世界各国记者、特别是来自发展中国家的记者进行培训的资料。其中也包括了两位英国资深的科学记者 Tim Radford 和 Alex Kirby 的建议。

1. 了解你的受众。当你坐下来开始写一篇新闻时，只能考虑一个人，这个人不是你，不是你的编辑或者你刚刚采访过的人，而是你的读者、听众或电视观众。这些人你可能从来没有见过。要非常熟悉他们对于气候变化的知识水平和他们最关注的事情。如果有疑义，假定你的受众什么也不知道，但绝不要因此认为他们很愚蠢。新闻行业的经典错误是高估了受众的知识水平，但低估了他们的见识。

2. 理解基本问题。如果你对关键问题没有一个透彻的了解，你的受众也不会了解。你需要明白变暖的世界会带来什么，风险和脆弱性的区别在哪里，适应和减缓排放的差别何在。如果你不了解这些内容，可以在网络教程中进行自我培训，诸如新闻大学（News University）开发的气候变化媒体教程（http://www.newsu.org/courses/covering-climate-change）和地球新闻网络工具箱气候变化部分（Earth Journalism

① Mike Shanahan 发布于 2011 年 8 月 16 日。原文参见：http://underthebanyan.wordpress.com/2011/08/16/25-tips-for-climate-change-journalists

Toolkit：http：//earthjournalism. net/toolkit/? page_id=3)。

3. 团队作业。讲好气候变化的故事需要了解科学、政治、经济和更多内容。但没有一个人可以穷尽这所有的知识，即便超级英雄也有一个团队。所以要与其他记者进行团队合作。《泰晤士报》的记者 Eric Pooley 督促各媒体创建气候变化政策小组，包括环境科学记者、政治记者和产业与能源记者。这将会强化报道力量，兼顾各个报道视角。

4. 同时，也要做专家。要捡起一个特定的二级领域刻苦钻研，努力成为本国在该领域记者中的权威，这可以是生物燃料，也可以是与气候变化相关的保险产业，或者在农业领域如何适应气候变化，或者建筑业的低碳技术，等等。

5. 要专注。记住一条新闻只讲一件大事，而不是面面俱到。气候变化报道有一个很大的风险就是信息过量。你总是要询问最基本的问题，了解你报道的新闻对气候变化事件的开展是否有深切的影响。要小心一些诸如承诺行动或金融支持的烟幕弹。

6. 扔掉一切专业术语。你可能知道 CDM，REDD 和 UNFCCC 的意思，但你的受众并不清楚。如果你的采访对象使用术语，总是问他们如何简化语言。总是记着问他们如何向其祖母解释自己的观点。大多数专家更愿意自己给你一个简化的信息，而不是让你替他们简化。

7. 让每句话都又短又简单。使用短单词、短句和短的段落，记住没有人会因为你把事情讲得太容易理解而抗议。

8. 与同行分享并向他们学习知识。组成诸如地球新闻网络、非洲环境记者网络或各国环境与科学记者协会那样的媒体人网络，为此建立一个通讯录，当然数据库更好。好的联系人对优秀的新闻工作非常关键，你不能总是引用一个人。气候科学快速反映小组（The Climate Science Rapid Response Team）和美国地球物理学联盟的气候问答服务（American Geophysical Union's Climate Q & A Service，由 700 科学家组成等着回答你的问题）都是来支持媒体的，帮助他们获得专家对气候科学的评价。气候变化媒体伙伴组织（Climate Change Media Partnership：www. climatemedia-partnership. org）的专家列表也是一个找到新联系人的很好的地方。

9. 订阅各种邮件组。加入国际可持续发展研究所气候变化邮件列表（IISD Climate-L mailing list：http：// www. iisd. ca/email/climate-L. htm），这个列表中，数千名气候专家会分享他们最新的报告和活动信息。有关联合国气候变化谈判，你可以订阅地球谈判公告（Earth Negotiations Bulletin：http：// www. iisd. ca/enbvol/enb-background. htm）或气候行动网络（Climate Action Network：www. climatenetwork. org）或取得第三世界网络（Third World Network）讲座的政策简述。

10. 要变成一个销售专家。你的编辑需要给你版面和节目时间来报道气候变化。但温室气体不可见，气候变化是一个漫长过程，这就使得气候变化新闻难以让编辑兴奋，特别是他们不过觉得气候变化是环境新闻。所以要使用不同的视角，如气候变化与政治、商业、经济、健康、天气、农业、食物、水、贸易、旅行、生活方式和体育等方面的关系。再就是要记住一些重要的日子，在这些时间节点上进行报道，这包括国际会议召开、重要活动的周年纪念以及国际森林节等。

11. 戴上气候变化的眼镜。对每一项新政策、新发明和新生事物，都通过气候变化的透镜来观察并问两个问题，“这件事如何影响气候变化?”以及“气候变化如何影响这件事?”这样你就能为报道发现很多新的视角。要积极一点，阴沉的新闻容易遭到编辑和读者的厌倦。聚焦于解决方案而不是问题会有助于说服编辑这条新闻值得发表。

12. 记住气候变化自身可以不成为新闻。它是很多其他故事展开的场景。讲述一个动人的气候变化故事时，你甚至不需要提到气候变化这几个字。如果你不让气候变化出现在标题或导语中，你就更可能在编辑那里取胜。毕竟，典型的气候变化故事会让一批被气候变化新闻折腾苦了或者在政治上有抵触情绪的读者拔腿就走。

13. 努力进行视觉呈现。许多气候与环境新闻非常复杂，但经常能产生生动的图片，或可以用非常生动的人们的故事来说明。利用所有这些资源让你的新闻深入生活。

14. 人性化、人性化还是人性化。大多数时候，人们关注的是自己的健康、财富和孩子们的未来。气候变化与这三者相关，所以要从这些方面来想想如何讲故事。

15. 要努力准备采访。你对采访对象了解越多，对你的专题越熟悉，采访就会越成功。采访是一个平等对话的过程，而不是你跟着采访对象的思路走。要好好解释，告诉采访对象你的受众是谁、你的工作情况、交稿时限是什么以及你新闻的影响力在哪里。

16. 总是要得到第二种观点甚至第三种观点。你的采访对象可能是错的，他们可能是有偏见的。他们可能是既得利益群体。要问问自己，他们为什么要这么说，他们是否会从你对他们的报道中收获什么。要从其他机构的其他专家那里了解意见。作为记者，你有双重责任，既要确保报道内容在政治家和教授们看来是事实，也要让自己认识到这是事实。

17. 寻找真相。总是对任何你遇到的人和别人告诉你的所有事保持怀疑精神。但千万不要玩世不恭什么都不相信。不要拒绝相信别人告诉你的事情，但要让他们提供证据来支持自己的说法。要观察既得利益。记住人们会撒谎的。每个人都有动机撒谎或只是讲了部分事实。

18. 记住文章的均衡不等于公正无私。每个人都可以有自己的观点但并非都有自己的事实依据。在报道气候变化的科学和政治的时候，记住这一点非常重要。

19. 要引用各种声音。气候变化影响每个人，每个人都会用不同的方式应对。要考虑性别和代沟。气候变化影响男人和女人的方式不同。年轻人和老人都比健康的中年人更加脆弱。他们也都有不同的视角。与不同的人谈论气候变化，你就会丰富对其的理解，就会生出更多报道的想法和视角。

20. 让全球事件具有地方视角。国际会议、外国科研和别国的极端天气都可以用本地化的视角讲述，并与本地受众有关。全球各地的非政府组织、大学和科技期刊都会生产有关气候变化的新闻稿，所以联系新闻官，加入他们的邮件组，获得报道想法，并与世界同步。

21. 但不要被新闻稿诱惑。公正对待它们。很多时候记者就是用剪刀加浆糊的方式处理新闻稿，再在作者栏中加上他们的名字来发表新闻。在这么做的时候，他们对读者是不负责的。新闻稿不是一篇新闻。它只是具有新闻种子的信息，你必须要哺育它。虽然国际新闻稿可能与你有关，他们不可能是想着你的受众写出来的，总是要想办法给予它们本地化的视角，让它们与你的受众有相关性。

22. 跟上同行的脚步，你将会在国际新闻社（IPS)、路透网络、《卫报》、《纽约时报》以及 BBC 等发现非常好的国际报道，但同时，也有很多非常好的记者在为本国读者报道气候变化。利用 Twitter 和微博等社会媒体找到他们是如何讲述气候变化的，并与他们分享你的作品。

23. 赶上钱的步伐。气候变化是关于上千亿美元的新闻。适应和减缓的钱在何处？谁控制它？谁来花它？由谁来保证钱花得物有所值？谁来资助各种非政府组织和政治家？谁将损失利益？跟着钱走，你会发现好新闻具有的一切因素。

24. 记着你的受众。在结束报道之前，通读它。把你想作一个典型的读者，想象他们会问什么问题，然后在你结束报道前，在文章中回答他们的问题。

25. 记住，气候变化不只是环境问题。它是一个大得多的挑战的各种征兆之一。其他征兆也很多，包括不断减少的渔业产量、森林砍伐、污染、物种灭绝，记者们也要去解释这些问题的原因和结果。

当然，这个列表并不穷尽，还需要接受更多批评。期待读者的指正。

# 第五章　气候变化写作指南与范文点评

与气候变化新闻的采访过程一样，写作过程也充满挑战。比起其他新闻题材，气候变化报道作品要长期在确定性与不确定性、长期影响与短期影响、耸人听闻的标题与冷淡的科学事实，以及全球化变暖趋势与本地不确定情况之间挣扎。

在已经进行了成功调研和采访的基础上，记者也必须要在写作上下苦工，让自己的作品能在上述的对立中取得平衡，也要在传播科学事实的同时调动公众应对气候变化的觉悟。

本章内容结合范文的点评，为记者写作气候变化新闻报道作品提供了指南和参考。它从不同报道题材入手，随后探讨了文章结构问题，继而分别提供了导语、新闻主体和结语等部分的撰写指南，最后，本章根据题材和文章风格，精选并分析了历年来参加英国驻华使领馆文化教育处组织的“气候酷派”气候变化报道评比活动的部分优秀作品。

## 第一节　规划气候变化报道的结构

与气候变化新闻的采访过程一样，气候变化新闻的写作也应该进行仔细地规划。通过仔细地规划，可以让比较严谨的气候变化的科学解释部分合理地分布在文章中，既不会因为文字可能晦涩而影响读者的阅读，又不会因为强调文章的吸引力而偏离了科学事实。

记者不要屈从于轰动效应。记者必须常常在编辑希望的令人惊愕的大标题和科学家对不确定性的警告之间做出平衡。不要总是琢磨写出耸人听闻的报道。如知名的气候变化报道专家、Internews 机构环境项目全球负责人 James Fahn 所言，“一篇准确而有神韵的报道，比一篇让你上头版的误导性的报道更好。”

## 一、气候变化报道的文章结构

气候变化是一个政治、商业、科学、人权、能源和技术的故事，记者要利用不同的角度切入，要把新闻报道内容和有趣的人、地点和话题结合起来。当报道解决方案涉及受到气候变化威胁的栖息地、植物或动物的时候，这特别有用，可以让问题鲜活起来。

记者还可以想想如何在自己的文章里，利用对气候变化问题的民意测验，有助于解释复杂数据的图表、照片等吸引人们的注意力。记者在文章中要使用不同的消息源，既包括政府官员，也有科学家，还要包括其他利益攸关方的声音。

大多数受众很自然地想知道他们将如何受到气候变化的影响。虽然现有研究往往总是适用于大尺度趋势，而不是提供某个微观区域具体的变化，但随着气候变化日益受到关注，这样的微观研究，包括对既往气象观测记录的分析和总结，正越来越多地被转化成论文发表。它们大多数不足以构成独立报道的基础，但可以成为一篇报道中增加本地相关性的重要组成资料。

气候变化报道的作品中，往往还要采访普通公民，让那些最容易受到气候变化伤害的人们发出声音。作品需要把故事地方化，让它们具有鲜明轮廓。上述种种情况，都说明了对气候变化报道作品进行规划的重要性，可需要根据文章的体裁和编辑给予的篇幅，在文章长短、节奏、科学解释与吸引人的情节之间取得折中。

一篇典型的气候变化报道作品，往往要具有如下结构：

由比较吸引人的、可能具有本地化色彩的导语开篇，这样的开篇往往要包含交代全文主题的伏笔。比如，我们在撰写宁夏农民因为 CDM 项目用上太阳灶的新闻时，可以这么开头——祖祖辈辈砍柴做饭取暖的宁夏农民马某某开始不用愁砍不到柴了。

转入本文的主题，如果这个主题是科学性内容，那么往往要一两句话将其概括清楚，不要沉溺于讲清楚细节，这是文章后面部分的任务。比如，宁夏的农民们正在通过 CDM 机制免费获得太阳灶。

下面的两到三个单元（对于新闻来讲，就是自然段；对于特写文章，往往是几个自然段构成的一段话）可以来较为清晰地阐述主题的内容，不论它是一项科学研究成果，还是一个重要的新能源项目。以上述太阳灶项目为例，那么可以分段叙述这个项目的由来、农民的收益以及环境利好。

接下来记着以适当的方式返回到与开篇导语有关的内容中，除非在上面的两到三个单元的叙述中，已经把这一点交代清楚了。例如，在太阳灶的文章中，可以提及马某某的幸福生活，进一步展示太阳灶项目给农民带来的收益。

在此处，不论是返回到与开篇导语有关的内容，还是另起一个部分，关键是要记住，文章该有所转折了，只有这样才能构成一篇吸引人的文章的跌宕起伏的情节。

随后的转折部分，内容可以根据文章主题而千变万化。对于一个新的政策或政府提案，这里可以是讲完其作用和意义后的挑战；对于一个经济上的布局或项目，这里可以是讲完其收益和前景后，在实施上遇到的障碍；对于一个科研发现，这里也许该讲研究的不充分之处或者需要补充、扩大适应性的地方。比如，可以说，虽然马某某享用到太阳灶，但由于项目成功与否面临着挑战，可能马某某明年就不得不归还，或者马某某的村民们还享受不了这个福利。

从利用采访源的角度，如果说前面主要是让主角及其增加故事性的配角（往往是受影响的当地社区）上台表演，那么这个时候可能要轮到“反面人物或观点”出场了。虽然“反面人物或观点”出场表现的时间和长度要取决于文章整体的布局，但要撰写一篇均衡的新闻报道，“反面人物或观点”在文章中间部位出场是比较合适的。在太阳灶的案例中，到目前为止都是有关 CDM 的一路赞歌，这个时候也该讲讲其困难了。

在这个部分后，记者不能忘了“主角”，要给“主角”适当的长度回应

“反面人物或观点”的指控。实际上“主角”们不大可能完全无视“反面人物或观点”的，很多时候他们做的事情是受“反面人物或观点”的激发。但作为撰写报道的记者，错落有致地让不同的观点出场，有助于塑造文章的节奏感。当然，这个时候完全可以让第三方来回应，但第三方出场虽然看起来让文章更加生动，能体现记者的采访努力，但一定要紧扣文章的主题，不能这个时候信口开河，让读者不知所云。以报道宁夏 CDM 太阳灶的文章为案例，这个时候可以让该 CDM 开发商出来解释，遇到困难后，他们如何能坚持下去走向成功?

从出现问题，到主角回应，根据文章风格和长度，这个过程实际上可以在文章中反复出现。只要处理好过渡，处理好不同点之间的逻辑顺序，那么文章看起来会非常有节奏，读起来很有起伏感。

经过一次或几次的反复，记者可以让文章回到既定的线索上了。这样的结局可能是一个旨在孕育解决方案的问题，可能是一个提示，也可能是主角一个精彩的回应，还可能是局中人一句精彩的，并与上文有紧密相关性的引言。

当然，文章的布局有很多种方式，上面举的例子只是一种最常规的情况。但无论哪一种布局和结构，让文章按照流畅的逻辑顺序和错落起伏的阅读习惯走下来，都会让它更加精彩。

上述的文章结构可以用如下的流程图（见下页）表示：

## 二、气候变化报道的不同题材

气候变化报道的分类，与常规新闻作品并无不同，只是在不同知识领域跨度较大。我们可以把气候变化报道的作品分为消息、分析报道、特写、评论几种。

**消息**

气候变化报道的消息或短新闻，面临的主要挑战就是在有限的篇幅中，如何把一个复杂的问题交代清楚。例如，一些新的研究是对现有的 IPCC 结论的补充和修正，但要把 IPCC 的相关结论在一两句话中交代清楚并非易事。

本地化色彩的导语开篇，比如，祖祖辈辈砍柴做饭取暖的宁夏农民马某某开始不用愁砍不到柴了。

↓

当地收益的具体说明，返回到开头提到的生动角色。

↓

文章转折，内容可以根据文章主题而千变万化。对于这个CDM项目，这里可以是讲完其收益和前景后，在实施上遇到的障碍。

↓

此处可以反复把遭遇的各种挑战及应对措施罗列出来。

↓

回到主题，如何应对挑战。
挑战、应战的段落在此处可以反复几次。

↓

结局可能是一个旨在孕育解决方案的问题，可能是一个提示，也可能是主角一个精彩的回应，还可能是局中人一句精彩的，并与上文有紧密相关性的引言。

如以下这篇新闻：

气候研究模型“普遍忽视褐碳粒子”［科学与发展网络（SciDev. Net）2008 年 8 月 15 日］

http://www. scidev. net/zh/news/zh-132743. html

美国科学家近日发现东亚地区的空气污染带中富含褐碳粒子，并且呼吁应该更新科学研究模型，以加强褐碳对大气致暖作用的研究。

现今普遍采用的气候变化模型一般侧重于两种大气气溶胶颗粒——有机碳和黑碳的研究。作为大气气溶胶的重要组成部分，这两种颗粒物主要来源于化石燃料和生物质燃料的燃烧。

黑碳气溶胶对太阳辐射有强烈的吸收作用，对大气的暖化作用明显，而有机气溶胶对于光线的吸收基本可以忽略不计，其暖化效果微乎其微。

联合国政府间气候变化委员会已经宣称黑碳在全球变暖中所起的实际作用比科学估算的要严重得多。

但是来自美国亚利桑那州立大学的副教授皮特·克洛泽尔声称这种推断方式过于简单。克洛泽尔在8月8日《科学》杂志上发表的论文较为详尽地阐述了他所领导的团队在这方面的研究成果。

论文作者声称：现在所广为运用的研究大气颗粒物致暖效应的模型非常单一，没有考虑到不同来源所产生的大气颗粒物致暖效果差异非常大。

他们将现有模型加以改进，引入某种特殊电子显微镜技术，来直接测定不同碳颗粒物的光学性能。他们发现，取样自中国东部的黄海地区的大气样品里含有大量的褐碳颗粒。

“褐碳对于太阳辐射的吸收强度介于强烈吸收太阳光的黑碳和散射太阳光的其他颗粒物之间”，该论文的另一个作者詹姆士·安德森告诉科学发展网的记者。安德森是亚利桑那州立大学机械航天航空工程系的研究员。他补充说，“由于褐碳对于大气的冷暖调节作用是双向的，既致冷也致暖，所以整体而言，效果非常复杂，非常有必要将其纳入气候研究的模型里。”

位于北京的国家气候中心的研究员胡国权对这一研究表示欢迎，称该研究点明了IPCC模型的疏漏。“但是，褐碳粒子的化学结构以及尺寸大小都应该列入研究”，他说。

胡国权还补充说，因为中国和印度大量燃烧化石燃料和生物质能源，很多碳颗粒污染物都排放自这两个国家，所以发表这些颗粒物的暖化效应的研究成果必须要建立在充分研究以及小心论证的基础上。因为，这些研究结论将涉及到这两个发展中国家所承担的抗全球变暖的国际责任问题。

该文主要报道了一种新的研究视角，由此，就需要讲清楚现有研究及其不足，以及新研究带来的主要改善，而且，还要包括新研究可以具有的更加广泛的应用性。

在这种情况下，不要指望记者能在三言两语中把复杂的科学问题的来龙去脉都讲清楚。一个比较实用性的操作建议是，让被采访的科学家讲清楚其最关键的突破，然后看看这个突破所相对的原来的研究现状，是否可以在IPCC的研究结论中清楚地找到。如果自己找不到，可以让被采访的科学家帮忙。他们为了保证对自己科研的精确报道，通常会愿意帮忙。

找到IPCC报告的另一个好处，还在于IPCC报告的决策者摘要是迄今为止最权威但同时又是相对而言用最清晰的常规语言描述重要而不确定性的科学研究的一份文件。返回IPCC可以不用把所有内容都讲清楚，只要说IPCC的结论即可，这样可以让读者在需要进一步了解的时候有参照。但对于读者需要进一步了解研究来龙去脉的要求，这通常不是撰写常规新闻的记者需要满足的。

上述新闻虽然短，但同样符合本章中叙述的常规气候变化报道文章的结构，只是文章的开篇，限于内容比较短小，不能用更加戏剧化的内容，而是直接概括了所报道的科研成果的重要意义。

**分析报道和特写**

对于较长的分析报道和特写（特稿），气候变化相关话题通常是比较好的题材，因为其牵涉的领域众多，范围广泛，能为文章“写长”提供足够多的条件。当然，记者如何去把握复杂的问题，这也是一个很大的挑战。

以下面这篇《向二氧化碳宣战》（《华夏地理》2007年7月）可以有充分的理由，成为一条逻辑清晰，内容引人关注的气候变化长文章。

文章从一个乡村油脂厂写起：“什么都不用多做，每年就有100万美元的收入，天下真有这样的好事么？对河北省一个乡镇福利油脂厂的老板李敏来说，这样的好事似乎突然真的发生了。几年前，为了解决工厂经常停电减产的问题，李敏决定自己建一个小发电厂。他购买了一套400千瓦的秸秆发电设备，准备用当地最常见又最便宜的秸秆作为发电的燃料。”用天上掉馅饼来吸引读者关注其时还没有被广泛报道的清洁发展机制。

随后，文章转入到对内蒙古辉腾希勒“七个国家发改委批准的CDM风电项目，其中四个的风电厂已投入运行”的描写，因为“辉腾锡勒的风电，对于中国的CDM来说，具有开山鼻祖的意义”。

作者简短描述CDM为风电运营带来的收益后，迅速开始探讨“开山鼻祖”成功的原因，并进行了大量生动的采访。“这个项目让我们目睹了国际上对 CDM 从概念到具体、运作规则从框架到细致的过程，也见证了中国 CDM 项目从无到有，从业者从懵懂接受到积极参与的过程”。作者引述采访对象的话说道。

然而从这里，作者开始让“反面内容”登场。因为尽管“CDM 的规则让人击节赞叹的精巧之处在于，在调动人们追逐利益的同时，来减少温室气体的总体排放，主观为自己的事情，客观上成了全人类的利益”，但“这天上掉下来馅饼终究没有想像的容易下口”。在这里，作者通过中国最早一批 CDM 项目的申请成功经历，来分析从事 CDM 的艰辛与挑战。

值得一提的是，在讲“这天上掉下来馅饼终究没有想像的容易下口”的时候，作者交代了原来最开篇提到的乡镇福利油脂厂的老板李敏没有得到那每年 100 万美元的馅饼，这个不过是项目书中美好的承诺。

而作者在报道了“作为中国第一个注册成功的 CDM 项目和世界上第一个 CDM 风电项目的”辉腾锡勒风电厂后，又转入到对碳汇型 CDM 的报道，并进而采访报道了广西环江县的全世界唯一被 CDM 执行理事会批准的碳汇林。

“相对于减排项目的迅速发展，碳汇在很长一段时间都只是理论上的项目，这是因为过去始终没有一种能合理计算被储存的碳汇总量的方法学。”这就让本文报道的另外一个例子具有十足的典型性。

而从写作角度碳汇案例的另外一个典型性在于，它提供了与风电项目完全不同的主角。前者是意气风发的工程师和投资者，而碳汇项目中，发挥了重要作用的却是像“大鹏”这样的当地毛南族人，可以为我们提供非常丰富的供描写的细节。

随后，作者具体报道了中国第一个、也是当时世界唯一一个碳汇 CDM 项目的申请和注册过程。异常复杂的技术细节被融入到对这一项目申请和注册的艰辛过程的描写中，让人不易对此厌倦。

在深入报道了两个 CDM 项目后，作者转入到对参与这些项目的专家就 CDM 总体发展的采访，其中世界银行参与中国 CDM 项目的专家非常生动的话被放到了结尾："至于你说的它的意义有多大，你觉得它不大，是因为我们做的还不够。我做项目还不够大，你做的宣传还不够多。只要全球变暖这个事实还存在，科学家们的共识继续达成，我们就会探索更多的机制，寻找更有激励效应的办法，让更多的国家、企业与民众参与进来。"

整个文章以作者的第一人称撰写，用采访经历甚至还有部分主观感受来活跃内容，避免专业技术方面的枯燥。在文章结构上，作者以三个不同的案例营造了起伏跌宕的情节，还以大量精彩而平实的直接引语让文章细节变得更加生动。合在一起，该文非常全面地报道了 CDM 在中国的发展。

但作为一篇上万字的长文，该文本来仍然有更多篇幅来分析 CDM 与全球应对气候变化努力的关系，以及 CDM 在中国成长的各种因素和未来挑战，而不仅仅是个性化的描述。

根据对《向二氧化碳宣战》这篇特稿的文章选题、内容、结构和表现技巧的分析，我们可以明白一篇较长的分析报道或特稿，如何可以通过更多的细节、更巧妙的结构安排和错落有致的情节，把枯燥和专业的气候变化专业术语，融入到生动的内容中。

这篇文章也体现了本书前面探讨的 CDM 的"额外性"可以创造很多值得进行新闻报道的精彩和生动细节，但前提需要大量的现场采访，才能让这些细节活起来。

**评论**

气候变化的评论文章，一向是中国媒体的一个软肋。其原因大约在于中国媒体评论者专业能力相对缺乏，而由于气候变化离普通人生活比较远，中国没有减排义务，所以也难以充分调动起评论者的积极性，将气候变化作为观察其他新闻事件的视角。

在西方，特别是气候变化报道最为活跃的英国媒体，将气候变化作为观察事件的视角来撰写评论文章是相当常见的，这类文章的总体特点是设定了我们必须应对气候变化这样的前提，然后来评价和批评眼下所做的事情是否违背了控制全球变暖这个目标。

英国媒体的气候变化评论文章一如悠久的英国评论文章，从文字到结构，都多充满语言的调侃。特别值得一提的是《卫报》开设的“漂绿”(Greenwash)专栏，矛头直指那些给自己贴绿色标签但实际行为并没有真正低碳的公司和个人。这类文章能促进公众理性应对气候变化，识破一些市场欺诈行为。

下面是“漂绿”专栏的一些文章简介。

绿色大骗局（*The great green swindles*，英国《卫报》2008 年 10 月 23 日）

当消费者正变得日益具有环保意识的时候，公司则会花更大的力气来标榜自己是环境友好型企业。其中一些发表了夸张和荒谬的声明，另一些人则干脆撒谎。

爱丁堡机场植树项目被其巨大的碳排放所抵消（*Edinburgh airport's tree project is trampled by its carbon elephants*，英国《卫报》2010 年 4 月 1 日）

“爱丁堡机场资助儿童种植 500 棵树的计划，相比于其扩张和巨大的二氧化碳排放而言，不过是作作秀而已。”

从上述两篇“漂绿”专栏的文章结构中可以清晰地看到，气候变化的评论文章，题材不可谓不丰富。这是因为气候变化涵盖广泛，这个领域话题又新到有不少招摇撞骗者难以被识别。

气候变化的评论文章既可以完全从一般的评论套路入手，又可以聚焦在气候变化中很局部的领域，根据自己愿意，同时又符合主流科学家研究的结论进行评论和讨论。科学类文章其实也是产生评论的好去处，只是国内新闻界尚缺乏这方面的能力。请参见：

气候的突然变化（Nature Climate Change，2011，1，173）

http://www.nature.com/nclimate/journal/v1/n4/full/nclimate1166.html

对地球气候变化的质变点的早期预警，会让我们在克制气候的突然变化方面前进一步，但我们同样需要一个社会上的质变点来达到实现可持续发展的目标。

就中国的情况而言，气候变化的评论文章完全可以聚焦于国家发展与应对气候变化之间的矛盾。中国是一个大国，不得不在某种程度上尽应对气候变化的义务，同时中国又是一个发展中国家，有大量的基础设施需要建设，排放增长不可避免，而中国也是一个全世界关注的经济高速发展的国家，包括新能源产业在内的经济突飞猛进，这也成为了一个在应对气候变化过程中需要解开的结。这样复杂的矛盾和集中的关注，是最容易催生出评论的领域。而围绕着这一矛盾的各种解决方案，都可以成为评论的素材。

试参见如下文章：

应对气候变化的一种公平方法（中外对话，2008 年 7 月 30 日）

http://www.chinadialogue.net/article/show/single/ch/2259

引题：中国如何才能调和其发展与应对全球变暖的紧急行动之间的矛盾？贾鹤鹏提出了一个解决方法：先让中国的富者行动起来，其余的人紧随其后。

作为世界上经济增长最快的国家，中国在全球应对气候变化行动中发挥着主要作用。其快速的经济增长速度和巨大的能源消耗使其成为世界上最大的二氧化碳排放国之一（虽然是否为最大排放国仍有争议）。没有了这个不断发展的国家的努力参与，任何的减排手段都是不完整的。

然而同时，中国还面临巨大的发展任务。上千万人口还没有干净的饮用水，有数亿人生活的地区没有污水处理厂。中国平均每人的碳排放量大概才是美国的四分之一，不及欧洲水平的一半。这确实是一个进退两难的局面。如果中国减排减得过早，就会严重伤害该国经济发展和人民福利。然而如果中国没有作为的话，就会加速全球气候变化的灾害。

要认清这一点，我们就不能把中国考虑成一个整体，而应该考虑成它是一个由各部门、地区和力量组成的复合体。就其人均国民生产总值而言，中国确实处于发展中国家之列——就人均名义GDP来说，中国介于斯威士兰与摩洛哥之间。然而同时，中国还有数百万住着大房子开着私家车的富人。看到路易威登、劳斯莱斯此类奢侈品生产商把中国视为其最快速发展的市场，我们完全不必惊讶。因此，确实需要制造出一种机制来让那些社会阶层更高的消耗更多碳的人为应对气候变化做出更大的贡献，即使中国整体上不能做出即时的减排行动。

而且，鉴于该群体通过减少碳消耗的行为和措施产生的影响力还可能在大众中带来生活方式的转变，这会帮助改善中国当前高碳发展的模式。

从这篇评论文章中我们可以看出，即便如气候变化这样一个看似有些枯燥的领域，仍然有大量视角可以生发出评论文章来，这也正是因为气候变化虽然复杂，但其涵盖的政治、经济、社会、科学与环境等各个方面的议题，足以让我们从多个角度来深入。

## 第二节　气候变化报道不同部分的撰写

### 一、导语与文章开篇的撰写

导语作为一篇文章的开篇之笔，可以称之为整个文章的精神所在。从原则上来讲，导语尽管要起到一下子引人入胜的作用，但还要符合整体文章的风格和篇幅。导语能让报道变得鲜活，如果导语有权威性，能提出有挑战性的问题，它就可以令人心惊，让人异想天开，而且有趣，它能让复杂的东西变得好理解，还能呈现故事的另一面。

作为短的新闻报道，导语通常不适合过于绕弯子，更适合平铺直叙。在这类相对较短的文章中，导语还可以分成两种，一种是直接点出被报道的气候变化研究或项目（政策）及其核心意义：

地球应对气候变暖　自我修复速度远超预期（中国天气网，2011年5月11日）

“美国气候学家和古生物病理学家的研究显示，地球在应对气候变暖方面的自我修复速度远超此前预期。气候变化对地球运动的影响是多方面的，气候变化不仅会影响地球的自转角度，也会影响地球的自转速度。”

另一种是要在开篇中就点出该被报道的气候变化研究或项目（政策）可能具有的局限性。在后面这种情况下，意味着文章中需要有足够的支持，在篇幅有限的情况下，给予“反方人物和观点”相对足够的篇幅和重视。例如，如下这篇文章的导语：

中国企业碳信息披露尴尬“初试”背后（《财经》，2008 年 9 月 28 日）

“虽然早在 2007 年，中国政府就公布了《应对气候变化国家方案》，但看起来中国企业却并未为此做好充分的准备。”

该文将中国企业碳披露工作的不足与《应对气候变化国家方案》的执行对立起来，借此说明中国企业还没有为应对气候变化工作做出足够的准备工作。这样做的好处是，将读者所不熟悉的应对气候变化工作与《应对气候变化国家方案》建立起关联性，同时则让该政策执行的舞台上“反方人物出场”。

气候变化带来的粮食威胁（《科学新闻》杂志 2011 年第 7 期）

http://www.science-weekly.cn/skhtmlnews/2011/7/1461.html

如果未来的某一天，在粮食作物的生长季节里，白天的最高气温达到了 30℃，甚至更高，那么豆类作物首先会因难以忍受高温而减产，因为 30℃几乎是豆类作物所能够忍受的最高温度。如果温度继续上升，玉米和水稻的产量也将受到影响。粮食作物的产量降低，将会带来粮食安全等一系列问题，甚至引起恐慌。

该文实际上是要报道国际权威农业研究机构发布的一份全球气候变化对粮食安全影响的报告，但文章并未以报告直接开头，而是用了报告中生动的案例，这也不失为一种比较好的选择。

对于较长的文章，导语无疑可以做一些“花样”出来。但也不排除一些平铺直叙的写法。例如，在这篇《气候变化——科学和媒体的新战场》文章中，作者如此开题：

干细胞、核电站、水电站、化工厂、地震预报、垃圾焚烧、转基因农作物、气候变化……近几年发生的一系列热点事件的背后都能看到科学家和媒体记者为争夺话语权而大打出手，大部分民众对于主流科学家的信任度降到了历史最低点。

2010 年 2 月 26 日 19 点，本刊记者随 300 多名来自牛津大学物理系和环境科学系的教授和学生聚集在一间阶梯教室里，听 4 位资深环境记者解释英国媒体在报道气候变化问题上的立场和策略。

总体而言，这是一个非常直白的开篇导语。它的好处就是让读者节省时间，直奔主题，但这要求作者在后面的叙述中，必须把事情讲清楚，内容既直接还要引人入胜。非常直接的开题方式已经限制了文章正文中过多用生动的人物来渲染文章风格的可能性。

铺垫性的开篇有其好处，特别对于较长的文章，这样的文章有足够的篇幅，把铺垫性的内容做足而不会影响文章主旨的阐述。

在这篇名为《气候危机》（《财经》2007 年 2 月 7 日）的文章中，作者使用了间接性开篇的方式：

（2007 年）1 月 24 日至 28 日，位于瑞士东部阿尔卑斯山区的旅游小镇达沃斯，迎来了一年一度的世界经济论坛（World Economic Forum）。

度过了酷热难耐的 2006 年夏季之后，今年的达沃斯再度感受了“暖冬”，直至论坛开张前两周，小镇才迎来了第一场瑞雪。年会照例在雪花纷飞中召开，与会的各国各界要人们照例踏着积雪赶往会场。然而，2000 多名与会者却比往昔更急切、更强烈地关注着当今世界的一个重大话题——气候变化。

引人注目的德国女总理默克尔在开幕式上首开此题。今年的G8会议将于6月在德国举行，默克尔在达沃斯论坛开幕式上就明确表示，气候变化和能源安全问题，是G8（由美国、日本、德国、俄罗斯、英国、法国、意大利以及加拿大八个国家组成的“富国俱乐部”）以及欧盟面临的最重要的挑战。

3天后，1月27日，英国首相布莱尔在同一个论坛发表演讲时表示，英国将在2050年前削减60%的温室气体排放量，并呼吁国际社会采取进一步的行动。

该文开篇静中有动。在描述看似常规的达沃斯会议情景的时候，把各国政要对气候变化的高度关注，甚至是整个论坛对其的关注，不动声色地写出来，于无形中，已经给读者施加了一道有关气候变化的重压。

《科技日报》刊登的《今天，你减排二氧化碳了吗?》（2007年6月5日）则从民众日常的气温体验来开篇，比较容易快速切入到全球变暖的主题。

5月27日，媒体的一则天气新闻颇为抢眼：北京昨日出现37℃高温，创56年来同期最高，今年出现高温（气温超过35℃）天气时间提前半个月。

伴随着提前入夏的阵阵热浪，人们迎来了第36个“六五”世界环境日，今年的主题是“冰川消融，后果堪忧”。

如今，全球正面临着气候变暖的威胁。越来越剧烈的温室效应，将使人类遭受什么样的灾难？龙卷风、海啸和暴风雪接踵而至，人类陷入了一场空前的末日浩劫……这是好莱坞影片《后天》的“预言”。

这样的开篇，快速切入到全球变暖这个主题，而且便于进一步展开说教工作。其逻辑顺序为：56年来同期最热体现变暖——世界环境日说明该议题的重要性和及时性——进一步举例来警示人类小心气候变化的风险。这样的开篇直截了当，比较适合中国的党报风格，但缺点为确定说教风格后，很难生动地进行平视化的描写。

另一类导语用精彩的案例开篇，也能起到打动人的效果。如下面这篇文章《气候广告：用创意主张正义》（《艺术与设计》2009 年 12 月）：

“一位天真可爱的小女孩正无辜地等待绞刑时刻到来。她的处境已经极其危险了，身体悬在‘气候变化、人类影响、创意挑战’的绞架上，脚下踩着渐渐消融的冰山……如果再不设法采取措施阻止冰山融化，小女孩很快就会一命呜呼。”

这是该文所列举的多个气候公益广告中的一个，也是比较有代表性的一个，通过一种极端情形的描述，仿佛可以让读者感受到气候变化公益广告的设计者所要传递信息的急迫性。

不论哪一种开篇，其核心的原则都是在引人关注的同时，要有足够证据支持这种开篇布局。记者在撰写一篇稿件时必须始终要想到这一点。

## 二、文章主体部分的撰写

就文章的主体部分而言，气候变化的相关报道可以说和其他新闻作品一样千变万化。记者需要牢记一点，那就是文章的逻辑结构必须清晰，因为气候变化的题材涵盖各个领域，即便是纯经济报道经常也无法回避气候变化的科学问题，有时还会遇到新能源和低碳领域的技术问题，而且气候变化相关作品还经常要交待一些背景信息。在这种情况下，记者只有把握好文章的结构，使之按照一定的逻辑顺序展开，才不会让读者摸不着头绪。这一点，本书在《气候变化报道的文章结构》一节已经进行了分析和探讨。

细节描写使文章变得生动，能够将读者带入故事当中；通过提示接下来会发生什么来建立读者的心理预期，能使读者产生阅读兴趣。

背景描写可以凸现文章所描述事件的意义，可以帮助读者明白事件的因果关系，在有些情况下，背景描写还能成为文章过渡的手段。

引言，特别是直接引语也很重要，除了突出文章内容的权威性和凸现文章的生动性外，引言的一个重要的作用是实现文章不同内容的过渡与衔接。

数字是气候变化报道中经常要出现的内容，好的数字，可以让文章增加可靠性和权威性，但使用不当，则可能让文章变得枯燥。

试以如下文章为例：

变暖的西藏带来洪患隐忧（《科学时报》2008 年 10 月 30 日）

http://scitech.people.com.cn/GB/8261864.html

“日子变好了！”68 岁的布交家住西藏那曲县娘曲村，他对这几年的气候很满意。冬天不像小时候那么冷了，夏季越来越暖和，尤其是今年冬天，没有下大雪，六七月份丰沛的雨水则使草木旺盛，牛儿羊儿欢欣鼓舞地度过了一个美妙的夏季。

但是，并不是所有人都和布交老人有同样的感受。

……

那曲水患

让那么切乡书记边巴扎西最受震动的是，2004 年一些村子发生了“怪事情”：当时，边巴扎西挨家挨户去查看，发现每户房子放置炉子的地方往上冒水。牧民们不知是何原因。“这是以前从来没有过的事儿。”边巴扎西对《科学时报》说。

冒出的水在房子里结了冰，气温升高后，房内潮气上涌，一股股难闻的气味充斥了房间。很多房子的地基被水泡了，随之出现倒塌的危情。当地老人们认为，这是“老天爷非常地生气，所以变脸了”。边巴扎西很理解这些老人。他告诉记者，“老一辈人对于他们那个时代的气候变化可以说出规律，但现在他们说不出来了，所以转而求助神灵。”

他分析，“‘怪现象’是因为天气变暖，冰川消融、地下冻土层软化等因素，使地表水和地下水通过复杂地形，沿着地面薄弱的地方冒出来。”

更为严重的是冰川融水、雨水增多使乃日平错、错鄂的湖水正慢慢地溢出来，逐步淹没周边的天然草地，逼近人类的居住地。错鄂湖尤为危险，向前足足推进了 66 米，距牧民居住区仅剩 15 米。

边巴扎西列了一张清单：2004 年以后，湖水扩张，淹没了沿湖村庄近 3 万亩天然草场，有 258 户牧民受灾。在那么切乡，自家草场被淹没的牧民迁移到别的村，各村的草场都已经实行了承包制，村里留了一些公用草场，现在将这些草场分给了新迁来的牧民，由此草畜矛盾更加突出。

江村旺扎说："整个那曲中西部地区共有 117 个湖泊出现水位上涨。这里的 6 县（区）从 1990 年以来共淹没草场 158 万亩，有 1395 户、6610 人被迫搬迁，现在仍有 5000 多名牧民受到湖水上涨威胁，需要搬迁。"

但如果湖水持续上涨，将有更多的牧民需要搬迁，那时该怎么办，让他们向哪里迁移？这是地区官员们迫在眉睫的焦虑。

这篇文章用一个老牧民对"这几年的气候很满意"开头，但随即转入到地上冒水的"怪事情"，用非常有反差性的故事迅速抓住读者的注意力。而随后，作为一篇篇幅较长的特稿文章，本文并没有立刻解释这些"怪事情"，而是继续用"很多房子的地基被水泡了，随之出现倒塌的危情"等细节来讲故事。

随后，在交代这些"怪事情"的原因之前，作者卖了一个关子。"老一辈人对于他们那个时代的气候变化可以说出规律，但现在他们说不出来了，所以转而求助神灵。"这段话既显得非常贴切，道出了气候变化威胁的严峻性，已经达到了让牧民们惶恐的地步，同时又为下面进行科学的解释起到了过渡和铺垫作用。

在解释了"'怪现象'是因为天气变暖，冰川消融、地下冻土层软化等因素，使地表水和地下水通过复杂地形，沿着地面薄弱的地方冒出来"之后，作者继续描述气候变化的现实威胁。"冰川融水、雨水增多使乃日平错、错鄂的湖水正慢慢地溢出来，逐步淹没周边的天然草地，逼近人类的居住地。错鄂湖尤为危险，向前足足推进了 66 米，距牧民居住区仅剩 15 米。"

在这里值得指出的是，这一段的描述已经不只是用"怪事情"这样牧民的直接感受来描绘气候变化对当地环境的影响了，而增加了更加综合的、更加客观的描述，在本段结尾，作者还引出了两个数字。这两个数字，实际上正在将本文的叙事，从感官层面上升到具有一定科学性的陈述。

随后，文章转入到对近年来气候变化导致的更大范围的灾害的记述。

“2004 年以后，湖水扩张，淹没了沿湖村庄近 3 万亩天然草场，有 258 户牧民受灾。在那么切乡，自家草场被淹没的牧民迁移到别的村，各村的草场都已经实行了承包制，村里留了一些公用草场，现在将这些草场分给了新迁来的牧民，由此草畜矛盾更加突出。”

随后，本文则列出了一组很硬的数字：

“整个那曲中西部地区共有 117 个湖泊出现水位上涨。这里的 6 县（区）从 1990 年以来共淹没草场 158 万亩，有 1395 户、6610 人被迫搬迁，现在仍有 5000 多名牧民受到湖水上涨威胁，需要搬迁。”

试想一下，如果这组数字出现的地方是在文章开篇，虽然它可以起到立刻凸显气候变化威胁的严重性的作用，但可读性就会大幅降低，因为它直接剥夺了在气候变化影响下个体的感受，让读者会迅速把气候变化与遥远和冰冷的数字联系在一起，那样，整篇文章的可读性和打动力都会大幅降低。

而按照作者现在的叙述，则像讲故事一样，从个人的具体感受，到村中人的故事，到小范围的总结，再到整个那曲中西部地区的总结，层层递进，读者对气候变化的感受，也在这个过程中不断升华。

从案例到专家点评，这是气候变化类作品相对而言经常要碰到的情况，因为气候变化的许多内容，并没有进人公众的日常知识范畴，因此需要进行解释性叙述。这篇《变暖的西藏带来洪患隐忧》通过生动的细节和丰富的文章层次，将案例和点评进行了很好的结合。

但下面这篇文章与之相比，则缺乏案例与观点的紧密衔接。这篇文章从青年时尚消费的角度来表现能源浪费的严重性，呼吁大家重视气候变化问题，节约能源。写作的立意和视角都很有价值，但对案例的点评，仍然有待进一步提炼。

时尚青年冲动消费带来多少能源消耗（《中国青年报》2007年4月9日）

…………

“冲动是魔鬼”

复旦大学计算机系大四学生黄磊特别喜欢听歌，从最初的walkman到mp3、MD，黄磊只要看到市面上有新产品就忍不住想尝试。“现在的电子产品成本越来越低，比衣服还便宜呢，我又不怎么买新衣服的，看到喜欢的电子产品就会换。”

现在，马上就要出国，整天忙着毕业设计的黄磊又盘算着要买一台PSP，“我也知道可能没多少时间玩，但是看到它那么流行，有那么多人喜欢，还是很想拥有啊！”

在南通市一家船舶公司工作不到一年的毕力也有着他自己的喜好，搜集各种款式各种性能的耳机。喜欢听音乐的他特别注重音质，总觉得不同的耳机对音乐的表现力是不同的，于是几乎每一种他喜欢的音乐风格，都会被搭配上一款耳机，更夸张的是，他甚至会选择不同款式的耳机来搭配服饰。

“青年消费大多是冲动性消费，其实手机的主要功能就是打电话和发短信，但很多年轻人可能会为了一个炫彩外壳，甚至为了一种铃声，就要换手机。”陈迎认为，应该正确引导青年的消费观念。

“相比发达国家而言，我们正处在社会转型过程之中，城乡差异很大，在快速城市化过程中，农村的消费方式也在转向城市化，如果消费模式没有正确引导、不是可持续的话，我们就要在这个过程中付出极大代价。”陈迎说。

这篇文章主要采用了举例和专家评论的方式。文风开始轻松活泼，随即转入到专家的较为严肃的点评。整篇文章都采用了这种基调，让文章在动静之间切换。而且文章对细节较为关注，包括引入了一些时尚因素，让阅读比较轻松。

但该文美中不足的是没有将专家评论与青年时尚消费的案例进行比较紧致的衔接，这样整个文章阅读起来仍然有一定跨越度。这也是撰写气候变化类型的新闻作品特别需要注意的，因为就总体而言，气候变化作品由于其问题的紧迫性，容易形成说教性质，特别容易形成一批对气候变化先知先觉的专家对普通民众的批评行为，从文章可读性而言，这容易让文章变得刻板。

如果说，较长的文章有足够的篇幅来渲染和铺陈，报道及时事件的硬新闻，在较短的篇幅内，是否难以做到很生动的叙事呢?

对于较短的硬新闻，我们的确很难做到讲完整的故事来体现生动性，但仍然可以保留很多故事性的元素，这可以通过导语、正文中的示例、项目或研究的主要当事人的直接引语、以及不同的观点来体现。

下面这篇新闻性作品就体现了这一点。

研究表明气候变暖将使小麦玉米显著减产（《文汇报》，2009 年 11 月 12 日）

http://www.ccchina.gov.cn/cn/NewsInfo.asp? NewsId=20316

高温、暴雨、雪灾……接连不断的极端气候事件给人们心头带来一丝紧张：大自然越来越暴躁，生活在其中的人类该怎么办？昨天，世界自然基金会在京发布《长江流域气候变化脆弱性与适应性研究》报告提出，提高应对气候变化能力，主动适应气候变化，是我们采取行动的时候了！

弊：更热更干，灾害更多

全球变暖使长江流域逐步滑入“亚健康”状态，最明显的是“体温”骤升。由于气温上升，加剧了长江源区冰川与冻土的消融。据估算，长江源区的冰川面积到 2060 年将比 1970 年减少 11.6%，而同期径流将增加 28.5%——这种水量的暂时增加，背后潜伏的是更长期的干旱。对汉江流域的研究结果表明，本世纪前 50 年，该流域的降水量将比 1971～2000 年的平均年降水量减少 7%。

报告说，对于典型季风气候的长江流域而言，这种水与热的变化，使极端气候事件发生频率增加。近年来长江流域雪灾、暴雨、干旱不断，即为明证。

利：气候变暖或使水稻增产

全球变暖也并非一无是处，二氧化碳浓度的增加、更长的夏季，也许能使水稻增产。

报告指出，二氧化碳浓度升高，会产生“施肥效应”——为植物提供了更多的进行光合作用的原料，会使农作物的产量提高。气温升高使得水稻的生长期延长，若根据气候变化的具体情况，尽量将水稻种植区一熟制改为两熟制、两熟制改为三熟制，充分利用热量资源，就可提高粮食产量。

研究发现，如果只考虑气候因素的影响，气候变化将使长江流域水稻减产9%～41%，但如果同时考虑大气中二氧化碳浓度增加所带来的施肥效应，长江流域单季稻的产量总体上将呈现增产的趋势。

和水稻相似，长江中下游地区冬小麦呈增产趋势。但不容乐观的是，气候变化将使长江流域的小麦和玉米显著减产，到2080年长江流域的玉米将普遍减产，其中四川盆地中部减产幅度最大，达25%～50%。

这篇报道全文只有1000字左右。但文章用非常生动的文字，讲述了气候变化对长江流域的影响。文章出自专业的研究报告《长江流域气候变化脆弱性与适应性研究》，但文章开篇并没有直接用研究报告来开头，而是用了非常有打动性的话语：“高温、暴雨、雪灾……接连不断的极端气候事件给人们心头带来一丝紧张”。而在随后的描述中，作者首先用小标题把该报告中最精华的、也是人们最感兴趣的内容提炼出来，随后则用比喻生动地阐释研究内容，如长江流域滑入“亚健康”状态、“体温”骤升、“这种水量的暂时增加，背后潜伏的是……”等。随后，文章转入到气候变暖可能带来的正效应，作者说“全球变暖也并非一无是处”，但或使水稻增产，同时会伴随着小麦和玉米的显著减产，这也让这篇短短的1000字的报道，文章中出现多次“波折”，从而增加了故事性和可读性。

当然，如果文章能引述一些基层的案例，则故事性会更强，但考虑到这类短新闻通常要具有相当的时效性，记者要优先解决的是迅速提炼复杂和大容量的研究报告中最有价值的信息。即便没有案例，作者仍然把大量的内容，通过生动的形式简明扼要地传递出来。

并非所有与气候变化相关的报道都需要讲述生动的故事。有时列举非常有说服力的事实，也能让文章即便很短，仍然会吸引人，因为这类文章吸引人之处，往往在于其给读者提供了极为有价值的信息。

能源局局长：我国能源消费总量已占世界总量20%（新华网，2011年7月13日）

http://www.ccchina.gov.cn/cn/NewsInfo.asp?NewsId=28830

国家发展和改革委员会副主任、国家能源局局长刘铁男（7月）9日表示，去年我国一次能源消费总量超过32亿吨标准煤，能源消费总量增长过快，必须把合理控制能源消费总量摆在突出的位置。

“我国的资源禀赋不够，能源安全是我们永恒的忧患。”刘铁男说，“我国人口规模、资源禀赋和环境承受力以及可持续发展的内在要求，决定了我们不能敞开口子消费能源。”

刘铁男在9日举行的全国农村能源工作会议上说，2010年，我国能源消费总量已经占世界总量的20%，但是GDP不足世界的10%；我国的人均能源消费与世界平均水平大体相当，但人均GDP仅是世界平均水平的50%；我国的GDP总量和日本大体相当，但能源消费总量是日本的4.7倍；我国的能源消费总量已经超过美国，但经济总量仅为美国的37%。

这篇文章作为通讯社的政策报道，首先用权威人士开篇，点出了能源消费总量这个关键数字和“必须把合理控制能源消费总量”这一重要的政策诉求。随即，文章使用直接引语，并引用了比较生动的“敞开口子消费能源”这种生动形象的话语。

在随后的报道中，作者列举了中国能源消费与世界平均水平、日本和美国的比较。虽然数字较多，但并没有专业术语，而且文章列举的几个数字，可以让有需要的读者随手取用，这就足以吸引读者，继续阅读下面的政策性内容。

通过上面的分析，我们可以看到，文章不论长短，不论体裁，完全可以通过巧妙的内容设计、生动的文字表现、严谨的逻辑链条和错落有致的情节安排，表现气候变化的严峻性和应对气候变化工作的各种重要进展。

## 三、收尾与结局

对于新闻作品而言，由于篇幅、时效和版面的限制，结尾经常不容易控制，这导致很多记者并不重视新闻作品结尾。但对于一篇成功的新闻作品，特别是气候变化这种比较专业的领域，好的文章结尾可以给人们留下深刻的印象，激发读者深入思考和进一步了解相关情况的热情。

在《气候危机》（《财经》2007 年 2 月 7 日）一文中，作者这样结尾：

冰川迅速融化，海平面上升，以及各种极端性气候事件的大幅度增加，这将是一个梦魇般的场景。届时，决定人类命运的，很可能将不是历史经验，而是现在的准备程度。

虽然这一切还存在不确定性，但正如《科学》杂志所说，“这一切，都是很有可能‘真实发生的事件’（probable event），而不仅仅是‘假想中的可能性’（hypothetical possibility）。”

这篇文章在综述了气候危机带来的政治和经济的挑战后，最后的章节主要用来描述气候变化对地球环境带来的严峻威胁。而作者并不满足于陈述“威胁”，而是再次转入到文章的主题，即只有全球都迅速行动起来，才能避免气候变化的极端情形出现。这也就是“决定人类命运的，很可能将不是历史经验，而是现在的准备程度。”但随后，作者引述了《科学》杂志的观点“这一切，都是有很可能‘真实发生的事件’，而不仅仅是‘假想中的可能性’”这一结尾，将读者带入到沉重的思考中。由于本文全文上万字，信息量极大，涵盖了从气候变化的政治到经济到科学等各方面信息，匆匆一遍阅读，往往会遗漏很多信息的片段，在这种情况下，通过文章收尾之处设计引人思考的话语，对于读者而言，也是一个归纳吸收全文庞大的信息量的过程。

当然，并非所有气候变化的新闻报道都需要在形式上引导读者思考，对于新闻事件类的报道，信息相对单纯，这时的结尾，首先需要满足的，是对既有信息的强化和对被报道内容的进一步深化，这时，往往需要比较实在，但对文章整体内容会有提升的结尾，比如呼吁去执行文章中所报道的科研项目，或者指出文章中所报道内容需要进一步提高之处，或者用一句比较精彩的引言来结束文章。

下面是一些范文的案例分析。

可再生能源可以满足世界上绝大多数的能源需求［科学与发展网络（SciDev. Net）2011 年 5 月 11 日］

http://www.scidev.net/zh/climate-change-and-energy/news/zh-137768.html

Teske 补充说："这是向各国政府发出的一个邀请，让他们彻底转变他们的政策并且把可再生能源置于中心舞台。在我们迅速走向下一场气候大会——今年 12 月在南非举行的 COP17——的过程中，各国政府明显有义务着手开始工作。"

该报告的全文将于 5 月 31 日出版。

中国变暖"可能导致血吸虫病规模扩大"［科学与发展网络（SciDev. Net）2008 年 3 月 6 日］

一项新的研究表明，到 2050 年，中国不断变暖的气候可能会让该国更大面积的区域面临血吸虫病传染的威胁。

……

这组科学家还写到，他们还没有充分考虑降雨可能引起温度变化。但是，周晓农对本网络记者说："中国与全球变暖密切相关，不断增加的洪水，一定会促进血吸虫疾病传播。”

在该杂志同期发表的一篇社论中，美国凯斯西部保留地大学医学院全球卫生与疾病研究中心的 Charles H. King 说，该分析应该为将来对血吸虫流行的监控与控制提供了一个重点。

由美国布朗大学的科学家进行的另外一项研究发表在了 3 月 5 日出版的《公共科学图书馆·被忽视的热带疾病》杂志，他们说与血吸虫病有关的症状的影响比世界卫生组织当前的预测严重了 7～46 倍。

上述两篇有关新能源研究及气候变化对健康影响的新闻报道，篇幅都很短，两篇文章首先需要在有限的篇幅中交代清楚复杂的研究内容，随即，文章在结尾部分进行了升华。

在第一篇文章中，文章所报道的 IPCC（政府间气候变化专门委员会）新能源报告的发言人认为，这个报告要让各国政府彻底转变它们的政策，并把可再生能源置于中心舞台。这实际上是整个报告的基调。在文章的导语部分，该文引用了“到 2050 年可再生能源可能满足全世界将近 80%的能源供应”这一结论，用扎实的数字直接起到了结论作用。这样，该文就从开篇到结尾，实现了很好的升华，让文章所报道的科学报告从科学事实走向了决策参考。

而有关气候变化扩大血吸虫传播的文章，第一项研究止于美国凯斯西部保留地大学 King 教授的评论。在 King 的评论之前，文章指出该研究没有充分考虑到降雨因素对血吸虫扩散的影响，但随即用该研究的首席科学家的话来估计降雨因素也将具有的正效应，而 King 教授的评论则点出了该研究在实际应用中的作用，上述三点层层递进。而文章最后一段由美国布朗大学进行的完全独立的研究，其“与血吸虫病有关的症状的影响比世界卫生组织当前的预测严重了 7～46 倍”，虽然与文章主要报道的有关中国血吸虫趋势的研究没有直接关系，却能彼此构成很好的呼应。

通过上述两个案例，我们可以看到，对于新闻事件类的气候变化报道，可以通过层层递进的形式，补充重要的信息的同时，升华所报道对象的重要性。

在实际操作的过程中，特别是对于报纸的新闻作品而言，因为文章可能会被编辑临时“砍短”，所以这种递进式结尾还有一个好处是即便“砍短”后损失了文章的重要性，但不会影响其基本信息的传递。

而对于较长的特稿文章而言，正如《气候危机》一文那样，用结局来引导读者或与笔者一同思考，或与篇中人一起探索，这是大多数优秀作品的共同特点。

如下案例皆如此。

气候变化——科学和媒体的新战场（《三联生活周刊》2010 年 3 月 15 日］

http://lifeweek.com.cn/2010-03-19/0005327896.shtml

“我对气候变化问题的前景很不乐观。”布莱克说，“我认为只有地球发生巨大的灾难，比如北极冰盖真的完全融化，或者地球大气温度急剧升高等等，才会让公众改变意见。”倒是《太阳报》记者杰克逊比较乐观：“我觉得很多人在死前就能看到气候变化的部分结果，这是对公众进行科学精神培养的好机会。”

问题是，等那一天真的到来时，会不会已经太迟了？

“陆上三峡”之问：酒泉 1200 亿风电投资调查（《21 世纪经济报道》2009 年 7 月 31 日）

http://www.21cbh.com/HTML/2009-8-3/HTML_F57YESTDNYM6.html

中国风能协会副理事长马学禄对本报说，产业发展初期肯定会付出一定代价，靠市场调节会起到作用。

但在一片狂热之中，没有人留意这些微妙的信号。

风来，吹过玉门关。在酒泉，“陆上三峡”的建设已经火热展开。而在千里之外的江苏，有消息说，一个更大规划的“海上三峡”风电项目也在逐步实施中。

向二氧化碳宣战（《华夏地理》2007 年 7 月）

也许对于她们而言，CDM 和《京都议定书》是一个信念。世界越来越暖，各国需要相互依存，地球上的我们从没有一刻像现在这样需要同呼吸，共命运。

上述文章的结尾虽然全部是引导人深思的形式，但根据文章内容、风格和作者特点仍然有细微的差别。比如第一篇有关气候变化科学传播的文章，实际上反映了比较悲观的心态；而第二篇的风电调查，则在展示了大规模的陆上风电的种种问题后，一跃到正在实施的海上风电规划，其警醒的语气溢于言表；第三篇文章的作者为女性，其引人思考的同时，则不乏作者个人的感性色彩。

对于气候变化报道而言，文章结局当然并没有定规。只有结合自己的文章来巧妙构思，顺势延展，才能让读者跟随作者报道的主旨，自己去进一步地思考。

## 第三节　气候变化报道优秀作品选

自 2007 年开始，英国驻华使领馆文化教育处和中国科技部中国科学技术交流中心共同主办了气候变化报道作品推介活动，到 2010 年底，共举办了 4 届。该活动面向记者、编辑等媒体从业者和有志于从事新闻传播的研究生，4 年来评选出一大批优秀的气候变化报道者，先后有几十名获奖者得到英国驻华使领馆文化教育处的资助前往英国考察气候变化科研与应对情况或前往联合国气候变化大会举办地进行现场报道。此外，还有一大批记者分两次参加了中国国内举办的气候变化媒体绿色之旅，考察各地新能源设施和应对气候变化情况。

在这 4 年中，气候变化报道媒体推介活动也评选出一大批优秀的气候变化报道作品。本书选取的范文，大部分源自这些作品。由于本书的新闻技巧篇篇幅有限，不能对作品的全部内容进行刊登，特在此刊登5篇优秀的获奖作品的全文，供读者结合本书前面的介绍和分析，深入学习气候变化报道的实战技巧。

这5篇作品分别为原科学时报社记者王莉萍（现《财经》杂志科学与环境版编辑）发表于《科学时报》的《变暖的西藏带来洪患隐忧》，原《财经》杂志科学与环境记者王以超（现腾讯网新闻中心执行主编）发表于《财经》杂志的《气候危机》，朱焱发表于《南风窗》杂志的《气候变化中的发展鸿沟》，原《华夏地理》杂志记者吴欧发表于该杂志的《向二氧化碳宣战》，以及《三联生活周刊》记者袁越发表于该刊的《气候变化——科学和媒体的新战场》。

由于在本书的新闻技巧篇中，笔者已经从不同的方面对这些作品进行了点评，故此处只刊登这些作品原文，不再进行点评。

## 一、变暖的西藏带来洪患隐忧

王莉萍/《科学时报》2008年10月30日

http://scitech.people.com.cn/GB/8261864.html

10月26日至28日，西藏东部出现大范围的特大雪（雨）天气。这次天气是西藏有气象资料以来出现强降雪站点最多、范围最广的一次较强过程。已连续度过9年暖冬的西藏，今冬天气的变化趋势成为一个令人揪心的悬念。

事实上，伴随气候变化的加剧，西藏的地方官员们也在暗自担心这趟“气候列车”最终会将牧民带向何处，他们意识到了变化，但却苦于缺乏应对的技术。更要命的是，作为多条大江大河的源头，西藏的升温增加了下游洪灾的威胁，其程度有多严重，科学家还不能给出答案。

从今天起，本报将连续推出三篇报道，关注气候变化条件下的西藏。此为第一篇。

——编者按

“日子变好了!”68 岁的布交家住西藏那曲县娘曲村，他对这几年的气候很满意。冬天不像小时候那么冷了，夏季越来越暖和，尤其是今年冬天，没有下大雪，六七月份丰沛的雨水则使草木旺盛，牛儿羊儿欢欣鼓舞地度过了一个美妙的夏季。

但是，并不是所有人都和布交老人有同样的感受。那曲县副县长冉毅的描述很简单：“上世纪 70 年代穿厚毛衣，80 年代穿羊毛衫，去年从 5 月到 8 月我一直穿着 T 恤衫。”但他在享受温暖湿润的天气时，夹杂着恐慌，“这不一定是件好事”。

那曲地区行政公署副专员江村旺扎在接受《科学时报》采访时，甚至用了“适应危机”这个词，“我们知道气候发生了变化，或者说变得越来越暖和了，但我们心里没数，因为没有足够的技术支撑来应对这种变化。”

在西藏出现了这样一种现象：官员们面对越来越捉摸不定的气候，惴惴不安。

那曲水患

让那么切乡书记边巴扎西最受震动的是，2004 年一些村子发生了“怪事情”：当时，边巴扎西挨家挨户去查看，发现每户房子放置炉子的地方往上冒水。牧民们不知是何原因。“这是以前从来没有过的事儿。”边巴扎西对《科学时报》说。

冒出的水在房子里结了冰，气温升高后，房内潮气上涌，一股股难闻的气味充斥了房间。很多房子的地基被水泡了，随之出现倒塌的危情。当地老人们认为，这是“老天爷非常地生气，所以变脸了”。边巴扎西很理解这些老人。他告诉记者，“老一辈人对于他们那个时代的气候变化可以说出规律，但现在他们说不出来了，所以转而求助神灵。”

他分析，“‘怪现象’是因为天气变暖，冰川消融、地下冻土层软化等因素，使地表水和地下水通过复杂地形，沿着地面薄弱的地方冒出来。”

更为严重的是冰川融水、雨水增多使乃日平错、错鄂的湖水正慢慢地溢出来，逐步淹没周边的天然草地，逼近人类的居住地。错鄂湖尤为危险，向前足足推进了 66 米，距牧民居住区仅剩 15 米。

边巴扎西列了一张清单：2004 年以后，湖水扩张，淹没了沿湖村庄近 3 万亩天然草场，有 258 户牧民受灾。在那么切乡，自家草场被淹没的牧民迁移到别的村，各村的草场都已经实行了承包制，村里留了一些公用草场，现在将这些草场分给了新迁来的牧民，由此草畜矛盾更加突出。

江村旺扎说：“整个那曲中西部地区共有 117 个湖泊出现水位上涨。这里的 6 县（区）从 1990 年以来共淹没草场 158 万亩，有 1395 户、6610 人被迫搬迁，现在仍有 5000 多名牧民受到湖水上涨威胁，需要搬迁。”

但如果湖水持续上涨，将有更多的牧民需要搬迁，那时该怎么办，让他们向哪里迁移？这是地区官员们迫在眉睫的焦虑。

大雪悬念

西藏自治区气象局副局长丹增顿珠最近一直在担心今年冬天会不会出现雪灾或者异常天气。他对《科学时报》说：“昨天（西藏自治区）主席就询问我这件事，他也非常着急。”

10 月 26 日～28 日的这场大雪，似乎是丹增顿珠这一担心的提前应验。

自 1997～1998 年的大雪灾后，近几年冬天西藏地区基本没有发生大的灾害天气。根据当地老人们的经验，西藏地区大约每 10 年会有一次较大雪灾。

“这些年，西藏地区确实没有特大雪灾发生。”丹增顿珠说。自 1998～2007 年，西藏地区连续出现暖冬，冬季平均温度明显偏高。近 35 年，位居前四位的暖冬都出现在 2000 年以后。特别是去年冬季，西藏地区平均温度高出常年值 0.5～2.8℃。

丹增顿珠总结西藏地区气候变化的另一个特点是，“高海拔地区比低海拔地区增温要强，尤其在 4000 米以上地区升温最强。各个季节均表现出增暖趋势，但冬季和秋季变暖尤为突出”。

江村旺扎提供的一份气象站观测资料显示：藏北地区一次雪灾的面积往往比较广阔，一般在10万平方公里以上。藏北那曲地区的中东部是易灾区，每次遭灾都特别严重且持续时间都比较长。

早在100多年前，印度科学家已经注意到青藏高原冬天的积雪（特别是喜马拉雅山的积雪）如果多的话，来年的印度洋季风就会弱。上世纪70年代，我国科学家陈列庭和阎志新就提出青藏高原的积雪可能影响来年的长江流域和长江以南地区的降水。

利用青藏高原积雪和长江中下游降水的关系，科学家曾成功预测了1998年的大洪水。实际上，丹增顿珠已经接到来自长江中下游地区的问询，“他们十分关注今年西藏地区的积雪状况”。

冰融涌动着未知

中科院纳木错多圈层综合观测研究站离那曲仅几个小时的车程。观测站站长、中科院青藏研究所研究员康世昌在接受《科学时报》采访时说：“在纳木错流域的冰川中，扎当、拉弄、爬努、西布等冰川近30年都出现了不同程度的退缩。”

冰融给湖泊带来了丰富的补水。遥感监测显示，纳木错面积1970年1942.86平方公里，到2000年已扩张到1981.01平方公里。但由于纳木错站建站时间短，数据积累相对较少，严谨的康世昌不肯给出更多的答案。

青藏高原气候变化监测服务系统项目论证会发布的信息是：青藏高原冰川年均减少131.4平方公里，而且近年来有加速消减的趋势。高原边缘部分雪线退缩强烈，腹地逐渐趋于平衡，退缩最大距离为350米，一般为100～150米。

中科院青藏高原研究所所长姚檀栋对《科学时报》说：“过去40年里，高亚洲冰川面积减少了7%。青藏高原气候显著变暖，是导致冰川大范围退缩的主因，在降水减少地区，冰川退缩更为严重。”

冰川消融对当地的威胁是湖水上涨或形成冰碛湖。冰碛湖不时有溃决现象发生，给下游居民生活带来潜在危险。

2007年世界环境日的主题是“冰川消融，后果堪忧”，但对大部分人来说，冰川消融似乎离自己还很遥远。

但姚檀栋提出的疑问将远隔千里之外的居民也带进了冰川消融的危机中。他问：“青藏高原冰川是长江、黄河、澜沧江、怒江、雅鲁藏布江等许多大江大河的源头。冰川退缩对河水流量会造成什么样的影响？将如何影响洪水的频率与强度？青藏高原的冰川退缩对湖水上涨的影响究竟有多大？”

中国在全球变暖面前可能会特别脆弱。有科学家曾指出：冰川融化引发的洪水可能淹没上海、深圳这两大经济中心。气温升高将令居住在中国半干旱地区的一大半靠天吃饭的农民面临严峻考验。

联合国秘书长潘基文在考察了南极乔治王岛和智利国家公园后，对发生在眼下的冰川迅速融化忧心忡忡。全世界有66亿人口，有30亿左右分布在中国、印度和东南亚地区。如果青藏高原的冰川都融化为水，以后的农业生产怎么办？在去年的巴厘岛气候变化峰会上，潘基文说：“时间不多了，希望你们作出明智的决定。”

一切答案都需要科学家更多的研究。姚檀栋表示：“可能需要3年左右的时间，科学家才能找到比较准确的答案。”

## 二、气候危机

王以超/《财经》杂志2007年2月7日

全球变暖已经逐步从“幽灵般的威胁”转变为现实挑战。世界已经醒来，中国还未做好准备。

### 另一个达沃斯？

1月24～28日，位于瑞士东部阿尔卑斯山区的旅游小镇达沃斯，迎来了一年一度的世界经济论坛（World Economic Forum）。

度过了酷热难耐的2006年夏季之后，今年的达沃斯再度感受了“暖冬”，直至论坛开张前两周，小镇才迎来了第一场瑞雪。年会照例在雪花纷飞中召开，与会的各国各界要人们照例踏着积雪赶往会场。然而，2000多名与会者却比往昔更急切、更强烈地关注着当今世界的一个重大话题——气候变化。

引人注目的德国女总理默克尔在开幕上首开此题。今年的G8会议即将于6月在德国举行，默克尔在达沃斯论坛开幕式上就明确表示，气候变化和能源安全问题，是G8（由美国、日本、德国、俄罗斯、英国、法国、意大利以及加拿大八个国家组成的“富国俱乐部”）以及欧盟面临的最重要的挑战。

3天后，1月27日，英国首相布莱尔在同一个论坛发表演讲时表示，英国将在2050年前削减60%的温室气体排放量，并呼吁国际社会采取进一步的行动。

作出姿态的绝对不仅仅是政治人物。尽管包括雀巢公司CEO彼特·布莱贝克（Peter Brabeck）在内的少数企业家仍然对气候变化挑战的紧迫性心存犹疑，但越来越多的企业已经开始表现出积极的态度。从有色金属巨头美国铝业到低成本航空公司EASYJET都纷纷表示，即使政府不采取措施，商业界也有责任行动起来，应对气候变化的挑战。

粗粗统计，在本次论坛期间，有多达17个专题讨论涉及到气候变化问题。无怪乎有人说，2007年的达沃斯聚会不仅是WEF，也可算WCF（“世界气候论坛”，World Climate Forum）了。

从1990到2007

其实，对于2007年，达沃斯也许仅是个引题而已。

世界经济论坛结束后第二天，1月29日，为期四天的IPCC（政府间气候变化专门委员会）第一工作组第十次会议，就在法国首都巴黎正式开幕。工作组的联合主席之一、中国气象局局长秦大河主持了开幕式。

最让世界关注的，则是在达沃斯会议结束后的2月2日，IPCC正式拉开了发布其第四次评估报告的序幕。由第一工作组完成的第四次评估报告的科学基础部分，在正式发布之前，就被认为可能“震撼世界”。

这份由全世界超过 2500 名顶尖科学家参与并共同完成的报告指出，从 20 世纪中期至今观测的大部分温度上升，有很大的可能性（超过 90%）与人类活动产生的温室气体排放有关。这种变化，最起码在过去 1300 年中都是很不寻常的。

报告警告说，即使目前大气中二氧化碳的浓度可以稳定下来，海平面持续上涨的趋势仍然会持续数百年之久！这对于伦敦、纽约——当然也包括上海等沿海大都市而言，无疑意味着长期威胁。因为一旦格陵兰冰盖完全融化，全球海平面将上升 7 米，这几乎让地球回到了 12.5 万年前。

IPCC 成立于 1988 年，由世界气象组织和联合国环境规划署组建，职责是系统地评估与气候变化有关的科学、技术以及社会经济等信息。目前 IPCC 下设三个工作组，第一工作组负责评估气候变化的科学基础，致力于回答全球变暖是怎么发生的，以及对未来预测；第二工作组负责评估气候变化带来的影响，人类社会在这一影响面前有多么脆弱，以及应如何适应这种变化；第三工作组则希望找到具体可行的办法，来遏制或者减缓气候变化。此外，IPCC 下面还设有一个国家温室气体清单专题组，负责计算、编制各个国家能源活动、工业生产、农业以及土地利用等产生的温室气体排放量等。

今年 4 月、5 月和 11 月，IPCC 还将陆续发布第二、第三工作组所完成的第四次评估报告，以及用于决策指导的综合报告。

从 1990 年 IPCC 发布第一份评估报告至今，科学家通过不懈地努力，越来越逼近气候变化的真相：1990 年发布的第一次评估报告，初步给出了全球变暖的科学基础；1995 年的第二次评估报告，第一次清晰地指出了人类活动已经对全球气候系统造成了“可以辨别”（discernible）的影响；2001 年发布的第三次评估报告指出，“新的更强的证据显示，过去 50 年观察到的大部分变暖现象，可能要归因于人类活动造成的温室气体浓度上升”。

那些认为人类导致全球变暖仍存在科学上的不确定性的怀疑论者，也许现在可以自我怀疑了。

危险的气候

“气候，也许是科学家所面对的最为复杂的系统之一。”中国气象局国家气候中心首席科学家张称意博士说。气候不仅与人类文明的兴衰息息相关，与整个地球物种的演化也有着无法割舍的关联。

科学家们普遍认为，地球历史上几次大的生物灭绝事件，都与火山喷发或者天体撞击导致的气候剧变有关。即使如此，地球的气候与很多星球相比仍然温和得多。这一切，得益于地球有着一个得天独厚的大气层。

太阳光照射到地球表面上，带来最原始的能量之源。一部分太阳光会被大气层或者地面反射，地球在被照射之后也会以红外的长波方式向外辐射能量。大气层中的二氧化碳、水蒸汽以及一些其他气体对于这种红外辐射却有着非常强的吸收能力。地球向外辐射的能量因之在一定程度上被“截留”下来。地球表面以及靠近地面的大气层，也因而变得有如温室一般，这被称为“温室效应”（greenhouse effect）。

感谢温室气体的存在，否则今天的地球将比现在冷 33℃。这样的场景，几乎想象一下就足以让人不寒而栗。同样地，温室气体浓度的变化，也足以带来气候的巨大变化：浓度太高则“截留”了太多的热量，使得气候偏热；太低会导致“截留”的能量不足，不足以保暖。幸运的是，正如 2006 年 3 月 26 日美国《科学》杂志所指出的那样，自冰河期结束以后的 1 万多年中，地球气候保持了相对稳定。科学家认为，这为人类文明的起源以及演化提供了稳定的环境。

今天的现实却是，人类的行为正在改变着这个极其重要的“文明参数”。

科学家第一次发出人类活动可能导致全球变暖的警告，可以追溯到 1896 年。诺贝尔奖化学奖得主、瑞典化学家阿列纽斯（Svante Arrhenius）指出，每年因燃烧煤炭而产生的二氧化碳，将会造成气温的轻微上升，长期积累下去就会产生显著的影响。如果二氧化碳的浓度增加一倍，全球气温将上升 5～6℃。

虽然从19世纪末期开始，世界上一些地方就出现了全球变暖的迹象。但在当时，这仍是一个类似先知般的预言。阿列纽斯的观点当时并没有得到认同，实际上，到了1910年，多数人认定这是一个错误的理论。

从上世纪50年代开始，通过不断的科学研究和观测，人类活动产生的温室气体对气候的影响，才逐渐被主流学术界所认同。而到80年代，全球变暖已经成为最受关注的气候挑战之一。

在工业革命之前，大气层中温室气体的水平一直稳定在280ppm（ppm指百万分之一）左右。但在过去250年内，根据IPCC在2001年发布的报告，由于人类大规模的经济行为，这个浓度已经上升了31%。

在刚刚过去的20世纪，整个地球的表面温度也已经上升了0.6度。IPCC最新的报告显示，全球有记录以来最热的12个年份，有11个都出现在过去12年中。

“京都回合”

1990年IPCC第一份评估报告的发布，以及当年11月召开的第二次世界气候大会，终于把气候问题从学术界推向了国际政治舞台。

在IPCC开始为气候变化设立科学支点之后，最重要，也是最困难的，就是如何去采取行动。这不是任何一个国家的单独行动，而是整个国际社会的艰难选择。

与全球贸易谈判相比，气候谈判的难度绝对有过之而无不及。这是因为，贸易谈判对于参与者而言，往往还是有明确的即期利益可供追逐；但气候谈判对于所有参与者而言，都是看不到任何短期利益的。相反，要削减温室气体排放，就意味着要减少煤炭、石油等传统化石能源的使用，或者采用成本更加高昂的节能技术等，这都需要即期的巨大投入。

所以，气候谈判从开始就注定是一条“荆棘之途”。

1990年12月，联合国大会第一次就气候变化问题作出决议，决定就制订“气候变化框架公约”进行谈判。谈判从1991年初开始，据当时代表中国参与谈判的中国气象局原副局长骆继宾回忆，谈判异常艰苦，“经常为了一个句子，甚至两个字，都要争论上一两个小时”。

到 1992 年 6 月，在巴西里约热内卢举行的“地球峰会”上，包括中国在内的 154 个国家和地区代表，终于正式签署了第一份关于气候变化的国际性条约《联合国气候变化框架公约》（UNFCCC，下称公约）。这一公约于 1994 年 3 月正式生效，但并未提出任何约束或者强制性温室气体减排目标。

次年春天，在德国首都柏林，所有公约缔约方举行了首次会议，并且通过了《柏林授权》(Berlin Mandate)。会议决定，将通过两年的分析和评估，找出一个经济和环境兼顾的方案，来控制温室气体排放。

引人关注的是，《柏林授权》也沿袭了公约确定的“共同但有区别的责任”（common but differentiated responsibilities）原则，不考虑将发展中国家纳入到强制性减排范围内之内——尽管中国、印度和巴西等新兴经济体会逐渐成为温室气体排放大国。毕竟，这些国家经济都有着巨大的发展潜力，根据以往发达国家的经验看，这一时期总是不可避免地与污染相联系。因此，对于发展中国家而言，应对气候变化的优先程度，应该低于经济、社会发展，以及消除贫困等目标。

但很显然，这也为未来新一轮矛盾埋下了伏笔。这是后话。

1995 年正式公布的 IPCC 第二次评估报告，为气候变化提供了更加坚实的科学依据，也为谈判增添了新的压力和动力。经过激烈的讨价还价之后，1997 年 12 月，在日本京都举行的第三次缔约方会议上，各方达成了具有里程碑意义的《京都议定书》(Kyoto Protocol)。

根据议定书规定，发达国家要实现在 2012 年温室气体排放量比 1990 年降低 5.2%。其中全球最大的经济体，也是全球第一大温室气体排放国美国，则要完成降低 7%的目标。

次年 11 月，在阿根廷首都布宜诺斯艾利斯召开的缔约方会议上，本来希望把在京都悬而未决的问题做一个彻底的了断。但人们很快就发现，解决这些问题的复杂性和困难程度，远超当初的想象，于是决定推迟到 2000 年。

事实证明，两年之后在荷兰海牙，气候谈判重新变成一场政治角力。美国提出种种建议，比如允许其通过森林和农业用地对二氧化碳的吸收，来代替减排额度，并且要求进一步明确发展中国家的责任问题等。以英国为首的一些欧洲国家为了在最后时刻挽救这次会议，愿意与美国取得妥协。但在丹麦和德国等“强硬派”的推动下，欧盟整体上拒绝了美国的提议。海牙会议最终以崩溃收场。

根据原定计划，将于2001年7月在德国波恩重开谈判，但2000年底美国总统大选，共和党的布什政府上台。新政权的第一个重大国际举动，就是于2001年3月正式退出《京都议定书》。

继美国之后，在发达国家中人均温室气体排放量仅次于美国的澳大利亚也宣布退出，原因是它拒绝接受5%的削减目标，而希望在2012年把温室气体排放量（相对于1990年的）增长幅度控制在8%。

美、澳先后退出，对于《京都议定书》无疑是一个巨大的打击。也许是汲取了其中的教训，各方随后采取了更为灵活、务实的谈判策略，并最终于2001年底举行的第七次缔约方大会上，达成了《马拉喀什协议》（Marrakech Accord）。

至此，历经4年多的风雨，《京都议定书》终于具备了可操作性。但是，要真正生效，还需要至少55个成员批准，并且要求这些成员排放的温室气体总量要达到所有发达国家1990年总量的55%。

这同样也是一条漫长的道路，2005年2月16日，在100多个国家和地区陆续批准之后，《京都议定书》才终于等到了正式生效的时刻。

此时，距《柏林授权》，已经过去了几乎整整10年的时间。

### 碳交易崛起

《京都议定书》生效后的最大亮点，无疑是碳交易市场崛起。

温室气体主要由碳燃烧所致，一般用“碳交易”指代“温室气体交易”。各个减排义务国将各自的减排目标层层分解到各个产业部门和企业中，体现为每个排放主体的减排量；各个企业可以选择内部消化，也可以从市场上购买排放额度。

2005年1月，欧洲排放贸易体系（EU ETS）正式启动。欧盟委员会环境专员斯塔夫罗思迪马斯（Stavros Dimas）在接受《财经》记者采访时指出，通过这个市场，政府和企业都可以购买自己需要的碳排放额度。

他承认，由于没有任何现成的经验可以借鉴，因此初期分配给一些企业的排放额度可能超过了其实际需要，导致交易价格在2006年夏天出现了异常波动。但迪马斯对《财经》记者强调，他对这个市场充满信心。他预计，仅在2008年到2012年期间，欧盟各国政府就将在这个市场花费28亿欧元，购买5.5亿吨的碳排放额度。

数据显示，排放贸易体系极大地降低了欧盟国家兑现《京都议定书》的成本。目前，欧盟在这方面每年只需要支出29亿欧元到37亿欧元；而如果没有这一交易体系，可能支付的成本将大为提高。世界银行前经济学家尼古拉斯斯特恩（Nicolas Stern）在他去年10月完成的轰动一时的全球变暖经济影响评估报告中，也给予了这个目前全球最大的碳交易体系很高评价，认为值得在全世界加以推广。

除了发达国家内部的排放贸易体系，在2001年7月的波恩会议上达成的“灵活机制”，也发挥了积极的作用。这一机制鼓励发达国家与没有减排义务的发展中国家之间发展碳交易。

“清洁发展机制”（CDM）从2005年开始启动。这一机制鼓励发达国家提供资金和技术，帮助发展中国家减排温室气体，减少排放的数量可用于抵扣发达国家的温室气体减排量，视做本国减排指标的一部分。由于发展中国家减排成本较低，发达国家可以以较低的代价达到减排目标，发展中国家则可以得到发达国家的资金及先进技术，可谓“双赢”之举（参见《财经》2006年第21期“与CDM共舞”）。

另外一种“灵活机制”，是发达国家与中东欧转型国家之间的“联合履行”计划（JI）。这一基于具体项目的减排合作，显然也可以大大降低发达国家的减排成本。

实际上，即使在那些并未签署《京都议定书》的国家，自愿性的碳交易也蓬勃兴起。其中最为典型性的，是创建于2004年的美国芝加哥气候交易所（CCX），以及2003年启动的澳大利亚新南威尔士州温室气体减排体系

(GGAS)。

根据世界银行的统计，2005年，全球碳交易金额约为110亿美元。但在2006年前三个季度，整个交易金额就比2005年全年翻了一番。

2005年，日本的温室气体排放量比1990年还要高出8%。如果仅仅依靠内部消化，这就意味着在2012年前，日本需要削减12%的排放量，这种难度是不可想象的。但多种碳排放交易体系的存在，使得日本履约成为可能，因为它完全可以通过CDM，从中国、印度等国购买大量的减排额度。

2月1日，世界著名投资银行雷曼兄弟（Lehman Brothers）在一份报告中乐观地预测，在未来五年中，出现全球性碳排放交易体系的可能性“超过了50%”。

气候的觉醒？

全世界都在经历一场“气候觉醒”。

根据世界气象组织（WMO）的统计，2005年是1850年开始有全球气象纪录以来最热的年份之一，仅略低于1998年。但1998年，全球遭遇了百年一遇的厄尔尼诺（El Nino，因赤道海面的异常增温而造成的气候反常）现象。科学家们普遍认为，2005年的全球气温实际上已经是史上最高。

在《京都议定书》正式生效之前，年初在达沃斯举行的世界经济论坛上，气候变化已经被认为是全球面临的第三大挑战，仅排在贫困以及公平的全球化之后。7月，在苏格兰鹰谷（Gleneagle）举行的G8峰会上，气候变化也与援助非洲一起，成为最重要的话题。

这一年，在美国和中美洲，罕见的飓风夺走了超过3000人的生命，其中就包括卡特里娜（Katrina）。这场于2005年8月袭击美国的飓风，也是美国历史上造成损失最为惨重的风暴，超过1800人死于这一极端性气候事件，以百万计的人被疏散，经济损失更高达800亿美元以上。

尽管这一飓风与全球变暖的直接关系还存在争议，但不少科学家都警告说，受气候变化的影响，从长期而言，美国可能会越来越频繁地遭到高强度飓风的威胁。

事实上，虽然美国政府退出了《京都议定书》，但包括加利福尼亚在内的很多州以及城市，都制订了自己的减排计划。以加州为例，其目标是到2020年，把温室气体排放控制在1990年的水平。

虽然不管是商业界还是普通公众，对于全球变暖仍有一定的疑虑，但在美国，气候变化的觉醒已经上路了。

美国去年以来进行的几次民意调查都显示，超过七成的公众对全球变暖给予了认同，并且认为政府需要采取措施来鼓励减少温室气体排放。就连一些保守主义宗教团体，也开始呼吁政府对温室气体排放加以限制。

回想1995年，美国劳伦斯利弗摩尔国家实验室气候专家本杰明桑特（Benjamin Santer）仅仅因为参与了当年发布的IPCC评估报告，就在国内遭到了猛烈的批评，就不难明白十年间的转变是如何巨大了。

在商业界，虽然仍有埃克森美孚等能源巨头坚持强硬立场，但直面全球变暖已渐成气候。

2007年1月22日，由企业和非政府组织共同发起的“美国气候行动合作组织”（USCAP）正式成立，其成员包括了雷曼兄弟、美国铝业（Alcoa）、英国石油美国公司（BP America）、卡特彼勒（Caterpillar）、杜克能源（Duke Energy）、杜邦（DuPont）以及佛罗里达电力和照明公司（Florida Power & Light）等。该组织向将在第二天发表国情咨文的布什总统呼吁，应在尽可能短的时间内，在美国通过立法来舒缓、停止和扭转温室气体排放的增长。

耐人寻味的是，连一直宣称全球变暖在科学上还存在争议的布什，在1月23日的演讲中，也首次使用了“全球气候变化带来的严峻挑战”这样的字眼。

美国著名环保组织西拉俱乐部（Sierra Club）的国会说客梅琳达·皮尔斯（Melinda Pierce）在接受《财经》记者采访时指出，华盛顿遭遇到了有史以来最暖的一个冬天，这给了人们更多的直观感受。

当然，更重要的是，随着去年11月民主党在国会选举中胜出，整个华盛顿的政治气氛也已经开始转向了。

美国参议院前任环境和公共事务委员会主席、共和党人詹姆斯·因霍夫（James Inhofe）一直声称，所谓全球变暖是“史上最大的愚弄行为”（greatest hoax of all time）。在这种情况下，邀请《恐惧状态》（State of Fear）这样的赝科学著作的作者迈克尔·克莱顿（Michael Crichton）堂而皇之参加环保听证会，就显得再正常不过了。在民主党控制国会之后，因霍夫的主席一职由民主党人芭芭拉·鲍克索（Barbara Boxer）接替。

“人们越来越强烈地意识到，或许美国选择强制性减排最终将不可避免。”美国“保护环境”（Environmental Defense）组织国际顾问安妮·派松克（Annie Petsonk）说。

2006年10月30日，英国政府正式发布了由前世界银行首席经济学家尼古拉斯·斯特恩（Nicolas Stern）主持完成的评估报告，对全球变暖可能造成的经济影响给出了迄今最为清晰的图景：如果在未来几十年内不能及时采取行动，那么全球变暖带来的经济和社会危机，将堪比世界性大战以及20世纪前半叶曾经出现过的经济大萧条。届时，全球GDP（国内生产总值）的五分之一都有可能灰飞烟灭。

激进的欧洲已经在酝酿进一步的行动。欧盟环境专员迪马斯在接受《财经》记者专访时说，要稳定全球气候，发达国家必须在2020年前削减30%的温室气体排放量。

德国总理默克尔在达沃斯的演讲中也重申了这一目标，即拥有27个成员国的欧盟，将在2020年前完成30%的削减。这比《京都议定书》更具雄心。

中国角色嬗变

在目前的《京都议定书》框架下，中国作为全球最大的发展中国家，同印度、巴西等国家一样，不必承担强制性减排责任。相反，通过清洁发展机制（CDM）等，中国还可以获得资金和技术的支持。事实上，中国已经成为CDM项目最大的受益国，其所占的市场份额远超其他国家。

但是，在气候变化问题上，中国被推到舞台中央的时刻越来越临近了。

在达沃斯世界经济论坛上，不管是英国首相布莱尔还是德国总理默克尔，都在讲话中强调，应该建立一个包括中国等温室气体排放大国在内的新排放体系。因为在批评者看来，《京都议定书》最大的“洞”，就在于它没有对发展中国家进行任何约束。

布莱尔强调，即使英国一点温室气体都不排放，也仅能削减世界总量的2%，还不足中国在两年中的温室气体排放增量。如果没有世界上温室气体排放量最大的经济体参与，任何新的体系“都没有现实的成功可能”（earthly hope of success）。而据国际能源机构的预测，到2009年，中国就将超过美国，成为全球最大的温室气体排放国。

此前，斯特恩在接受《财经》记者专访时也强调，要稳定温室气体的水平，发展中国家也必须做贡献，即在2050年，把排放量相对于1990年的增长控制在四分之一的水平。

然而，承诺之路对于中国而言绝不容易。

实际上，中国很早就意识到了这个问题的复杂性，以及潜在的严峻程度。1990年，中国就在当时的国务院环境保护委员会下面，成立了以国务委员宋健为组长的国家气候变化协调小组，统一协调中国的气候变化对策，当然也包括外交对策。

在1998年中央机构改革之后，这一小组被重组为国家气候变化对策协调小组，由当时的国家发展计划委员会主任、现任国务院副总理曾培炎出任组长。2003年，现任国家发展和改革委员会（下称国家发改委）主任马凯成为第二任组长。

分析人士在接受《财经》记者采访时表示，该小组由原来的环保部门转到国家发改委下面，显然是中国政府认识到了《京都议定书》可能带来的长期、复杂影响，以便加强在气候谈判时的统筹兼顾。

2005年6月，叶笃正、刘东生、何祚庥、孙枢、孙鸿烈、巢纪平、吴国雄和秦大河等8位中科院院士，联名向中共中央总书记胡锦涛提出了设立国家气候变化科学特别顾问组的建议。在最高领导层批示之后，今年1月12日，中国气候变化专家委员会正式成立。无疑，由12名来自中国科学院、中国气象局、清华大学等顶尖专家组成的该委员会，将为国家气候变化对策协调小组的决策，提供更多技术层面的支持。

这种关注度的提升，并不仅仅来自外部的压力。全球变暖的影响，在中国已日渐显现。与美国首都华盛顿颇有些类似的是，在刚刚过去的1月，北京的气温也创了50年来的新高。在可能导致气温偏高的各种因素中，被放在第一位的就是“受全球变暖的大环境影响”。事实上，在过去50年内，中国东北北部、内蒙古以及西部盆地，平均温度已经上升了4℃以上。

对于拥有庞大的农业人口的中国而言，气候变化所造成的影响是显而易见的。中国农业科学院农业环境与可持续发展研究所刘颖杰博士告诉记者，山东等中国主要的冬小麦产区近年冬季气温一直偏高。如果将来这种趋势加剧的话，很可能会影响粮食产量，因为温度高造成水分蒸发严重，同时升温也对病虫害防治带来负面影响。

在过去30年中，中国境内的冰川已有八成以上出现了退缩。中国科学院院士、中国科学院地理科学与资源研究所研究员郑度曾在去年6月下旬考察了西藏波密，那里冰川退缩的速度给他留下了非常深刻的印象。他对《财经》记者说，如果冰川继续退缩，注入长江上游的径流可能就会减少。而对于西北干旱区，冰雪融水更是最重要的依靠。

郑度更大的担心，则来自全球变暖对于青藏高原的影响。在他看来，“世界屋脊”上雪盖的面积与长江中下游的洪涝灾害，有着密切的关系。

早在2000年，中国气象局国家气候中心的陈乾金研究员就发现，凡是青藏高原当年冬季多雪，次年夏天长江中下游出现洪灾的可能性超过了三分之二；凡是当年冬季少雪，次年夏天出现旱灾的可能性则超过了七成。

从去年至今，长江流域很多地区，包括重庆、四川以及江西等地，都在经历着百年不遇的旱灾，这是否与全球变暖导致的冰川退缩，甚至积雪变化有关？如果这样的话，这是否意味着就长期而言更加严峻的考验？

也许科学家还需要更多的工作来回答这些问题，但很显然，即使对于中国普通百姓而言，全球变暖已经不再是遥远的、幻影般的威胁了。

改良还是革命?

1月26日夜，达沃斯一个小而温暖的饭店，窗外是久候的雪花，咖啡厅里聚集了20多位谈兴未已的午夜漫谈者。他们当中有3位诺贝尔经济学奖获得者、一位诺贝尔物理学奖获得者和一位美国前财政部长。他们迅速地找到了兴趣的交集——气候变暖。

2003年度诺贝尔经济学奖得主罗伯特·恩格尔（Robert Engle）认为，应直接对碳排放征税；1997年度诺贝尔物理学奖得主朱棣文（Steve Chu）的看法是，虽然目前尚不可能被政客们接受，但也许可以公告将在多少年后征税，以便企业调整行为。

2001年度诺贝尔经济学奖得主斯蒂格利茨（Joseph Stiglitz）在悲叹中离题——美国在对碳征税这个议题上远远走在了欧洲后面，原因是欧洲有更好的社会保障网，而更好的保障使人们更勇于面对风险。

前美国财长萨默斯（Robert Summers）迅速把话题拉了回来，他认为征税最困难的还是如何把发展中排放大国纳入到同一个框架下：如果不对发展中国家排放征税，就可能给予其产品以不公平的竞争优势；而要把他们纳入进来，所需要的成本又可能是这些国家难以承受的。

刚刚获得诺贝尔经济学奖的埃德蒙·费尔普斯（Edmund Phelps）则指出，不一定需要全球统一的对碳排放征税框架，也许国家之间双边谈判就可以。

这场发生在达沃斯的雪夜漫谈，由此进入下一轮唇枪舌剑。

正如学者们所洞察的那样，应对全球气候变化的挑战，无论是否采取措施，都不会是免费的，“马上采取行动也许将是代价最小的”。欧盟环境专员迪马斯告诉《财经》记者。

不过，如何采取行动，这是一个问题。所有的设计，都绕不开《京都议定书》遗留下的一个“巨大黑洞”：在未来的架构中，是否应该把发展中国家包括进去？如果要的话，那么是什么时候，2012年《京都议定书》一期目标完成之后，还是更远?

换句话说，到底现在需要的是一种改良，抑或是革命?

在达沃斯，与会的联合国环境规划署执行主任阿齐姆·施泰纳（Achim Steiner）暗示，应该给中国、印度等发展中国家更多的时间，因为这实际上是“一个公平问题”（a matter of fairness）。毕竟，工业革命以来，北美和欧洲国家排放的温室气体，超过了总量的七成。

迪马斯也认为，今后的谈判还应该在《京都议定书》的框架内进行，因为现在“还看不到更好的替代方案”。当务之急，是如何使得这一机制更加有效地运行。

这也正是与会的国家发改委副主任张晓强想表达的。他在发言时称，在《京都议定书》的框架内各国应增加交流，“对话而不是谈判”。会后接受《财经》记者采访时，张承认，随着中国的现代化进程，能源消费水平必定相应增加，温室气体排放总量会增加，这个趋势是客观存在的。但他也强调，中国实际上已经在致力于节能，以及可再生能源的使用，来应对气候变化的挑战。

“不能因为环境问题，就根本不发展。要统筹兼顾环境保护和持续发展，在持续发展的过程中尽可能地节约能源。”张晓强补充说。

多位专家在接受《财经》记者采访时都表示，由于目前中国的经济增长模式尚未完成转变，资源禀赋又不同于大部分现有发达国家，加上数据和资料的缺乏，现在就预测中国需要多少的温室气体排放量，就足以支持现代化进程，仍然为时过早。

“我们当然注意到全球变暖对中国的影响，毕竟，中国不是生存在地球之外。但不管谁贸然去承诺减排目标，影响经济增长怎么办？”一位不愿透露姓名的知情人士对《财经》记者表示。

如何为“共同的地球”，承担“共同而又区别的责任”（公约确定的原则）？中间的度又在什么地方？除了可以预料到的更加艰巨、漫长的多边以及双边谈判，没有人能给出准确的答案。

正如国家气候变化对策协调小组办公室主任高广生撰文指出的那样，在全世界迄今提出的 20 多种排放权分配方案背后，各种利益的纠葛可想而知。

即使按照斯特恩的说法，要把中国 2050 年的温室气体排放总量，控制在比 1990 年高四分之一的水平，恐怕中国也难以接受。毕竟，1990 年对于发达国家已经是经济稳定增长之后的基准点，而对于中国来说，才刚刚是一个经济腾飞的起点。

据中国科技部、气象局、中国科学院、国家发改委、外交部、国家环保总局等六部委发布的《气候变化国家评估报告》称，中国在本世纪中叶基本实现现代化之前，不宜承担强制性减排义务。不过，这一分析完全基于中国的内部考虑，或许并未充分考虑到气候变化作为国际社会关心的最主要议题之一将带来的外部压力。比如说，一旦美国未来重返谈判进程，中国肯定将承受更加巨大的压力。

当然，中印等发展中的人口和排放大国，也不是没有应对之策。一些学者认为，为什么要按照国家而不是按照人均来划分碳排放配额？倘如此，即使中国成为全球第一大排放国，但人均碳排放也还只有发达国家的四分之一。

国家环保总局环境与经济政策研究中心学术委员会主任胡涛对《财经》记者表示，按照这一规则，发达国家将可以向发展中国家购买额度；后者则可以获得必要的资金和技术支持，从而有可能顺利地实现可持续发展。

但即使这样，也有人认为对于发展中国家而言仍不够公平。毕竟，这还只考虑了人均增量部分，没有考虑到存量部分。更何况，中国的地理环境、资源禀赋、经济以及贸易模式，与欧美发达国家相比，也都处于相对不利的地位。

准备好了吗？

科学家警告说，全球气候变化有可能在未来 10 多年中就接近“拐点”(tipping point)。一旦不采取措施，届时这种改变将再也无法逆转；但很显然，不管是世界还是中国，都还远未做好准备。

在达沃斯进行的现场调查就清晰地表明了这一点，有超过 55%的人认为，在人类面临的所有重大挑战中，对于气候变化的准备是最不充分的。

按照《京都议定书》，对于 2012 年之后的减排方案的谈判，应该在 2005

年就启动。虽然缔约方先后在加拿大蒙特利尔以及肯尼亚首都内罗毕召开了两次会议，但整个进展显然不能令人满意。欧盟环境专员迪马斯说，按照去年 11 月内罗毕会议的决议，各方应在 2008 年完成对《京都议定书》体系的重新评估。

联合国环境规划署执行主任施泰纳在达沃斯也发出警告，除非各国政府采取重大举措，否则新一轮的气候变化谈判几乎肯定会面临崩溃危险。

在中国，虽然政府设定了雄心勃勃的节能目标，即在 2010 年，将单位 GDP 能耗降低 20%。但从刚刚过去的 2006 年来看，每年 4%的分阶段目标无法兑现几成定局。

2006 年 12 月 26 日，科技部、中国气象局、中国科学院、国家发改委、外交部以及国家环保总局等六部委联合举行新闻发布会，正式发布了《气候变化国家评估报告》。但知情人士对《财经》记者透露，气候变化虽然很多部门都在参与，但优先级别都不高，至于对策，更是多集中在“泛泛而谈”的层面上。距离真正的可操作性，仍然有相当的距离。

2006 年下半年，北京大学环境学院院长、北大环境基金会主席江家驷一直在推动中国气候交易所的建立，以便让中国通过市场机制探索减排之路。中国气象局国家气候中心首席科学家张称意博士对此提议表示赞同。

他认为，现在距离 2012 年至少还有三四年的“窗口期”。通过这个交易所的建立和运作，中国不仅可以获得良好的经济效益，同时也可以更好地了解其在运行中的缺陷。

目前，从《财经》记者了解到的情况来看，出于多方面的顾虑，相关部门对此并不十分积极。中国目前的准备，可能连相对保守的气候危机都难以应对，更不用说“最糟糕的情境”（the worst case scenario）了。

“最糟糕的情境”并非全无可能。

根据 2 月 2 日最新发布的 IPCC 第四次评估报告，到 2100 年之前，海平面可能会上升 59 厘米左右。一般认为，IPCC 的报告要兼顾到各方的立场，往往都比较保守和谨慎。真正的情况或许更为严峻。

以学术界普遍谈论的全球变暖“正反馈循环”（feedback loop）为例，

此次报告中，只部分包括进去了水蒸汽的增温作用以及植物固碳能力的下降。随着温度升高，海洋的蒸发加剧，而水蒸气本身也是一种高效的温室气体，增温效应要远大于二氧化碳。

同样，一旦温度升得过高的话，绿色植物通过光合作用吸收二氧化碳的能力也会减弱，也会导致二氧化碳的沉降速度下降，浓度升高。

还有更多可能的正反馈机制，比如在湿地、冻土、湖泊和海洋中，存在着大量的天然气水合物以及富含碳的沉积物。而其主要成分甲烷的温室效应，要比二氧化碳高出21倍。早在2005年，美国航空航天局戈达德空间研究所的气候学家辛德尔（Drew Shindell）就警告说，甲烷对全球气候的影响，可能比IPCC之前的估计要整整高出一倍。一旦全球变暖导致永冻土退化，并且这种升温逐步传导到深水、深海的话，大量甲烷的突然释放，很可能会极大地加快气候变化速度。

冰川迅速融化，海平面上升，以及各种极端性气候事件的大幅度增加，这将是一个梦魇般的场景。届时，决定人类命运的，很可能将不是历史经验，而是现在的准备程度。

虽然这一切还存在不确定性，但正如《科学》杂志所说，这一切，都是有很可能“真实发生的事件”（probable event），而不仅仅是“假想中的可能性”（hypothetical possibility）。

辅文：全球变暖将如何改变中国？

由于人类活动的影响，中国的气候在21世纪将继续明显变暖，其中中国北方冬天的变暖趋势最为明显。

与1961年到1990年的平均气温相比，到2020年，全国年平均将升温1.3～2.1℃；2030年，年平均升温为1.5～2.8℃；到2050年，年平均升温将达到2.3～3.3℃。

作为对比，过去100年中，中国的升温幅度仅为0.5～0.8℃。

到2020年，全国年平均降水量将增加2%～3%，到2050年可能增加5%～7%。北方降水天数增加，但受到气温上升的影响，水资源短缺状况还会加剧。

如不采取任何措施，到2030年，中国种植业生产能力在总体上可能下降5%～10%。到本世纪后半期，主要粮食作物小麦、水稻以及玉米的产量，最多可下降37%。

在未来20～50年中，气候变化将严重影响中国长期的粮食安全。

由于气候暖干，三江平原湿地资源及生物多样性都将减少，濒危物种增加，大面积沼泽湿地将变成草甸湿地。

长江三角洲附近的湿地，则将受到海平面上升的威胁，导致面积减少，质量下降，潮滩地被淹没和侵蚀。

未来50年，青藏高原80%～90%的岛状冻土会发生退化，表层冻土面积会减少10%～15%。

内陆湖泊将加速萎缩，那些依赖冰川融水补给的湖泊，比西藏、帕米尔高原上的一些湖泊，可能先因冰川融水而扩大，后因冰川缩小融水减少而萎缩。

预计在未来50年中，中国西部冰川面积将减少27%。

由于气温上升，导致黄河和内陆河地区的蒸发量可能增长15%左右。因此，北方水资源短缺以及南方的洪涝灾害，都将加剧，旱涝等灾害出现的频率也会增加。

到2030年，中国海平面可能上升1厘米到16厘米，黄河三角洲、长江和珠江三角洲等地区洪水泛滥的机会增大，风暴潮的危害也会加重。沿海滩涂湿地、红树林、珊瑚群都有可能遭到破坏，咸潮入侵以及土地盐渍化都将发生。

随着热浪频袭，极端高温事件引起的死亡人数和严重疾病会增加。此外，心血管疾病、疟疾、登革热以及中暑等疾病发生范围和程度，也都会增加。

全球性高温的持续，将刺激中国的空调制冷电力消费，给电力供应带来严峻的挑战。

此外，温度升高导致冻土融化，也会影响到青藏铁路的安全。

——摘自《气候变化国家评估报告》

## 三、气候变化中的发展鸿沟

朱焱/《南风窗》2007 年 8 月 16 日

“看，这就是气候变化。从 1860 年到现在，阿莱奇冰川一直在后退。尤其是最近 30 年，消融速度加快了。”瑞士环境保护组织 Pro Natura 的负责人劳多·艾尔布莱齐（Laudo Albrecht）指着眼前的阿莱奇冰川（Aletschgletscher）说，“冰川消融没什么不一般，历史上冰川后退、前进是常有的事。但是，1893 年冰川后退了 6 米，2006 年退了 115 米，这是一个世纪以来的最高值。不但冰川的长度缩短了，冰层的厚度也在降低。导游们证实了我们的观测结果，以前进入冰川的小路都消失了，他们只好找新路。”阿莱奇冰川位于瑞士南部的瓦莱州，是阿尔卑斯山中最长的冰川，有 23 公里，冰雪消融让它以年均 50 米的速度后退，裸露出山脉表层。

最近，联合国国际减灾战略机构秘书处和媒体 21 全球记者网联合组织了五大洲的 20 多位记者，研讨、采访气候变化问题，笔者跟随记者团参加了瑞士和毛里塔尼亚的活动。阿莱奇冰川是联合国教科文组织（UNESCO）认定的世界遗产、瑞士著名的旅游胜地。谈到冰川消融产生的影响，艾尔布莱齐说：“人人都来看冰川了！靠旅游谋生的当地人住在山的另一边，他们的生活没什么影响，他们也不来看冰川。”在旅游旺季，阿莱奇冰川能吸引五六万游客，大部分是外国人。各国记者一再追问冰川消融的负面影响，艾尔布莱齐说：“这附近的水电站能获利，因为下山的水多了。”陪同记者的另一位科学家格雷戈里·格林沃德（Gregory Greenwood）博士则提醒笔者：“冰川融化增加了自然灾害发生的机会，比如雪崩和滑坡。另外，如果影响了冰川的景色，旅游业会受到影响。”

阿莱奇冰川体积巨大，如果全部融化，按照每人每天 1 升水的用量，它能供应全世界 6 年。也许正是因为冰川消融的速度不惊人，所以当地人不把它当回事。在瓦莱州采访期间，瑞士的高山牧场引起了笔者的兴趣。为了养牛，瑞士人不惜在海拔 2000 米的高山上砍树种草，而牧场的生存全靠政府补贴。20 世纪 80 年代以来，瑞士的农业补贴占农业总产值的 70%以上。于是，农民为奶牛买了保险，其中还包括空中救援。因此，直升飞机会把伤、病奶牛运到山下诊治，好了再送回高山牧场。这样的赔本买卖源于瑞士对农业自给的重视，代价再高，政府也要保证农民的收入水平，推动农业经济发展。这看上去与气候变化无关，其实，农业适应能力是气候变化对人类的最大挑战之一。对于瑞士这样的发达国家来说，农业就业人数仅占总就业人口的 5.4 %。无论从产业结构、科技水平还是资金支持来说，都有充足的资源适应气候变化。但是在发展中和欠发达国家，气候变化带来的挑战就严峻多了。

### 非洲：不一样的气候变化

告别瑞士，记者们来到毛里塔尼亚。这是一个非洲撒哈拉沙漠西部的欠发达国家，可耕种土地只占国土面积的 0.2%，大部分人口靠农牧业为生。在联合国开发计划署（UNDP）的协助下，记者团深入沙漠腹地，深刻感受了生存和发展的艰难。以能源为例，木炭仍然是老百姓烧水作饭的主要能源材料，随之而来的问题是植被破坏。烧炭就要砍树，沙漠国家里的树本来就不多，政府也规定了伐木制碳的指标，可是实践中执行不力。前文提到的格林沃德博士 20 年前曾在毛里塔尼亚工作 3 年，据他讲，当年曾有援助机构鼓励当地人用电以改变沙漠化严重的趋势，但是没有成功。因为不但要提供电，还要铺设输电线路、提供家用电器，投入太大。

水更是大问题。最近几年，干旱是毛里塔尼亚外债高筑的重要原因之一，30%的人口遇到季节性的食品安全问题，当地人把干旱归结为气候变化。UNDP 的工作人员把我们带到南部城市基法附近的一个山谷，我们沿着干涸的河床、踩着滚烫的石头一直走到山谷尽头，才发现了残存的绿色植物和一潭绿水，但是附近已经没有百姓居住了。干旱严重影响了百姓生活。沙漠里的水井很深，有几十米，要用毛驴才能把水提上来。UNDP 帮助一些村子搞了太阳能项目，用水泵把井水源源不断地抽到蓄水池里，即不浪费，又可以通过管道输送到田间灌溉。但是 UNDP 不可能为每个村子安装这些设备，对于当地人来说，无论是太阳能电池还是修建蓄水池，都是巨额开销。

除了一望无边的沙漠，毛里塔尼亚还有 700 公里海岸线。记者们来到首都努瓦克肖特北部 160 公里处的渔村 Mamghar。这个村子有 150 户人家，世代以出海打渔为生。村长（Mohamed Ould Birame）今年 57，他说："我们村有 2000 多年历史了，没有毛里塔尼亚的时候就有 Mamghar。以前，毛里塔尼亚有个谚语，'想打渔就去 Mamghar'。"记者问村长，能感觉到气候变化吗？村长十分肯定："当然，天气冷的时候和暖的时候海里的鱼不一样。现在鱼不按着季节来了，总要晚两个星期。"毛里塔尼亚有丰富的渔业资源，但是由于近年过度捕捞，破坏了近海植物并加剧了沿海的沙漠化。村长说："以前我们出海，肯定满载而归。现在，我们在海上待一两天都可能捕不到鱼。80 年代政府开放渔业后，二三百艘带发动机的外国大船没完没了地捕鱼，从来不停。我们没饭吃就向政府要救济，以前从没出过这种事情。"现在，UNESCO 和政府建设了沿海国家公园，Mamghar 渔村在自然保护区里，附近海域禁止带发动机的渔船和外国船捕鱼，但是过度捕捞的影响还没有消除。

毛里塔尼亚的工业化处于初始阶段，温室气体排放微乎其微，气候变化更多地意味着在脆弱的生态环境中如何生存、发展。沙漠化、土壤退化、自然资源过度开采等生态问题在欠发达国家具有普遍性，如果进一步恶化，很可能引发政治和安全危机，达尔富尔就是一例。在苏丹西部的达尔富尔地区，阿拉伯人和黑人因为争夺水和草原屡发冲突。从 2003 年初开始，黑人发动反政府武装行动，目前已经造成 20 万人死亡，250 万人流离失所。西方社会一度把达尔富尔问题归结为阿拉伯民兵对黑人部落的种族灭绝。但是最近，人们挖掘出更深层次的原因——气候变化。

联合国秘书长潘基文 6 月 16 日在美国《华盛顿邮报》上发表《达尔富尔的气候罪人》一文。文章称，大约 20 年前，苏丹南部降雨量开始逐年下滑，至今减少了 40%。由于降雨减少，苏丹边远地区的生活物资开始变得匮乏，达尔富尔地区的暴力冲突就在旱灾之中爆发。达尔富尔的阿拉伯牧民和土著黑人原本相处融洽，共享井水。但在旱灾到来之后，农民们担心放牧会毁坏土地，把地圈起来拒绝牧民进入。由于没有足够的食物和水，双方时有摩擦，最后升级为大规模冲突。潘基文提醒世界，非洲许多冲突都因水源和食物安全而起，如果对气候变暖听之任之，类似达尔富尔的问题还将在世界各地出现。

聚焦中国

中国是仅次于美国的第二大温室气体排放国，随着能源消耗的不断提高，西方国家要求中国承担具有约束性的减排指标。在日内瓦研讨期间，一位英国非政府组织人士的发言攻击性很强，他说："富裕起来的中国人到世界各地旅游时发现'中国制造'遍布全球，想购物都没得可买。因此中国不要继续伪装成发展中国家，应该积极承担减排指标"。这个英国人的观点有多少合理性呢？

二氧化碳是最主要的温室气体，积累在大气中的二氧化碳主要来源于煤炭、石油和天然气的燃烧。在过去的100多年中，绝大部分温室气体是发达国家工业化过程中排放的。或者说，温室气体是工业化的产物。国家发改委主任马凯在6月4日的新闻发布会上说："在实现工业化的过程中，排放强度是增加的趋势，实现工业化以后就开始走下坡路，开始减少。现在中国正好是在爬坡的阶段，在实现工业化的过程中，相应地消耗的能源就比较多一些，排放的强度也比较大一些。"不仅是中国，印度、巴西、墨西哥、阿根廷等发展中大国的现实也基本如此。目前，解决全球变暖的核心是温室气体排放和工业发展的关系，而矛盾集中体现在发达和发展中国家之间的对立。2001年美国退出《京都议定书》，理由是议定书对美国经济发展带来过重的负担。美国的另一个理由是，中国和印度都应该与发达国家一样加入减排行列，否则发达国家的努力无效。而中国和印度立场明确，拒绝接受任何强制性量化减排指标。

谁应该为气候变化负责？联合国秘书长气候变化问题特使韩升洙5月22日访问北京期间说："发达国家对气候变化负有历史责任，这不可否认。与此同时，他们有巨大的经济能力来处理这些问题。全球变暖的趋势不可逆转，会影响未来好几代人的生活，因此发达国家和发展中国家必须联手寻找解决问题的办法。”如何解决问题呢？韩升洙认为：“《联合国气候变化框架公约》是探讨这一挑战世界未来问题的唯一框架。”《联合国气候变化框架公约》和《京都议定书》奠定了国际社会应对气候变化的基本法律框架。1994年《框架公约》生效，它确立了发达国家与发展中国家“共同但有区别的责任”原则。《框架公约》要求发达国家率先采取减排行动，并向发展中国家提供应对气候变化的资金与技术，帮助发展中国家提高应对气候变化的能力。在《框架公约》基础上，《京都议定书》为38个发达国家规定了2008～2012年间温室气体量化减排指标。中国以发展中国家的身份加入了《京都议定书》，没有减排义务。

推动国际社会制定这两个法律文件的是由联合国机构牵头组织的政府间气候变化专门委员会（IPCC）。IPCC的主要工作是召集各国科学家撰写全球气候变化评估报告，报告经各国政府审阅后公之于世。由于IPCC的报告为政府间谈判提供科学依据，每个报告都是各国科学家和政治家激烈争论之后的产物。最近一次IPCC审议、通过、发表报告是在泰国曼谷，4月30日～5月4日，120多个国家和地区的政府代表在极力维护各自立场、充分表达分歧后，终于在最后一天凌晨4点20分通过了《气候变化2007：减缓气候变化》的《决策者摘要》。

会议期间，西方舆论认为中国采取拖延策略。路透社5月1日的电讯称中国“许诺行动但拒绝承担国际义务”，电讯援引美国斯坦福大学气候学家斯坦芬·施耐德（Stephen Schneider）的观点，称中国意在日后赢得更多援助。施耐德认为中国在跟西方国家玩“比试胆量的游戏”：“这可能是为了日后交易中捞到更多好处。”

IPCC成员、德国弗伦斯堡大学教授奥拉夫·霍迈尔（Olav Hohmeyer）是曼谷会议期间的报告审稿人，并主持了部分讨论。笔者在日内瓦遇到了他，他说：“在气候变化问题上，中国是世界上承受压力最大的国家之一，人们希望中国行动起来。当然，每个人都有排放的权利。但是，如果中国的人均排放量达到美国水平，问题就彻底无法解决了。”霍迈尔教授边说边画了一张草图，“美国的年人均二氧化碳排放量是 20 吨，德国是 10 吨，中国大概是 3 吨，印度更少，1 吨多。我们希望各国都参与减排，削减绝对排放量。关键在于未来的某一年，把人均排放量控制在同一水平上。也就是说，发达国家要下降，发展中国家可以上升，到达交叉点后通过国际二氧化碳排放配额交易市场控制世界排放总量。”谈到国际谈判中的政治因素，霍迈尔教授也表达自己的看法：“如果美国人承诺严格的强制性量化指标，中国人会更加积极。当然这是政治问题，如果中国过早地把风放出来，日后谈判中得不到什么好处。中国当然需要讨价还价，印度和巴西也是如此。关键在于哪一年达到数额多少的世界人均排放标准。在曼谷会议期间，我感觉到中国和印度明白问题的要害，而另一些拉美发展中国家仍然在说，‘没我们的事’”。

至于中国是否会像霍迈尔教授揣测的那样，政府没有明确表态。外交部长杨洁篪 8 月 1 日表示，发达国家在 2012 年后应继续率先承担减排义务，继续加强对发展中国家的技术转让，促进发展中国家的可持续发展。发展中国家温室气体历史排放少，属于生存排放和发展排放，其应对全球气候变化的主要途径和方式是制定和实施可持续发展战略和参与清洁发展机制国家合作。此前的 6 月 4 日，国家发改委公布了《中国应对气候变化国家方案》。该方案的指导思想是“以控制温室气体排放、增强可持续发展能力为目标，以保障经济发展为核心”。“目标”与“核心”的关系明晰了中国政府的政策取向，“目标”中“到 2010 年，实现单位国内生产总值能源消耗比 2005 年降低 20%左右，相应减少二氧化碳排放”的内容表达了中国政府从国情出发对国际社会的承诺。最近几年，中国政府的立场是“气候变化是发展问题，它在发展过程中产生，也要通过发展来解决”，这源于国家主席胡锦涛 2005 年与 8 国集团领导人对话时的演讲。毕竟，中国尚有 2300 多万人口年均收入低于国家 683 元的贫困线。如果按照联合国每天 1 美元的标准，中国的绝对贫困人口是 2.2 亿。按照每天两美元的标准，中国的低收入人群是 10 亿。“到世界各地去旅游、想购物都没的可买的富裕的国人”终究是极少数。

审视发展

温室气体的威胁有多大？美国前副总统戈尔在7月1日的《纽约时报》上如此描绘：地球与金星的大小几乎相同，碳含量也差不多。区别在于，地球上的碳绝大多数以不同生命形式储存于地下，而金星的碳在大气中。结果是，地球表面的平均温度是15度，适合人类生存，而金星表面的平均温度是463度。尽管金星距离太阳比地球近，但是水星就在太阳边上，而金星比水星热3倍。这就是二氧化碳的作用。

戈尔所说的“以不同生命形式储存于地下”的碳指的是石油和煤。150年来，人类实现现代化的生产靠它，享受现代化的消费也靠它，越来越多的二氧化碳被排放到大气中。国际社会认识到，发达国家的生产和消费制造了大部分温室气体，而广大发展中国家正在重走发达国家工业化的路子，如此下去地球面临灭顶之灾。马克思在《资本论》序言里说：“工业较发达的国家向不发达国家所显示的，只是后来者未来的景象。”快一个半世纪过去了，这句话仍然没有过时。

在日内瓦的一次讨论中，UNDP日内瓦办公室负责传播的副主任、法国人让·法布雷（Jean Fabre）反思了西方创造消费需求以拉动生产的发展模式。法布雷曾经在一家世界闻名的家用电器公司工作，那个公司有一个部门专门负责开发消费者需求。他认为很多人造的消费需求根本没有必要，却浪费了大量资源。“时尚消费”中的不合理因素太多了。时尚消费是什么呢？大概是一种先进文明吧。法布雷引用了甘地的一句名言，当一个记者问甘地：“您怎么看待西方文明？”甘地说：“我认为那可能是个好想法。”上个世纪早期，甘地就意识到，如果印度按照英国的发展模式实现现代化，地球将不堪重负。因此甘地号召人民驱逐现代西方文明，他反对金钱至上和追求物质享受。

在气候变化的争论中，我们不妨重温甘地的另一句话，“世界为每个人提供所需，但无法满足任何人的贪婪。”在甘地的思想中，人和人、人与其他物种是平等的，为了生存繁衍，各个物种应该在大自然中各取所需、和谐相处。而工业技术的发展导致了部分人对大自然的掠夺和对弱者的剥削。甘地提醒世人反思自己的需求，体谅其他人和其他生灵最基本的生存需要。用现在的话来说，实现可持续性发展。

## 四、向二氧化碳宣战

吴欧/《华夏地理》2007年7月

现在罪证确凿，导致全球气候变暖的罪魁祸首就是人类。人类活动破坏了地球生命中重要元素——碳的微妙平衡，而正是碳在空气、陆地和水间的循环维持着地球上各种生命。为了避免灾难加剧，减少二氧化碳排放量，《京都议定书》和其下的“清洁发展机制（CDM）”应运而生。作为全球CDM项目开展的最重要国家，中国的CDM项目进展如何，面临着怎样的困难，而它们又是否达到了减排的效果呢？

温室气体，中国的新财源？

什么都不用多做，每年就有100万美元的收入，天下真有这样的好事么？对河北省一个乡镇福利油脂厂的老板李敏来说，这样的好事似乎突然真的发生了。几年前，为了解决工厂经常停电减产的问题，李敏决定自己建一个小发电厂。他购买了一套400千瓦的秸秆发电设备，准备用当地最常见又最便宜的秸秆作为发电的燃料。

打从买了这秸秆发电机，李敏的好运似乎就开始了。一个名叫陆宇辉的人找上门来，她是通过查找秸秆发电设备的交易单找到李敏的，这个“日本超越环境商务咨询公司”的总经理要和他“合作项目”，意不在此的李敏拒绝了合作。可是陆宇辉很快又来了，还带了一个清华大学的教授。这次他们跟他讲什么“清洁发展机制”，什么“减排量”，虽然李敏至今都没有完全明白他们在说什么，但商人的直觉让他动心了：自己建电厂，发电自己用，没有排放出来的“废气”还能赚钱？天上掉馅饼啦？

他的好运似乎还没有结束，在同意了与陆宇辉合作之后，他得到了政府部门的帮助。河北省科技厅下的一个“CDM项目办公室”为他提供咨询、帮他设计技术文件，还给他垫付了一部分项目开发的前期费用。

就这样，在项目设计书中，这个准备因陋就简修建的400千瓦发电小作坊，摇身一变，成了一个投资9000万元、规划容量1.2万千瓦的电厂。按照设计，这个电厂如果建成开始发电的话，除了卖电之外，李敏每年还将获得100万美元的收入！

李敏为什么会有这样的好运气？到底是谁，为什么要来给他付这样大笔的钱？他们要买的是什么？又是为什么会有这么多人上赶着要来帮他做成这件事情？

李敏的故事虽听来不可思议，却绝非杜撰，实际上类似这样的事情正在中国、印度和巴西等发展中国家频频发生。这一切，都只是因为李敏计划修建的电厂采用的燃料是秸秆，而非煤。那为什么采用了秸秆，这些好事情就会轮到他头上？这些都和那部著名的《京都议定书》有关。

众所周知，《京都议定书》是为了抑制全球气候变暖而缔结的一个国际法规。在这个法规中，为了通过减少排放二氧化碳等温室气体而抑制全球气候变暖，发达国家率先分配到了减少温室气体排放的任务。总的来说，39个发达国家必须在2012年前将二氧化碳、甲烷、氮氧化物等6种温室气体的排放水平在1990年的基础上减少5.2%。不能完成的国家，将面临重大惩罚。

对于已经高速运转的车轮来说，一时要减缓它可不容易：发达国家已有的企业，每减少排放一吨碳当量的二氧化碳成本都在上百美元以上，但若从项目建设一开始就有计划地减排，这就容易得多。所以《京都议定书》提供了三种灵活的减排机制，即联合履行、排放权交易和清洁发展机制，允许发达国家在本土以外的地方，以帮助和投资其他国家项目的方式来履行自己的承诺。这其中，与发展中国家密切相关的，就是“清洁发展机制”，英文是clean development mechenism，缩写为CDM。

有了这个CDM，发达国家和发展中国家的人都笑了——发达国家政府可以实现自己的承诺，以后可以更加理直气壮地坐在国际会议的谈判桌前；发达国家的企业降低了自己减排所需的高昂成本，免于被政府高额惩罚，低价买来的排放权，等着它升值还可以赚一笔哩。发展中国家有了新的引入外资和技术的渠道，有助于实现国家的可持续性发展。

而对于发展中国家以前几乎从未考虑过环境成本的企业来说，这个CDM，怎么看都像是带着一股“馅饼”味儿呢？我开发项目、更新设备、提高能效，你来买单，有这么好的事吗？

待到买方一个个怀揣着欧元或者美金而入，政府积极推动，后知后觉的中国企业主才终于反应过来。一时间，过去被认为“对环境不友好”的发电厂、化工企业主们全都开始扬眉吐气，曾经他们将二氧化碳、三氟甲烷等温室气体直接排入大气并为此备受指责，如今他们个个主动抢着添置最先进的温室气体减排装置，而最让他们得意的是，那些昂贵的设备和技术都无需自掏腰包，抢着为他们买单的人简直要排起队来——从荷兰、西班牙到日本。在人迹罕至的内蒙古辉腾锡勒、新疆达坂城和江苏近千公里的海岸线上，各能源投资巨头闻“风”而动，纷纷开始新一轮的“跑马圈地”。在北京昌平、广州大田山、西安江村沟这样的城市近郊，曾经令人掩鼻的垃圾填埋场也变成了“香饽饽”。在广西，正流传着“正科副科，不如占山窝；这处那处，不如种桉树”的顺口溜。

李敏的发电厂，正是由于采用了秸秆作为燃料，既减少了秸秆自然腐烂产生的二氧化碳和甲烷，也节约所发同等电量所需要燃烧的煤，正是典型的可以用来包装成CDM的项目。

2007年的初夏，当我站在辉腾锡勒的山丘上被草甸高原大风吹得满嘴牙碜的时候，这里已经有了7个国家发改委批准的CDM风电项目，其中4个风电厂已投入运行，这里已经成为全亚洲最大的风力发电集群区。放眼望去，数百架“大风车”正看似慵懒地转动着，把吹得我透心凉的大风的能量转换成电能，缓缓地注入到数公里之外的变电站，它们在那里被升成高压电之后再输送到北京和华北平原上的其他城市。

辉腾锡勒的风电，对于中国的 CDM 来说，具有开山鼻祖的意义。辉腾锡勒位于内蒙古西部，阴山山脉北麓，正好处于北方冷空气南下的主要通道上，每年地面有风的日子可以长达 260 天以上，而对于风力发电机 40 米的有效高度来说，每年有风的日子，更是达到了 300 天以上。

早在《京都议定书》还远没有生效的 2001 年，内蒙古龙源风能公司就在中国可再生能源专业委员会的组织下，参与了荷兰政府为减少碳排放进行的项目公开招标，以在辉腾锡勒修建风电厂为项目，踏上了摸索中国 CDM 的漫长征途。

“这个项目让我们目睹了国际上对 CDM 从概念到具体、运作规则从框架到细致的过程，也见证了中国 CDM 项目从无到有，从业者从懵懂接受到积极参与的过程。”回忆起操作这个项目的经过，林伟至今仍感慨不已，当年她担任可再生能源专业委员会的国际部经理，参与了项目的全部过程。

2001 年，世界范围内的 CDM 也还只是一个概念。有谁会包装项目？要怎样的技术设计文件？哪个机构获得联合国资质可以审核风电？这些全都没有答案，所有的人都在摸着石头过河。面对数十万元的项目开发费用、漫长的申请过程和未知的结果，当年风能公司的总经理齐来生说：“就算趟，我也要给中国风电和可再生能源趟出条路子来，就看看这 CDM 的水到底有多深。”到 2005 年 6 月 25 日项目在联合国执行理事会注册通过，龙源公司共花了 4 年半时间。

作为中国第一个注册成功的 CDM 项目和世界上第一个 CDM 风电项目，辉腾锡勒风电项目每年经核证的二氧化碳减排量平均为 6 万吨。按照合同约定，每吨经核证减排量的二氧化碳价格为 5.4 欧元。在项目实施的 10 年当中，项目业主可以从荷兰政府获得 324 万欧元，折合人民币 3000 多万元。中国国家气候变化对策协调小组办公室主任的高广生在项目注册成功当天发表贺词曰：“天来之能，洁净之源，多方之利，永续之用。”

在新建成的察右中旗辉腾锡勒风电厂，我跟随两位年轻的技工师傅去巡查风机。在直径两米的风机铁塔里，他们沿着垂直的梯子爬到“大风车”顶上去，查看其中发电机的各项运行指数。在这个规划容量 10 万千瓦的风电厂中，134 台这样的风力发电机全是国产的，这也是国产风力发电机第一次大规模的商业应用。

这样规模的风电厂的前期投资将近 7 亿元，回收周期为 15 年。巨大的资金投入、漫长的回收周期和未知的设备风险，大多数的能源投资集团对此都会望而却步。这个风电厂能够顺利运行，正是因为他们在今年 4 月成为了联合国注册通过的 CDM 项目。

从 2007 年 4 月 1 日起，风电厂的全部发电量会被仔细计算，得出经核证的二氧化碳减排量，并以每吨 10.5 欧元的单价卖给西班牙安第沙电力公司。根据价格和预期的减排量，风电厂每年将获得 2000 万元以上的减排收入，这项收入将使项目投资的回收周期缩短到 10 年左右，这大大地降低了投资的风险。

“CDM 的规则让人击节赞叹的精巧之处在于，在调动人们追逐利益的同时，来减少温室气体的总体排放，主观为自己的事情，客观上成了全人类的利益。”曾代表中国参加了包括《京都议定书》在内的一系列国际气候变化谈判的科技部官员吕学都说。

不过，这天上掉下来的馅饼终究没有想像的容易下口。中国的业主们在摸索学习和主动参与 CDM 的过程中，逐渐认识到“馅饼”的另一面。

还记得李敏吗，那个幸运的乡镇企业家？他的好运气最终并没有持续太久。9000 万的投资全靠商业贷款，根本不是一个乡镇企业的油脂厂能够承担得了的，而繁琐的申请程序和不确定的结果，也让初衷只是“关心减少停电带来损失”的李敏心有余而力不足，在做完项目设计书后他就不得不放弃了。那每年 100 万美元呢？那只是项目设计书中的一个估算罢了。

辉腾锡勒风电厂也有相似的情况。

“现在我们再来看减排的收益，根本不是所谓的‘额外收益’。”国际新能源的总经理邱东刚说，“从国家的角度讲它是一种资源，从企业自身的角度讲它是我们加大投入成本获得的利益，所以我们不可能再以他们想要的‘地板价’卖出去。”虽然 10.5 欧元已经是同类批准项目中最高的价格，但“仍没有达到我心目中预期的价格，而且我相信这个价格很快就会被突破”。

提到价格，邱东刚仍然对国内企业的议价能力不无遗憾。

显然，对于今天的企业来说，做不做得成一个CDM项目已经不是最重要的问题，重要的是怎么做成一个价格合理、风险控制得当的项目。“他们揣着拟定好的合同就来了，告诉你这是范本合同，签字吧！可是打开合同，凡是关于我们的责任，都定时定量，明文规定，如若违反就是高额惩罚。凡是关于他们的要求，都大而化之，笼统而过。”——CDM只是貌似“馅饼”，虽然初衷美好，但建立在市场机制之上的商业运作模式，带着它先天的功利性。

辉腾锡勒风电厂与西班牙安第沙电力公司签订的合同中，对方原本的草约中有严格的惩罚条款，电厂建成后减排量如果不到85%就要面临惩罚。经过反复谈判，最终合同规定风电厂从建成之后的两年内，无论发电量有多少，都不承担违约惩罚。从第3年开始，只要发电量达到设计规划的50%以上，就不会被惩罚。“就这两项，我们谈了46天”。邱东刚说。

除了价格谈判和控制风险，中国期望参与CDM的企业还面临很多问题。申请一个CDM项目要通过国内、国际两套程序，不同领域的项目又有各自不同的技术标准，所有文件都是建立在专业英语之上的。既有专业背景又精通英语的人在目前的中国寥寥无几，而在国际商务规则和法律谈判方面，中国的企业更是没有任何优势可言。

为了体现支持CDM的初衷，即发达国家对于发展中国家的经济发展的支持，CDM项目通常要求有一个“额外性”，也就是说，没有这笔资金，这个项目就无法做成，所以“额外性”通常业内人士形容为“最后一根稻草”。但实际上，类似风力发电、垃圾填埋发电、甲烷回收、提高能效等项目，动辄就需要上亿元的投资。而CDM的收益通常是有了实际减排之后才会产生，这根本无法解决一些大型企业前期融资的需要。CDM往往成了“锦上添花”而非“雪中送炭”。

如果说减少排放温室气体可以抑制气候变暖，因此“减排量”也可以用来交易，那么把大气中已有的二氧化碳汇集起来、固定起来，同样可以减缓温室效应，“固定量”在同样的理由下也应该可以买卖，这就是CDM中另外一类项目——“碳汇”的思路。

霏霏细雨中，我们跟着大鹏跌跌撞撞地爬了两个小时的山，才看到雾气缭绕中那些小树苗。大鹏是来接我们的当地大叔，“大”是当地人对父亲的称呼，“大鹏”就是“鹏的父亲”的意思。之所以这么大费周章来到广西环江县的这个偏远小山屯，是因为这里“生产”着目前全世界唯一被 CDM 执行理事会批准生产的碳汇。

所谓“汇”，是与“源”相对应的汇集、固定的过程或者机制。虽然在 CDM 火爆的时候，有人热切地把“碳汇”解释为“用二氧化碳来创造外汇”，而且看上去颇为合理，但它实际的意思是指利用植树造林等手段来吸收、汇聚二氧化碳的过程或者机制。

这一片只有一年树龄的马尾松和枫香还很矮小，但凝结着雨水的树苗看上去长势非常好“这些栽树的坑都是严格按照设计要求来挖的，比当地农民自己种树的坑要大得多。”带领我们来参观树苗和拜访农户的环江县林业局世行项目碳汇办公室的主任蒙征飚指着还很明显的树坑对我们说，“所有的林子，树种的配置、密度和株行距都有严格的规定。比如咱们看到的这片林子，马尾松每公顷要种 800 棵，枫香每公顷 1000 棵，树与树之间的距离也有明确的要求。这些造林设计都是经过张教授他们设计，并被国外的审定机构审核并被 CDM 执行理事会批准了的。”

相对于减排项目的迅速发展，碳汇在很长一段时间都只是理论上的项目，这是因为过去始终没有一种能合理计算被储存的碳汇总量的方法学。与减排项目中要求“净减排量”一样，CDM 要求造林所汇集的二氧化碳也是新增加的“净碳汇”。那么，怎么计算树木的生长量，生长量怎么转化为二氧化碳的吸收量，怎么减去因为种树而排放的二氧化碳，同时既要考虑没有种植树林时碳储存的“基线”情况，也要考虑因为造林所必须的运输、施肥等活动而带来的温室气体“泄漏”，这些计算当中所涉及的技术问题远比其他减排领域复杂得多。而且，由于通过造林生产的碳汇并不是永久性的，造出来的林子可能会因为盗伐、火灾、病虫害或者其他原因被破坏，千辛万苦固定下来的碳，很可能一下子又回到大气层中去了。所以许多发达国家都对碳汇项目持谨慎和观望态度，有的国家甚至不接受这种项目。

一直到 2005 年 11 月方法学的发展才有了突破。在蒙特利尔举行的国际 CDM 执行理事会第 22 次会议上，世界上首个 CDM 造林再造林项目的方法学获得批准。这项后来被命名为“CDM 退化土地再造林碳汇项目方法学”的主要设计者，就是屡屡被蒙征飚和种树的乡民提起来的“张教授”。

“大家可能记我的名字相对容易一点，实际上，这个方法学的设计者还有来自奥地利、广西林业勘察设计院和广西林业局以及世界银行等机构的专家。”中国林业科学研究院森林生态环境与保护研究所的张小全博士在回想起设计这个方法学时，笑容可掬，神态轻松。但国家林业局造林司的副司长李怒云说：“这个方法学的通过，无论是对于中国，还是对于国际社会的造林与再造林碳汇项目都具有标志性意义，”她评价，“它不仅显示了我国有实施碳汇项目的能力，也给当时正处于全球低迷状态的碳汇项目注入了一针强心剂。”

穿过种植的幼树林，我们终于到了川山镇乐依村的建立屯。屯子有 120 多户人家，传统上除了种植山间梯田中的水稻之外，就是种桑养蚕。和中国大部分的农村一样，屯子里年轻人都出去打工了，剩下的大部分是老人、妇女和孩子。作为最基层的协调和监督者，蒙征飚对项目在屯子里的实施情况了若指掌：“那片林子就是屯子出地，兴环公司出钱造的，一共有 800 亩。”“既然有 800 亩闲置的山地，为什么他们不自己种树呢?”我问。蒙征飚笑了：“种树也需要投入啊。在这样的山地上种树，每亩的成本基本是四五百元左右，农民自己是没有能力自己开发的，而国家在很长一段时间内也没有开发的计划。”这也是碳汇项目的另一个特征，就是对于土地的选择，也要有它的“额外性”，也就是说如果没有碳汇收入，就没有人愿意开发这块土地，如此才能符合申请 CDM 项目的要求。

在广西的整个项目中，规划造林面积为 4000 公顷，环江县和苍梧县各 2000 公顷，建设期为 4 年。“今年我们要完成 840 公顷的造林，明年计划实施 1160 公顷，总投资 1067 万元。”蒙征飚说。

在大鹏家，我正式地了解他的名字叫做谭继民，毛南族，42 岁。虽然我一句也听不懂他的当地语，但在我问他知不知道他为什么而种树时，还是听懂了他说的一个词："生态"。"为了生态，净化空气。"借助于蒙征飚的翻译，我惊叹大鹏简单的话，竟然直指碳汇的根本。对于碳汇的意义与可能带来的效益，连很多林业管理部门来说都还很陌生，这样偏远山区的农户是怎么接受了"净化的空气可以卖"的观念？

大鹏看着他身边的蒙征飚说："他们是政府的人，一趟一趟往我们山里跑，总不是来骗我们的吧。"我在世界银行该项目负责人刘瑾的办公室里听到了类似的话："第一个碳汇项目能在中国做成，和中国政府林业部门强大的支持与推动是分不开的，他们层层往下做动员，做培训。"当这种培训做到最基层的时候，地点变成了乡民家，语言也变成了当地方言。"就在他们家里，我们把所有的事情都用当地的土话跟他们讲。"蒙征飚说。

作为世界银行积极推进的全球第一个碳汇项目，广西的造林在改善生态、强化生物多样性、增加农民收入、改善社区生活水平方面面临着更多考核。因此当我坐在大鹏家熄灭的火塘旁，看着家徒四壁的房子和围着我们坐着的老人、孩子，我一再追问他究竟可以从种树中获得多少好处。

"干不同的活，可以拿到不同的钱，"坐在一旁的妈鹏忽然插了话。妈鹏就是"鹏的妈妈"。妈鹏说的是在造林过程中，她们按照整地、挖坑、种植、抚育等不同的活儿，每天可以拿到30～40元的报酬。显然，妈鹏对于这笔当场就能兑现的收入还是满意的。相比起妻子的欢喜，大鹏的计算方式更加冷静一些："十兜当中有我们六兜。""兜"是他们对树木的计量单位，表示一棵树和它周围的一堆东西。这个量词倒十分适合碳汇既考虑地上树干、树枝、枯枝落叶，也考虑地下树根和土壤有机物的计算方法。在这个与世界银行签署（由一个公司具名）的项目合同中，农户的利益有着明确的规定：世界银行下的生物碳基金将购买所造林在2017年以前固定的约50万吨碳汇，约合220万美元。农户以土地入股，公司投入资金，林产品的收益农户和公司四六分成。待到有实际碳汇收入的时候，农户则获得六成收益。在另外一种"农户小组联营"的模式当中，由于土地和资金都由农民自己负担，则林产品和碳汇收入都归农民所有。

“其实，指望800亩林子给这样一个屯子带来彻底的改观是不现实的。”蒙征飏说：“但是如果这个项目能给他们带来一个增加收益的机会，我们能够利用这样的机会摸索出一条就地解决农民劳动、增加他们收入的途径，为今后这样的项目做一个示范，我想它的意义可能会更大。”

无论是温室气体排放的减量也好，碳汇量的增加也罢，清洁发展机制项目所带来的直接经济效益似乎不是那么明显。不过，对中国来说，推广CDM在眼前更有迫在眉睫的需求，这是因为今年以来，国际社会对中国减少温室气体排放的压力已经如排山倒海之势席卷而来。

4月25日，国际能源机构预测，按照目前的经济发展速度，中国将在今年或者2008年取代美国成为全球第一大温室气体排放大国。一时间舆论哗然，中国成为西方各媒体的众矢之的。5月4日，泰国曼谷，联合国政府间气候变化专门委员会的《气候变化2007：减缓气候变化》发布会议上，欧盟的科学家、官员、媒体再次“炮轰”参与会议的中国政府代表，原因是中国代表对报告中科学事实部分的措辞提出了异议。

6月上旬在八国集团首脑会议（G8）中，因“影响经济”为由退出《京都议定书》的美国总统布什再度将矛头对准中国，指出中国、印度等发展中国家的排放应列入全球气候战略框架之中。他在G8会议期间会见法国新总统萨科奇时说：“除非中国和印度参与，否则大幅度减排温室气体的目标无法成功。”

这些指责不是完全没有理由。尽管中国的人均温室气体排放量仍然远低于发达国家的水平，但是作为经济高速增长（排放也随之增长）的发展中国家和至少是全球第二温室气体总量排放大国，中国在《京都议定书》第一承诺期内没有承担具体的减排义务。然而，气候变暖是人类共同面临的挑战。西方媒体报道英国民众对自己骑自行车上下班，以争取减排，而中国的汽车与火电厂却持续直线增长感到不平，这样的反应也在意料之中。

然而《京都议定书》与CDM的设计精神原本就是在于认知到关于全球气候变暖，各国有“共同但有差别的责任”。但至少从目前各国的反应看来，这项立意甚佳且充满创意与人道精神的设计，仍不免要遭受不少考验。对中国这样的发展中排放大国来说，未来的压力只会增加而不会减少。

针对这些指责，国家发改委主任马凯在6月4日《中国应对气候变化国家方案》新闻发布会上说："中国虽然不承担量化的减排温室气体的指标，但不等于中国不承担应尽的国际义务和责任。"

另一方面，CDM和《京都议定书》其实也给中国指出了一个方向：经济利益并不一定要以失去青山绿水为代价，企业的个体利益与公众利益一样有契合的可能。通过CDM等措施，发展问题与抑制气候变暖有可能从对立走向和谐。

也许关于CDM的未来，还有许多不确定。但是从参与其中的人的态度我们或许可以一窥它未来的走向。恰好三位不同身份的"CDM女士"，对她们所涉身的领域表达了相似的看法。

"我期望能够推动中国碳市场的简单化和程序化。"林伟说，"现在我会介绍自己说我是个CDM Lady，并且一辈子不变了。"对于CDM的情结也许来自与她对这个机制的信任与激情。在参与了中国第一个CDM项目申请之后，林伟选择专职来从事这项工作，她成立了一个叫做"易澄信诺"的碳资产咨询公司，成为这个日益扩大的领域中第一批专业人士。"毕竟，有几个人的个人成就感可以与地球的命运联系在一起呢?"她说。

在国家林业局造林司副司长的办公室里，我听到了李怒云这位林业部门的高级官员利用碳汇构筑的一个"绿色梦想"。"我们正在筹划成立一个'绿色碳基金'。用这个基金来植树造林，等到它产生实际的碳汇以后，就可以把它卖给有减排任务的企业或者个人志愿者。它的收益一部分继续投入基金，一部分使它的购买者获益。一旦这个市场形成，生态效益价值化就不是一句空话了。"说起这个筹划已久的绿色碳基金，李怒云的眼睛忽然灼灼发亮："《京都议定书》后的第二轮谈判已经启动，中国会面临越来越大的减排压力。碳汇不仅会是国际市场的需求，国内不同行业或者企业之间，也会有减排的需求。那时我们的绿色碳基金，就会是一个桥梁，既可以帮助减排困难的企业减排，也可以给个人和公众提供一个更有使命感的选择。"以地球未来的名义，通过个人获益的方式，碳汇和绿色碳基金会不会是我们下一个更方便的选择?

与林伟和李怒云一样对 CDM 与碳汇充满乐观与信任的人，还有世界银行的刘瑾。作为世界银行的农业专家，她因为负责了世界上第一个碳汇项目而被业内人士知晓。现在的她又在忙于做一个“农户沼气”项目，项目涉及中国南方农村五个省的数百万农户家庭。

拜访刘瑾那天，是北京暮春的一个下午，下过小雨的空气温润而凉爽，也许是这样的好天气让我忘记了气候变化这码事吧，我打算“刁难”一下刘瑾：“就算我们和发达国家都做了我们应该做的，5.2%，这样小的一个数据对抑制气候变化又有多大作用呢?”结果这位干练而优雅的女士见怪不怪地说：“你还只是质疑 CDM 意义的大小而已。我们还面对过更彻底的否定，有人曾经不承认地球气候变暖，也有人认为气候变暖是地球自身的原因。但不管怎么说，只要今天全球大部分的科学家仍公认地球在变暖，并且认为这种变化是由于人类不恰当活动造成的，那么我们的工作就值得做下去。”她缓了缓语气，继续说，“至于你说的它的意义有多大，你觉得它不大，是因为我们做的还不够。我做项目还不够大，你做的宣传还不够多。只要全球变暖这个事实还存在，科学家们的共识继续达成，我们就会探索更多的机制，寻找更有激励效应的办法，让更多的国家、企业与民众参与进来。”

也许对于她们而言，CDM 和《京都议定书》是一个信念。世界越来越暖，各国需要相互依存，地球上的我们从没有一刻像现在这样需要同呼吸，共命运。

Box：中国是全球气候变暖的最大元凶?

4 月 25 日，国际能源机构（IEA）宣布说，中国可能在今年或 2008 年取代美国，成为世界第一大温室气体排放国。这一时间比他们上次做出的预计的 2009 年至少提前了整整一年，此前 IEA 还曾预计过一个时间表是 2010 年。

IEA 主席克洛德·芒迪指出，之所以作出这样的结论，主要是考虑到中国经济的高速发展。他说，过去几个月里中国经济和煤炭消耗量的增速之快令人始料未及。在中国国家统计局 4 月 19 日公布的中国今年第一季度经济运行情况中，中国国内生产总值同比增长 11.1%，第二产业增长率为 13.2%，而在诸如钢材、氧化铝等这样的高耗能和高排放产业的增长率高达 26.2%和 53.7%。从中国的这些官方数据中，人们可以了解中国目前的经济增长模式，以及国际能源机构做出上述预测的理由。

中国国家发改委主任马凯在应答这一问题时，认为在比较中美之间和不同国家之间温室气体的排放水平时必须历史地、客观地、全面地看待问题。“共同但有区别的责任”是《京都议定书》的重要内涵，这种“区别”遵循了历史存量和历史公正的原则——温室气体排放要追溯到 200 多年前全球大规模的工业化，谁在其中获得了最大的利益，谁就将在今天承担更大的责任。马凯列举了美国长期研究气候变化的一个国家实验室的数据。数据显示，从 1903 年到 2003 年，美国的二氧化碳排放量占世界的比重达到了 28.3%，而中国同期只占了 7.6%。从历史长期看，中国还远不是第一排放大国。

马凯说，从人均水平看，2004 年中国人均二氧化碳排放量为 3.65 吨，相当于世界平均水平的 87%、经济合作与发展组织国家的 33%。即使由于中国经济的快速发展而导致排放总量和美国持平，那么人均排放也只有美国的 1/4。

同时马凯还指出，国际经验表明一个国家的能源消耗和温室气体排放，在不同发展阶段的强度呈现出一个抛物线。也就是说在实现工业化的过程中，排放强度必然是增加的趋势，而发达国家由于已经实现了工业化，到达顶点之后自然就开始减少。而且，在经济全球化和国际产业分工的大背景下，发达国家是处在产业链条的高端，服务业发达、高科技发达，相应它的能源消耗和排放也相对小一些，而作为“世界工厂”的中国承担了本应在进口国排放的温室气体的排放。

但是作为一个负责任的大国，中国在直面高额排放量时并没有推卸自己的责任。正如马凯在 2007 年 6 月 4 日《中国应对气候变化国家方案》新闻发布会上所说的那样：“中国虽然不承担量化的减排温室气体的指标，但不等于中国不承担应尽的国际义务和责任。”

最新发布的《中国应对气候变化国家方案》全面阐述了 2010 年以前中国应对气候变化各种对策的发布。在这一“国家法案”中，中国将一方面抓减缓温室气体排放，一方面抓提高适应气候变化的能力，采取一系列法律、经济、行政及技术等手段，大力节约能源，优化能源结构，改善生态环境，提高适应能力，加强科技开发和研究能力，提高公众的气候变化意识，完善气候变化管理机制，努力成为全球抑制气候变化中的积极力量。

你的生活碳中和了吗？

现在，不用疑问了，从 20 世纪中期至今观测的大部分温度上升，有很大的可能性（超过 90%）与人类活动产生的温室气体排放有关，这是由全世界超过 2500 名顶尖科学家参与并共同完成的报告指出的。

而这些温室气体中，就有你生活至今累计起来的一部分。按照国家发展改革委员会公布的统计数字，我国 2004 年的人均二氧化碳排放量为 3.65 吨，而且按照目前的经济发展速度，这个数字还会持续增加。为此，各国政府纷纷以减少二氧化碳排放，减缓气候变暖为目标，制定了各种方案。7 月 4 日，国家正式发布了《中国应对气候变化国家方案》，设定了减排的预定目标，到 2010 年，中国万元国内生产总值能耗将由 2005 年的 1.22 吨标准煤下降到 1 吨标准煤以下，降低 20%左右；到 2010 年，二氧化硫排放量由 2005 年的 2549 万吨减少到 2295 万吨。

这个方案尽管更多的是跟中国的企业有关，但是对于国民生活的一些方面，也提出了节能减排的意见和要求。去年，我国单位 GDP 能耗和主要污染物排放总量没有达到目标。总理温家宝表示，这两项约束性指标没有完成，“我心里感到非常不安”。其实，感到不安的，不应该仅仅是国务院总理。生活在这个国度里的每个公民、生存在这个星球上的每一个人，现今都应该有一种紧迫感——因为地球环境变得越来越糟而来的一种紧迫感。这种紧迫感其实就像现今越来越高的气温，每个人都能真切地感受到。但是遗憾的是，很多人难以意识到这一切其实是每一个地球人造成的结果。

“人们应从改善日常生活习惯入手。”目前，一项被称为“碳中和”（carbon neutral）的环保行动在西方走红：人们计算自己日常活动直接或间接制造的二氧化碳排放量，并计算抵消这些二氧化碳所需的经济成本，然后个人付款给专门企业或机构，由他们通过植树或其他环保项目抵消大气中相应的二氧化碳量。“碳中和”还入选了2006年新牛津英语字典的年度词汇。

“碳中和”是人们对地球变暖的现实进行反思后的自省、自律，是“地球村”居民觉醒后的积极行动。的确，“碳中和”应该成为我们的一种科学健康的生活理念和生活方式。我们可以根据现成的计算方式，来计算出自己制造的二氧化碳排放量，并计算抵消这些二氧化碳所需的经济成本，来看看我们为地球环境造成了多少麻烦。

虽然目前国内还没有类似的“碳中和”中介结构，无法托付别人来中和掉自己的碳排放，但是我们可以现在就从身边的事情做起，比如少开私家车、多乘公交车，不到万不得已不开空调器，多使用节能的荧光灯，倡导节俭而绝不浪费资源……这就在实际上采取了少碳甚至无碳的生活方式。

在2006年的奥斯卡获奖纪录片《难以忽视的真相》中，前美国副总统戈尔用温水中的青蛙来比喻当今地球上的人类。的确，人类已经到了要挽救自己于水深火热之中的决定性时刻了。而碳中和，就是我们作为一个个体，所能采取的很好的方式。英国天空广播公司是目前全球规模最大的“碳中和”企业之一，公司采取了大量措施，旨在降低温室气体排放量，公司首席执行官詹姆斯·默多克说：“人们对气候变化觉得无能为力。他们不知道该怎么办，等着别人来解决这一问题。我认为，我们必须表明自己能做什么，这很重要。”

碳排放计算器是怎样工作的?

碳排放计算器是根据每个国家能源调查数据来估算二氧化碳排放量。把能源的使用分为热需求（冷气、暖气和热水）、照明需求和电力应用，不同用户的使用会产生不同的结果，比如选择特殊材料（绝缘体）、用户的行为

（养成随手关灯和电源的习惯）和使用新的技术（比如使用太阳能热水器）。使用电力产生的碳排放是以每个国家平均电网碳产生强度系数估算出的。运输部分碳排放是基于不同类型车辆和里程所需燃料而估算出（每个乘客搭乘公共交通和航空飞行的情况）。

你能为减少二氧化碳排放做些什么?

居家

灯的选择

高效的荧光电灯泡只使用传统灯泡一半的能源。美国的能源部门估计单单使用高效的荧光电灯泡代替传统电灯泡就能避免4亿吨二氧化碳被释放。

低碳烹调法

想想厨房里的能源。小心不要把平底锅和水壶装得太满。灶火大小要适合你的平底锅。保持冰箱处于无霜状态。

循环再利用

靠循环再利用的方法来减少材料循环使用可以减少生产新原料的数量，从而降低二氧化碳排放量。把有机的材料（例如：纸，卡紙板）循环再用，可以避免从垃圾填埋地释放出来的沼气（一种能引起温室效应的气体）。把一公斤铝循环再利用可以避免11公斤的二氧化碳的排放。

绝缘的妙用

要减少二氧化碳排放量和降低使用各种能源的成本，安装好的隔热及防通风系统都是一些最有效的方法。检查阁楼和空心墙绝缘材料的质量。检查门和窗边的缝隙。

少些热气

大部分家庭的能源都消耗在取暖和制冷上。只要有效地使用自然通风和避免房间过暖，就能简单地减少10%的费用和二氧化碳排放量。

可再生能源

各种可再生能源的技术能大大地减少我们在使用能源的过程中产生的二氧化碳。太阳能可以加热水和发电。在一些欧洲国家越来越多地采用生物质采暖系统。新式的小型风力涡轮发电机已经可以供家庭使用。

实用的插座

购买洗碗机、电视机或其他电器时，选择效率较高的型号。中国的家用电器有相应的节能评定体系。请注意选择购买有节能评定标签的产品。

交通

经济型汽车

高能效汽车每英里产生更少二氧化碳。其中最有效的汽车，例如小型的双动力汽车，每公里产生少于 110 克的二氧化碳（每英里 0.4 磅）。与此相比，很多大型 SUV 汽车和豪华汽车排放至少两倍以上的二氧化碳。

燃料

汽油和柴油：优质的汽油和柴油能提高你的汽车的性能。它能清洁你的引擎，减少引擎的摩擦力，并使燃油能更充分燃烧，从而降低对空气的污染。

生物液体燃料：生物液体燃料与传统车用燃料相比可以潜在地带来显著的二氧化碳减排益处。中国已经是世界燃料乙醇的第三大生产国和使用国。燃料乙醇在全国 9 个省的车用燃料市场得以推广和使用。

明智的旅行

旅行尽量使用公共交通工具。你有想过跟家人、朋友共乘一辆汽车吗？你真的需要飞行吗？可能一个电话会议更节省时间、金钱和降低二氧化碳排放量。

汽车保养

小心保养你的汽车以确保它能在最佳状态下行使。检查轮胎气压和机油。不需要的时候，把车顶行李架和箱子拆下来，因为这些都会使车子的效率降低超过 10%。

你知道吗？高级的综合性润滑油能提高汽车性能和减少二氧化碳排放量达 5%。

购物

购买本地的产品

购买本地的产品能减少在产品运输时产生的二氧化碳。例如：根据环境、食品和乡村事务部公布的一份报告，在英国，8%从车子释放的二氧化碳来自运送非本地产品的车辆。

购买季节性的产品

购买季节性的水果和蔬菜能减少温室生长的农作物。很多温室都消耗大量的能源来种植非季节性的产品。

购买包装简单的产品

注意购买包装简单的产品。这代表在包装的生产过程中，消耗了较少的能量。减少了送往垃圾填埋地的垃圾和减少往路边扔垃圾的次数。

使用再循环材料的好处

比起用原始材料制造的产品，用再循环材料制造的产品，一般消耗较少的能源。例如：使用回收钢铁来生产所消耗的能源比使用新的钢铁少75%。

## 五、气候变化——科学和媒体的新战场

袁越/《三联生活周刊》2010年3月15日

干细胞、核电站、水电站、化工厂、地震预报、垃圾焚烧、转基因农作物、气候变化……

近几年发生的一系列热点事件的背后都能看到科学家和媒体记者为争夺话语权而大打出手，大部分民众对于主流科学家的信任度降到了历史最低点。

### 气候门引发的“寒流”

2010年2月26日19点，本刊记者随300多名来自牛津大学物理系和环境科学系的教授和学生聚集在一间阶梯教室里，听4位资深环境记者解释英

国媒体在报道气候变化问题上的立场和策略。这 4 位记者分别来自著名左派知识分子报纸《卫报》、英国广播公司（BBC）、《金融时报》和《太阳报》。其中《太阳报》是英国有名的娱乐八卦报纸，靠裸体女郎照片吸引读者，虽然其国际知名度远远比不上另 3 家媒体，但每期销量是《卫报》和《金融时报》的好几倍。

“就连《太阳报》都有固定的环境记者了，你们相信吗?”来自《太阳报》的记者本·杰克逊（Ben Jackson）自嘲地说，“前两天我坐出租车，司机跟我聊起了中世纪暖期的问题，这在一年前还是不敢想象的事情。”

确实，英国媒体在报道气候变化方面一直是全世界做得最好的，《卫报》和 BBC 被公认为这个领域的两面旗帜。但“气候门”事件爆发之后，却有不少人指责英国媒体故意压制消息，违背了中立的原则。

“这个指责很不公平。”BBC 记者理查德·布莱克（Richard Black）解释说，“我们几乎是在第一时间就报道了这件事，但泄露出来的电子邮件数量实在太多了，我们不可能雇佣一个人专门坐在那里读邮件。另外，我个人觉得这件事本身没什么报道价值，但是有个庞大的利益集团在背后操纵了整个事件，他们不断爆料，有组织有计划地把它一步一步地炒成了全球热点新闻。所以我认为‘气候门’本质上代表了不同政治阵营之间的角力，媒体只是双方手里的卒子而已。”

所谓“气候门”事件，指去年年底哥本哈根气候大会之前，有黑客入侵了英国东安吉利亚大学气候研究中心（CRU）的服务器，偷出了大约 160 兆的电子邮件和其他文件，其中大都是一些研究论文和数据，但 CRU 主任菲尔·琼斯（Phil Jones）的一部分个人电子邮件引发了争议。琼斯在与其他科学家的通信中，对气候变化的怀疑论者使用了一些不恰当的词语，而他本人是联合国政府间气候变化委员会（IPCC）的重要成员之一，因此有不少媒体指责气候变化领域的主流科学家们道德水准低下，并进而认定主流科学界打压异己，气候变化的真伪很值得怀疑。

哥本哈根大会最终以一个不具备法律效力的《哥本哈根协议》草草收场，这个结果虽然不能全怪“气候门”，但这件事好似打开了潘多拉盒子，媒体上突然出现了各种各样的“门”，主流科学家们遭到了前所未有的打击。首先爆出的是“冰川门”，IPCC 报告中对于喜马拉雅冰川何时融化的预判发生了严重错误。接着登场的是“亚马逊门”，IPCC 报告把因为乱砍滥伐对亚马逊热带雨林造成的影响归到了气候变化的门下。再下来是“荷兰门”，IPCC 把荷兰受海平面上升威胁的地域面积搞错了。最后又出来了一个“中国门”，英国科学家发现《自然》杂志 1990 年刊登的一篇文章搞错了中国地面气象站的位置，因此有可能把城市热岛效应当成了全球变暖的证据。

“气候门”与后来这 4 个“门”之间的最大不同在于，前者只是质疑了科学家的人品，后者却都把矛头直接指向了科学本身。但是“气候门”也很快上升到了科学层面，有人指责琼斯教授伙同另外一位气象学界的领袖人物、美国航空航天局（NASA）戈达德空间研究中心主任詹姆斯・汉森（James Hansen）教授一起篡改了地球大气温度的历史变化曲线，对曲线早期的树木年轮数据和后期的卫星观测数据做了“手脚”。如果这个指控成立，气候变化的根基就不存在了。

与此同时，一大批质疑气候变化的书籍突然出现在世界各地的书店里，其中最有“说服力”的恐怕要算是澳大利亚阿德莱德大学地质学家依安・普利莫（Ian Plimer）于 2009 年出版的《天与地》（Heaven and Earth）。这本书厚达 504 页，里面充满了各种图表和数据，光引用的各种文献就有 2311 篇之多。普利莫认为，温室效应主要来自水蒸气，二氧化碳没有那么大的效力。他还声称，地球温度在最近的几千年里曾经发生过很大的变化，出现过“中世纪暖期”和“小冰期”，两者显然与二氧化碳浓度的变化无关。他甚至认为，最近 100 多年来的温度上升也是不存在的，大气温度在 1940～1976 年实际上是下降的，当时的气象学家甚至警告人类地球即将进入冰期。而 21 世纪前 10 年的温度也比 20 世纪末有所下降，虽然大气二氧化碳浓度确实一直在上升。

中国出版界也不甘示弱，上海科学技术文献出版社翻译出版了两位美国科学家撰写的《全球变暖——一场毫无来由的恐慌》，书中提出了一个 1500 年周期理论，该理论认为，地球温度受太阳辐射强度波动的影响，存在一个约为 1500 年的周期，中世纪暖期和小冰期都可以用这个周期来解释。两人甚至预言，地球大气的升温阶段已经结束，即将进入下一个冷期。

所有这些怀疑论者都在英国媒体上受到了类似英雄般的待遇，他们的观点数次被放在了报纸头条。IPCC 似乎只有招架之功，却无还手之力。就在记者讲座的当天，英国《每日电讯报》的头版用了一张英国雪灾的大幅照片，所配的文章标题是《科学家居然说今年 1 月份是有记录以来地球最热的 1 月份!》。当现场有人提到了这篇文章时，在座的一位气象学家再也忍不住了，他大声说道："虽然今年冬天欧洲、亚洲和美国部分地区遭遇寒流，但我从来没有在英国的报纸上看到一张全球温度分布图。实际上，今年格陵兰岛、加拿大、非洲、热带地区，以及整个南半球的升温幅度都很高，总体来讲，地球平均温度确实创了历史纪录。"

他接着说道："我不知道这位记者是真的不懂还是故意误导读者，但是如果记者们都是这种水平，那么科学信息就没办法准确地传递给公众，科学家必须主动出击了!"

### 科学的反击

坐在观众席上的这位科学家名叫迈尔斯·艾伦（Myles Allen），是牛津大学物理系气候动力学研究室的主任，也是 IPCC 专家组的成员之一。他向本刊记者谈了自己对那几个"门"的看法："'气候门'事件的主角菲尔·琼斯只是犯了一点道德上的小错误，不能用这个来否定整个气候变化领域的研究结论。这就好比说，艾滋病毒的发现史上出现过远比'气候门'更糟糕的事情，艾滋病毒的发现者之一，美国科学家罗伯特·加洛（Robert Gallo）多次被人指责剽窃他人的研究成果，但你不能因此否定他的研究结论，否则艾滋病人就要遭殃了。"

在艾伦教授看来，科学不需要少数服从多数，怀疑论者根本不用试图以多取胜，或者攻击研究者的道德，只要拿出一条过硬的证据，科学家就必须认输。问题是直到现在，都还没有人能拿出证据证明 IPCC 的报告在科学上存在任何根本性的错误。"比如有人指责琼斯和汉森在温度变化曲线图上做了手脚，但我们这行的人都应该知道，年轮数据是不准确的，所谓‘做手脚’，其实就是对这部分数据进行修正，为的是让曲线更加准确地反映实际情况，这才是科学的态度。”艾伦教授补充说，“事实上，在互联网上传播很广的一张怀疑论者的图恰恰是违背了科学精神的，这张图宣称最近100多年来地球温度没有变化，但是图中1979年以前的温度数据来自地面气象站，1979年以后的温度数据来自卫星，地面站的数据受到所谓‘城市热岛效应’的影响，会比卫星数据偏高，这个现象已被气象学界证实了。因此两张图不能生硬地连接起来，而必须做适当的修正。事实上，经过修正后的温度变化图清楚地表明最近100多年来地球温度确实在升高。”

曾经参加过IPCC前3次报告撰写工作的北京大学物理系教授王绍武也认为，目前媒体关于“气候门”事件的报道存在明显的误读。“目前全世界公认的地球大气温度变化序列（曲线）有3个版本，除了东安吉利亚大学之外，美国的戈达德空间研究中心和美国国家气候中心也都根据自己的研究结果画出了各自的序列图，3条曲线的大致趋势是一致的。”王绍武教授对本刊记者解释说，“事实上，东安吉利亚大学制作的那张图的升温幅度是三者中最小的，所以说即使菲尔·琼斯真的行为不端，仍然不能否定全球变暖的事实。”

IPCC和主流科学家对其他那几个“门”也都做出过很好的解释。具体说，“荷兰门”只是IPCC犯的一个低级错误，IPCC于2007年发表的第四份评估报告称荷兰有55%的国土面积处于海平面以下，正确的说法应该是荷兰有55%的国土面积将会受到海平面上升的威胁。“中国门”是因为关于中国地面气象站的位置数据丢失，无法知道它们的测量数据是否受到了城市热岛效应的影响，但这篇论文的结论后来又在其他一些没有疑问的研究中得到了证实。“冰川门”和“亚马逊门”则是因为IPCC错误地引用所谓“灰色论文”所致，这两篇论文都来自世界自然基金会（WWF），而不是经过同行审议并发表在正规期刊上的科学论文。对此IPCC已经认错，并决定聘请第三方科学家对已发表的4份研究报告重新进行核查。

“目前出错的都是IPCC第二工作组，他们负责研究气候变化对人类社会的影响，引用的社会科学文献较多，不能算是纯粹的气候研究。”艾伦教授对本刊记者说，“我的疑问在于，为什么媒体都喜欢把这些不幸事件加个‘门’的后缀呢？这是很不公平的。这个后缀有点阴谋论的意思，但实际上它们都是一些孤立的错误，不影响整体结论。科学史上发生过好多次这样那样的错误，改了就好了，不存在阴谋论。”

而在英国文化协会气候变化专员大卫·温纳（David Viner）博士看来，很多怀疑论者的动机倒是非常可疑：“那个澳大利亚地理学家普利莫现在在数家澳大利亚煤矿兼职，他本人从来没有在需要同行评审的科学期刊上发表过任何关于气候变化的研究论文，这两点决定了他的这本书非常不可信。”温纳对本刊记者说，“比如他举的那个水蒸气的例子就是错误的，水蒸气虽然是最强的温室气体，但是科学界公认二氧化碳才是升温的最大推手，事实上由于二氧化碳引起的升温导致水蒸气浓度的增加，使得温室效应进一步加大，这是一个典型的正反馈效应。”

温纳博士本人是一位资深气候问题研究者，曾经在 CRU 做过 10 多年的科研工作。他告诉本刊记者，上世纪 50～70 年代地球温度确实经历过一段冷期，但主流意见认为，这是大气层中的含硫气溶胶增加的结果。那时正值二次大战刚刚结束，迅猛发展的重工业向大气中排放了大量气溶胶颗粒，将一部分太阳光反射了回去，造成了地球温度的下降。随着欧洲国家提高了工业尾气排放标准，地球温度又补偿性地升了回来。

1998 年地球温度达到一个峰值，但这主要是由于厄尔尼诺现象造成的。此后温度升幅放缓，但仍然维持在一个很高的水平上。事实上 IPCC 的统计表明，地球 100 多年来温度最高的 10 年排行榜的前 5 名都在 21 世纪。

不过，在中世纪暖期和小冰期的问题上，主流科学界确实存在一定的争议。温纳博士认为，目前没有确凿证据证明中世纪暖期和小冰期是全球现象，小冰期甚至很可能只是发生在欧洲。但中国工程院院士、国家气象局气候变化特别顾问丁一汇博士对此有不同意见。他向本刊记者介绍说，虽然中世纪暖期缺乏南半球的数据，还不能肯定是否是全球现象，但小冰期几乎可以肯定是一种更大范围的现象，比如中国就有小冰期（明清时期），所以至少在北半球是十分明显的。

即使这方面存在争议，也不能说明气候变化没有发生。“目前可以肯定的有三点：第一，大气二氧化碳浓度确实一直在上升，上升的原因肯定是人为的。第二，最近 100 多年来地球大气温度也在上升，而且上升速度快于自然波动。第三，温室效应的确存在，否则物理学就要被改写了。科学界在这三点上已经形成了共识，几乎可以说是没有什么争议的。”丁一汇院士对本刊记者说，“至于说二氧化碳导致的升温幅度究竟会有多强，目前尚存争议，这涉及到复杂的气候敏感性问题，但人类活动占很大比例也应该是没有疑问的。目前 IPCC 出的几个问题都是个案，不影响总体结论。有人认为大气温度存在 1500 年的波动周期，以及每 60～80 年内会出现一次‘微冰河期’等等，都是在大趋势下的小波动，不大会影响大局。”

虽然主流科学家们在媒体上多次表达了同一个意思，但公众却似乎更愿意相信阴谋论。自“气候门”事件被媒体曝光以来，大量质疑 IPCC 科学性的新闻报道成为报纸的头条，与此同时，一系列民意调查显示，几乎所有国家的公众对气候变化的信任程度都在下降，媒体在这件事上应该担负起怎样的责任呢？

媒体的苦衷

“媒体不必承担教育公众的责任。”牛津大学的研讨会上，4 位记者异口同声地对听众们说，“我们只负责报道事实，让读者自己去判断。”但随后 BBC 记者理查德·布莱克就说漏了嘴：“但是你们要知道，英国的媒体都是商业机构，我们这些做记者的只对老板负责，不对事实负责。我记得伊拉克战争刚开始的时候，《每日镜报》致力于报道真相，但读者不喜欢，销量直线下降，于是报纸只好修正了报道口径，这才挽回了损失。”

既然一向标榜自己立场中立的 BBC 都说了实话，其他 3 位记者便也都敞开了心扉。《卫报》记者大卫·亚当（David Adam）冲着台下的科学家们说道：“你们也许不会喜欢听，但我仍然要告诉你们一个事实，那就是科学家的话是否能上头版，要看你们是否能满足媒体的需要。媒体要的是故事，不是真相。现在的读者已经习惯了从互联网上寻找免费的事实真相，媒体所能提供的只是对热点事件的跟踪报道和分析。我自己知道‘气候门’事件是某些怀疑论者在背后挑事，但他们非常善于制造话题，作为记者，我的责任要求我必须跟进。”

亚当接着给科学家们出主意：“你们要想上头版，就得把事情搞大，比如搞个集体签名什么的，让这个故事继续发展下去。虽然我也不喜欢这样的方式，但不幸的是英国媒体就是这么工作的。”

《金融时报》记者菲奥娜·哈维（Fiona Harvey）也同意亚当的观点：“‘气候门’事件刚出来时我去采访科学家，他们居然说那些电子邮件都是偷来的，所以不必理会。其实没人关心这些电子邮件的合法性，如果科学家回避这个问题，读者就会认为科学家们肯定心里有鬼。所以科学家们必须学会放下身段，学习怎样更好地和媒体打交道。举个例子，《科学家居然说今年1月份是有记录以来地球最热的1月份!》这样的标题能上头版，但《你猜怎么着？气候仍然在变化!》这样的标题就肯定上不了。”

但是，科学家也有自己的苦衷。“严肃的科学问题往往是很难讲清楚的，尤其是气候变化，时间尺度太大，老百姓很难有切身体会，不容易理解。”艾伦教授对本刊记者说，“比如我就非常不喜欢上电视，因为电视节目经常要求我在很短的时间里说清一件事情，这是不可能的。一旦我说错话，同事们就会笑话我。”

温纳博士也向本刊记者表达了类似看法：“科学家的本职工作是做研究，和媒体打交道不是他们擅长做的事情。如果科学家需要腾出时间来解释每一个未经同行评审的文章中犯下的每一个错误，那科学家就没有时间工作了。”

正是在这种背景下，媒体选择了非政府组织（NGO）。牛津大学路透学院曾经对媒体报道哥本哈根大会的方式进行过研究，他们在全世界挑选了13个国家，每个国家选出两份有代表性的报纸跟踪调查，结果发现在哥本哈根大会结束后，75%的报纸选择采访联合国和各国政府官员，24%选择采访NGO，只有1%选择采访科学家。一位熟悉NGO运作方式的人士告诉本刊记者，很多NGO事先都根据每一种可能出现的结果准备好了一份相应的声明，所以《哥本哈根协议》刚一公布，包括 WWF、绿色和平组织和乐施会在内的多家国际 NGO 组织都在第一时间把声明发到了记者手中。

科学家的工作性质决定了他们不太可能和媒体保持如此紧密的关系，其结果就是科学家的声音远不如政府官员和 NGO 的声音传播得远。科学媒体中心（SMC）就是为了改变这种情况而成立的。这家总部设在伦敦的 NGO 组织只有 6 名员工，却和 1200 多名顶尖科学家建立了合作关系，一旦遇到与科学有关的新闻事件，便会邀请相关专业的科学家召开新闻发布会，让媒体记者和科学家直接对话。SMC 的负责人菲奥娜·福克斯（Fiona Fox）女士正是这次牛津大学媒体研讨会的主持人，她认为“气候门”事件虽然对主流科学家是个挑战，但同时也是一个千载难逢的机遇。“一个科学家曾经对我说，气候变化太重要了，不能再浪费时间去讨论了。但我认为，正是因为气候变化太重要了，我们必须认真讨论。”福克斯说，“‘气候门’事件引起的争议起码可以让大家都来关心科学问题，否则公众根本不会有兴趣阅读科学文章。”

美国物理学家斯班瑟·维尔特（Spencer Weart）正在撰写一本关于气候变化发展史的书，他认为，如果一位 200 年后的历史学家回过头来检视我们这个时代，他会认为 21 世纪是科学的地位逐渐削弱的开始。有 3 个现象可以支持他的观点：第一，科学机构的名声正在变得越来越差，就连 IPCC 这样挂靠在联合国旗下的科学家共同体都不再被公众信任。第二，研究领域的分支越来越细，像爱因斯坦这样的被所有人崇拜的偶像级科学家越来越少，而像卡尔·塞根那样的有魅力的科普作家也变得凤毛麟角。第三，科学记者的水平直线下降，大多数科学记者对自己报道的领域一无所知，这一点在互联网兴起后变得更加糟糕，因为互联网给很多心怀鬼胎的伪科学传播者提供了广阔的舞台。

“互联网糟糕透了。”BBC 记者布莱克毫不掩饰自己的观点，“很多在互联网上活跃的人都是匿名的，他们说话完全不负责任。”

确实，互联网正在蚕食原本属于主流科学家的话语权，不光是在气候变化领域，最近关于干细胞研究、垃圾焚烧、核电站、水电站和转基因农作物等问题的争论都出现了这种情况。

“我对气候变化问题的前景很不乐观。”布莱克说，“我认为只有地球发生巨大的灾难，比如北极冰盖真的完全融化，或者地球大气温度急剧升高等等，才会让公众改变意见。”倒是《太阳报》记者杰克逊比较乐观：“我觉得很多人在死前就能看到气候变化的部分结果，这是对公众进行科学精神培养的好机会。”

问题是，等那一天真的到来时，会不会已经太迟了？

# 附录：历年“气候酷派”媒体作品竞赛获奖作品名单

2007～2008 年：

电视广播网络类“最佳作品”2 名：

余文，华风气象影视信息集团：渐行渐远的冰川

史少晨，搜狐网科学频道：全球变暖的账迟早要还

报纸刊物类“最佳作品”3 名：

刘恕，科技日报记者：今天，你减排二氧化碳了吗

秦晴，新华通讯社云南分社记者：全球变暖——青藏高原还会是野生动物的天堂吗？

周凯，中国青年报驻上海记者：时尚青年冲动消费带来多少能源消耗

（另：《财经》杂志王以超的《气候危机》及《华夏地理》杂志吴欧的《向二氧化碳宣战》也在该年度获奖，但两位作者没有领取当年奖励——英国气候之旅）

科技传播类“最佳作品”1 名：

闫莹莹，北京市西城区青少年科技馆：全球变暖与我们

学生类“最佳作品”1 名：

康雯萱，清华大学新闻与传播学院：当气候成为政治

2008～2009 年：

报纸刊物类“最佳作品”3 名：

朱淼，中央电视台：《气候变迁中的发展鸿沟》（发表于《南风窗》杂志）

王莉萍，科学时报：《变暖的西藏带来洪患隐忧》

邱登科，民营经济报：《珠三角吹响低碳经济号角》

**策划编辑类“最佳作品”2名：**

刘世昕，中国青年报：《高油价下的减排生活》

夏建宏，自然与科技杂志：《气候酷派，设计未来》

**电视广播网络类“最佳作品”1名：**

遇蕾/赵怀艳，华风气象影视信息集团：《艾比湖的变迁》

**学生类“最佳作品”1名：**

高文欢，汕头大学长江新闻与传播学院：《建筑节能出路》

**摄影类“最佳作品”1名：**

秦晴，新华通讯社云南分社：《西双版纳：哭泣的热带雨林》

2009～2010 **年**：

辛本健，人民日报：全球应对气候变化最新进展

李元，春城晚报：2010 昆明春天绿营体验行动

朱国平，钱江晚报：《全球变暖大骗局》是个骗局

孙晓华，中国日报：Tibet moving on climate change threat

张瑞丹，《财经》杂志：“第三极”消融

李颖，广州日报：去年中国减排卖了 280 亿美元

谢来，新京报：哥本哈根世界气候大会报道策划方案

孙怡，北京人民广播电台：节能小先锋

仲伟宁，中央电视台：面对气候变化

2010～2011 **年**：

赖妍，广州新快报：自救，在地球毁灭前

任荃，文汇报：气候变化研究，请还公众清朗视野

储信艳，新京报：“环保城市在哪里”专题策划

袁越，三联生活周刊：气候变化——科学和媒体的新战场

王妍，中国新闻周刊：Solar Energy，Dirty Silicon

辛本健，人民日报：全球气候变化问题再思考

王珂，中国网：新能源汽车——通向低碳之路

朱林，艺术与设计：气候广告：用创意主张正义

评委们还评出了8名优秀作品奖，获奖者将由英国使领馆文化教育处资助参加媒体绿色之旅，他们是（排名不分先后）：

张恺，上海唯众影视传播有限公司：《波士堂》之“哥本哈根归来”

蒋林，广州日报：未来，世界命悬于碳？

徐婉玲，成都商报：去看海吧，它正在死去

王大骐，南方人物周刊：马悠的遗产

梁晨，环球时报：Drought victims prepare for famine

朱焱，中央电视台：Change with the Climate（与气候一起变化）

肖欣，中国新闻社：延安吴起，从“红色革命”到“绿色革命”

佟大伟，中科院研究生院：低碳中国：新能源产业的困惑

**集体参与特别奖：**

华风气象影视信息集团有限责任公司：石说气候

# 第三篇 深度访谈

★ 不同类型和定位的媒体如何报道气候变化这个议题？他们在报道重点、报道框架和报道策略上有什么异同？党报媒体、市场化媒体和专业化媒体的报道方式和特点如何？资深的环境记者或一般条线记者报道气候变化的策略和技巧有哪些？本篇中，我们通过对多位记者的深度访谈，试图探析他们对气候变化议题的认知特点、采访策略和写作技巧。

# 第六章　气候变化报道的记者访谈

## 电视要展现讲故事的过程
### ——CCTV《新闻调查》编导仲伟宁访谈

**【个人简介】**仲伟宁，中央电视台《新闻调查》编导，长期关注环境、社会新闻、青少年等话题。曾先后参加巴厘岛和哥本哈根气候变化大会，在东莞做过区域环境污染调查。

### 用故事激起受众保护家园的意识

**白红义（以下简称白）**：你在《新闻调查》里做了几期关于气候变化的片子？

**仲伟宁（以下简称仲）**：严格来讲，我自己完整做的只有一期，但是《新闻调查》做这个方面的片子非常多。最近两年栏目组就做了“垃圾围城”、“气候变化”、“碳足迹”、“哥本哈根大会”等话题，这是《新闻调查》的一个选题方向，隔一段时间就会关注一下。

**白**：说说你做的这期节目吧。

**仲**：我的这期节目是比较正统的，叫做《关注气候变化》，是在哥本哈根气候大会之前做成的，2009 年 6 月 6 日播出。之前的策划特别久，大概有一年时间。主要因为西藏、新疆骚乱，地震等等原因。每一次这个选题要启动的时候就得往后推。在策划的时候想做一个全景式的调查，比如中国政府的态度，还需要一些案例，能描述气候变化的情况，另外还想采访中国气候方面最知名的专家学者，以及政府官员，包括解振华、潘家华、贾峰等，后来也都采访到了。

我们在策划之初就一直想找一个承载这个题目的案例，电视做报道必须要有案例来承载，我一开始找了 3 个地方。第一个是西藏的冰川融化，相关的研究在世界范围内占有一席之地，而且西藏这个地方也比较特殊，容易有故事；另外我还想关注红树林，我了解到厦门有个 NGO 组织一直关注红树林，联系得也非常顺利，后来在厦门进行了采访；第三个点，想关注贵州的一个有机茶园，与气候有一些关系，但是关系比较间接，后来就舍弃掉了。

最终的考虑就是以西藏冰川融化的故事开篇，以红树林作为故事，把我国在气候谈判中的立场和态度放进去。一开始我设计了一些 NGO 的采访，但是篇幅太大了，对于电视来说 40 分钟的篇幅什么都想说就等于什么都没说。所以最后还是要做减法。当然这个减法做得不够成功，这个节目还是感觉有点大。对于公众来讲，我们的节目应该以细节为主。

**白**：不断搬迁的藏民故事是你们在现场发现的？

**仲**：对，这个很有意思，我们开始和当地一个相当于县长的官员联系，他是那曲县的行署专员，对气候变化很有研究。他和内地很多这方面的专家有合作，有人资助他的研究。那曲是世界上海拔最高的一个县了，平均在 4700～4800 米。我们去采访他，他就带着我们开越野车颠簸着跑了半天，沿着那个湖走去找人采访，后来跑得实在太远了，于是就近找了一家。后来就发现碰巧这家人就在那儿搬迁，完全是偶然碰到的。采访他们的时候，这家人正在一块石头一块石头地搬家，我们拍下这样的场景，还能看到羊圈下面都是水，确实是雪水融化导致湖水上涨，原来的房子不能住了，必须搬家。

这是气候变化的直接体现。

在西藏的采访比较辛苦。我们 24 日早上到了县城，到西藏第 3 天时，就上了接近 5000 米的海拔高度。几个同事高原反应挺厉害，非常不容易。最后这个故事用在节目开头，我个人也是非常喜欢这个段落。

**白**：你在做这个节目前对这个气候变化话题有了解吗？

**仲**：之前有过一些了解，当然即使做好这个节目我也不认为自己非常了解。它是个科学问题，太深了，所以我很佩服一些国内的专家，以及一些做这方面的科普记者，类似于财新传媒的李虎军和新华社的一些记者。同他们接触的过程中，我发现他们对这些问题理解非常深。但是对于电视来说，有的时候它是一个比较肤浅的形式，它要给大家讲故事，不会像纸媒写得那么深，但是在这个讲故事的过程，得让大家了解这个事情，所以在找故事上，我们会花更多的时间。

**白**：你觉得媒体在这个议题中是什么样的角色？

**仲**：媒体在这个议题中很重要。不管对于纸媒还是电视，媒体有两个重任：一、让受众尽可能了解事件的原本；二、你要激起受众去保护自己家园的意识，这是我们的终极目的。对于电视来讲，就是用事实和案例来说话。

我举个其他节目的例子。《低碳生活》，是我一个同事的作品。这个节目很巧妙，选了五六个事例来讲故事。其中有一个艺术家是素食主义者，他就从艺术的角度说自己为什么不吃肉。还有一个旅馆，据说所有的东西都是环保的，节目里就展示给你看。这个节目就从这些不呆板的例子中告诉你为什么要环保。电视就要用这种简单的话来让大家悟出这些道理。

**白**：哪些相关方面的报道会纳入你们的视野？

**仲**：首先要有时效性，比如之前番禺的垃圾焚烧厂，我们新闻频道一起去做了，这就是第一点。首先要有人去关注。像垃圾这个事情，包括前面又做了一个“垃圾围城”的节目，如何处理？不同专家有两派之争，就很有趣。第二点，就是从社会影响的角度。如果这个事情会影响很多人的生活，那我们就会去关注。这也符合《新闻调查》一贯的宗旨，故事性、新闻性。

## 借助专家和同行的力量

**白**：《新闻调查》的选题的来源是什么？

**仲**：一个是其他媒体提供的新闻线索，我们绝大多数选题都是别的媒体做过的，但这不妨碍我们去深挖，或者用不同的视角去展现它。第二个方面就是观众来信，这是一小部分，对每个人来说，他们反映的都是大事情，但是对于社会来说可能还是小了些。第三部分就是同行推荐，比如说他们觉得适合我们来做的。当然最多的还是从其他媒体淘来的，80％都是这样的。

**白**：那么具体到气候变化的选题是什么情况？

**仲**：气候变化不是《新闻调查》一个重点的方向。在《新闻调查》每年50期左右的节目量里是比较小众的。对于中国来说，社会民生的新闻可能占的比例更高。我们做过4～5期有关环保的节目，角度与编导的喜好也有关系。我们另外一个编导去英国留学过，他热衷于环保，就会倾向于这个领域的话题。至于以后会不会关注，肯定是会的，但是从什么角度还不好说。

**白**：像你们做环保方面的报道，采访对象主要是哪些人？

**仲**：每个节目肯定各不相同。对于我们这个节目，我们首先要找到足够量的事例，这些当事人是要采访的。我们还会去联系一些决策部门，还有就是专家。但是这个方面会比较谨慎，因为他们是否权威，这是要考量的。

**白**：有人研究说，中国的记者写气候变化的报道，很少采访国内的气候变化专家，你如何评价？

**仲**：我不太认可，我和很多同行搭档的时候，比如去巴厘岛和哥本哈根的大会，他们不但会采访专家，而且会全面地去采访，有个很全的提纲。我不知道你说的这个论断从哪儿来，至少这些大的媒体记者他们都会非常勤奋地做功课，然后去采访各种领域的专家。

我自己的经验，不太了解的领域，我会请教我的同行，他们会告诉我谁比较权威，然后我自己再去了解。如果这些专家的观点比较公众，我就会去和他们聊。

**白**：你学的专业是管理，现在长期关注气候变化。你不是科班出身的，你通过什么渠道去获取相关必须的知识呢？

**仲**：我会选择几种方式。第一是同行，比如《财经》、《21 世纪经济报道》、《南方周末》这些国内公认比较勤勉的媒体，他们的视角我会去关注。第二当然是向专家请教，集合大家的智慧。

**白**：有没有担心自己的非专业而导致节目出现问题？

**仲**：有可能。在气候变化的一个领域，电视的深度有可能不如纸媒，但是电视的价值在于它可以让大家对这个事情的理解更直观。这里要说的一个信息是，电视媒体受众的受教育程度一般低于纸媒，平均在初中程度，所以我们必须要用容易理解的方式去表达。当然你也要照顾多方面的感受，一方面要让低教育水平的人能看懂，一方面也要让相关的专家认同。这个压力就比较大。我也不敢说我当初做的关注气候变化的节目有多深刻，但是我觉得它可以起到一定的传递信息和观点的作用。

## 气候变化报道需要多元视角和声音

**白**：你在前面一直强调讲故事，这是受众取向的，但是这个议题又比较专业，如何处理这两者之间的矛盾？

**仲**：讲故事告诉你发生了什么，专家告诉你为什么发生以及它的影响。电视要首先告诉大家有这个事情了，然后才是请专家告诉你它的影响，如何解决。这就是我们所谓的“落点”，我们这个问题不能悬而不决，至少有个建设性的方向。

**白**：像这样的题材，你觉得讲故事有难度吗？

**仲**：气候变化这个议题我觉得绝大多数的报道还是偏向科学和政治的分析。但是对于电视来讲，你不能把它作为主要结构，受众很难接受。故事难在比较不容易用电视表现。比如湖水上涨，你很难用电视表现湖水10年前在什么位置，现在在哪儿，你只能描述，这就牵涉到技巧。又比如，我只能说红树林已经死掉一批了，但是它是不是由于气候变化引起的，专家说是，但是对于电视的表达来说，可信度有多少，这都是问题。

**白**：你觉得国内媒体对于气候的报道处于什么样的状况？

**仲**：我觉得很多媒体在专业方面下了一定的工夫。在科学的层面投入的精力会比较大，他们会努力和科学家、决策者去联系，把他们最新的成果报道出来。但是对于公众来讲，他们可能需要一些好的案例去了解。我觉得媒体报道的生动性可能还有所欠缺，有的时候还是就事论事，能让大家真正理解的信息还有些缺乏。

**白**：你有没有看过《人民日报》这样的机关报，和你之前说的《南方周末》这样的媒体的气候问题报道有什么不同？

**仲**：我感觉气质上会不同。包括央视也是一个中央媒体。我自己也在想，我自己做的那些节目是否也有更好的处理方式，如果我按照审片领导的意见，只拎出一个故事来做一期节目的话，有可能会更有建设性。我所谓的“建设性”是能让大家从同样的一个节目里得到更多的信息，更有意思的信息。

我对比过机关报和《南方周末》这样的报纸在气候报道上的标题，《人民日报》会有《气候问题要过四道坎》之类的标题，我想他们会从国家的视角来关注。在气候变化这个问题的报道上，各种视角都需要，不单单说像《南周》这类的报道一统天下就是好的，《人民日报》的这种国家声音发出来也是需要的。

**白**：《新闻调查》内部对于气候议题的选题的态度是怎么样的？

**仲**：对于《新闻调查》来讲，我们的选题要有一定的关注度和社会性，你知道收视率的压力是实打实的。每一个干这个行当的都会受到这个指标的限制，你不得不去考虑。如果要是一段时间内气候已经是热点了，我们会主动去策划或者关注。

**白**：在哥本哈根大会期间，《新闻调查》抢做了一期节目，是什么内容？

**仲**：两个内容。一方面是会议的历程。第二部分是在北京生活的两户老百姓，他们如何看待这个事情，他们的日常生活是怎么去做的，其实这期节目是前方和后方的拼盘。也是在很短的时间里做出来的。

**白**：这个节目也属于比较正的吗？

**仲**：我觉得还好，所谓的正，可能是更多地展示观点，展示国家视角等等。而所谓的生动，就是以小见大，这是最好的方式。

**白**：你觉得中国媒体对气候议题的重视程度如何？

**仲**：我很高兴的是，国内很多媒体是在持续地关注，有一拨儿很专业的记者在关注气候变化领域。在很多媒体里，你会看到很多专注于此的学者型记者。

**白**：电视的形态决定了你们做一个节目要好几个人（5 个人），你的经历听下来，做这一期节目也很费时费力。

**仲**：的确是，我说个细节。我们这次一起采访的同事都是年轻人，我们的录音第一次去西藏这么远的地方，高原反应特别厉害，几乎没法儿工作，用崩溃来说也不为过。但是当他爬到海拔 5100 米左右的雪山时也很高兴，觉得一生有这一次机会去这样的地方还是很值得，也许以后就没有第二次了。从他的状态你就知道，做这期节目也付出了一定身心上的代价，也很有压力，过程非常艰苦，确实很难。

### 涉及很多人利益的选题必须去做

**白**：你如果长期关注气候的话，以后有类似的选题，你还愿意去这样费劲去做吗？

**仲**：每个节目都挺费劲，难处不一样。这个节目是体力上比较累，另一个节目也许你采访不到你要采访的人，每期节目都不会太容易，这不会是障碍。

**白**：你们《新闻调查》有些选题可能会受到外部的压力，气候相关的报道如何呢？

**仲**：我们做的这几期气候相关的问题，没有太强的阻力。它是一个公益事件，而且不会像舆论监督话题那么敏感，阻力也比较小。

**白**：收视率会不会对这个类型选题有影响呢？

**仲**：收视率对各个选题的报道都有影响，它是硬指标。它基本决定你这个栏目存在的价值如何。

对于《新闻调查》来说，它是一个有一定追求的节目，在收视率和自己追求的衡量中，我们会做一些我们认为必须去做的选题，即使收视率不理想，但是它涉及到很多人的利益。气候变化就是这个类型，你可以预计到它的收视率不好，但是这样的话题会得到鼓励和支持。

### 国家利益和世界利益不是非此即彼的问题

**白**：气候变化现在也牵涉到很多国家利益，你怎么看？

**仲**：很显然，哥本哈根气候大会已经使得这个问题明朗化了。我自己觉得这是一个科学问题，但不可否认政治已经搅入其中了。对于记者的话，你要站在自己国家的角度。当然，我今天非常欣赏袁越（《三联生活周刊》记者）的一句话，他说还是要讲究公平公正。我们也讲究要有各方面的声音，你得有一个公正的态度，在这个基础上才有自己的判断。他提倡的公正公平是正确的。不能因为现在气候变化牵涉了很多利益集团，我们就没有自己的公正立场，不同的声音我们都要照顾到。

**白**：你参加的这两次会议，你如何评价中国的表现？

**仲**：有很大的变化。在巴厘岛的会议上，中国还是中庸的，声音并不激烈；而在哥本哈根大会上，中国的声音比较强。对于媒体来讲，这是一个兴奋点，能说明一定问题。至少从国家层面，更重视这个问题，投入更多力量去研究，也更有魄力和自信去解决这个问题。

**白**：从世界来看，发达国家和发展中国家在气候问题上的博弈，你作为记者怎么看？

**仲**：我在节目里引用了潘家华和解振华的观点。这是一个历史问题，发达国家需要承担自己的历史责任。我特别欣赏我在采访中贾峰引用过的一句话，他和一个日本专家聊过，那个专家说，“不能说我们国家已经吃完了肉，而中国刚刚开始吃肉，我们就说你现在不能吃肉了，这是不负责任的”。我是赞同他这个观点，“共同但有区别的责任”。

**白**：有人说中国自己的利益不一定符合全球的利益，你怎么看？

**仲**：我觉得这不是非此即彼的问题。我们的出发点都是为了我们的未来好。

（访谈：白红义　整理：肖文杰）

# 报道气候变化要理解好国家利益

## ——新华社主任记者张小军访谈

**【个人简介】**张小军，新华社国际科技编辑室副主任、主任记者，带队参与过多次气候变化峰会报道。

### 气候变化是重大政治和经济话题

**傅盛裕（以下简称傅）**：您本人是怎样看待气候变化报道的？它的紧迫性、科学性如何？

**张小军（以下简称张）**：我在新华社从事国际科技报道，现在气候变化已经成为新华社国际科技报道的一个重要组成部分。实际上它已经可以独立出来，处在和环境、健康报道同等重要的水平。我们报道非常充分，以近年为例，联合国的工作会议我们都组织了大型的报道组，进行了认真报道。对于气候变化，新华社的报道语言为中文和英文，其他语言（如法文、西班牙文、阿拉伯文、俄文和葡萄牙文）的新闻产品也有报道气候变化的内容。

**傅**：很多业界学界的人认为气候变化是各执一词的事情，报道气候变化紧迫吗？

**张**：气候变化报道是很紧迫的事情。首先是气候变化本身的危险性，这种危险性在 IPCC 第四次工作报告中已经有明确的表述。其次，如何应对气候变化，已经成为塑造 21 世纪全球政治、经济形态的一个重要因素。在世界各有关方面寻求治理气候变化的方案时，中国媒体需要反映中国关切的事情，在保证中国承担法定义务的同时，能够维护正当的权利。

**傅**：那您个人认为媒体对气候变化报道应该承担什么样的角色？

**张**：媒体的作用很多，至少是三种：一是教育，告诉大家气候变化是什么，为什么需要立即应对；二是维护弱势群体和发展中国家的利益；三是舆论监督。对于国家政府明令禁止的东西，媒体要起到监督作用。

**傅**：您刚才也提到现在很多气候变化报道都被政治化了，就您接触的气候变化报道议题来说，更多关注哪些领域和角度？

**张**：最重要的是找到应对气候变化的全球有效方案。一些人希望迅速找到一个彻底的解决方案。种种事实表明，这种想法可能不正确。应对气候变化，世界各国需要在共识较多的领域先达成协议，然后先做起来。对于争议比较多的，可以继续谈，不要破局。西方一些人有意无意的努力方向是，借助未来气候变化国际协议，建立本国的长期的不公平的竞争优势，这是发展中国家不可能接受的。

**傅**：您大概是从什么时候开始关注这个领域？

**张**：气候变化长期在做。从 2007 年开始，投入了更多的精力。

**傅**：那您大概写过多少篇相关的气候变化报道？

**张**：没有统计过。但可以肯定地说，新华社作为消息总汇和世界性通讯社，气候变化报道数量非常多。

## 报道气候变化必须有科学态度

**傅**：在气候变化报道中，您主要的消息来源是什么？

**张**：国际组织，如联合国，非政府组织，如 WWF，国内外学术机构和学术期刊，各国政府有关部门等。

**傅**：您刚才谈到的专家可能是一些官员。是不是技术专家在我们的报道中出现的不多？

**张**：很多。在解释气候变化为何物等方面，新闻需要技术专家提供的专业解答。

**傅**：您在写作、策划这样重要的气候变化报道的时候有没有一些比较个人的心得体会？

**张**：气候变化问题有太多杂乱的声音，有太多的来自不同领域的利益诉求。报道气候变化，首先要有科学态度，这个不难理解。其次要有国家立场。前面已经讲过，如何应对气候变化问题已经与国家利益密切相关。作为中国媒体，在力促全球各方实现合作共同应对挑战的同时，要保护中国正当的国家利益。不能只说合作，把国家的未来全都葬送了。这种情况如果发生，人类也不可能有效应对气候变化。

**傅**：气候变化报道本身还具有一定的专业性和科学性，但是新闻报道又要求要通俗易懂，怎样处理这两者之间的关系？

**张**：这个问题很好，涉及科技记者的专业。在媒体上，读者往往希望简单明了，希望有冲击力。而气候变化等科学报道往往是不明确，它只能告诉你一个趋势。新华社科技报道历来追求准确，不求煽情。

**傅**：在这类报道中要讲故事，有哪些比较好的经验？

**张**：目前我们多是消息和政策分析类稿件，以讲故事为主要方式的特写等还比较少。

## 报道气候变化不能被西方带着走

**傅**：之前有个研究得出这样的结论：中央媒体在报道气候变化的时候更多把它当作政治新闻来做。采访的信源主要是官员，有非常明确的学科背景的专家其实并不多。

**张**：我需要看到这项研究的具体说法，因为这与我的印象不同。我们在操作中，采访专家是必不可少的。

**傅**：您怎么看待国内气候变化报道的现状，主要存在哪些问题？

**张**：至少有两个问题，一是因为参照国外媒体报道，选题和观点容易被人家带着走，二是对我国自身的节能减排政策解读还嫌不足。

**傅**：不同类型的媒体，中央媒体或都市报，他们对气候报道的呈现上有哪些差异？

**张**：这个结论需要媒体以外的专家通过调查后做出来。作为新华社的一员，我在报道气候变化时，一是事实真实，二是中国视点。

**傅**：在报道角度上有没有差异？

**张**：这个仍需要媒体外的人士进行调查，才能客观。

**傅**：有记者提出图片报道在气候变化报道中是非常重要的。传统的文字报道和视频报道、图片报道，在呈现气候变化报道中有什么差异？有没有一些新的发展动向？

**张**：气候变化报道要在大众媒体中增加影响力，图片和图像报道应该加强。

**傅**：主要的功效还是在气候报道的普及性，或者说增强与受众的联系上。总结一下，要提高中国记者和媒体报道气候的程度和水平，还有哪些可以做的？

**张**：认真学习，勤思考，积极与有关专家和同行交流。

### 做好气候变化报道肯定费时费力

**傅**：有一些从业者谈到气候变化报道的时候，认为是一件吃力不讨好的事情，觉得既费时又费力，您个人为什么会对这块有兴趣？

**张**：就我个人而言，工作的乐趣是在工作中慢慢培养出来的。既然读者需要，就认真去做。任何一项工作要做好，都是费时费力的。

**傅**：您刚才也说报道大会，那期间有很多合作，想请您介绍一下具体的合作机制。

**张**：新华社作为国际性通讯社，有相对丰富的国际性会议报道经验。如果有兴趣，我建议选取一次会议，调阅新华社的全部稿件，就可以有直观的感受。

**傅**：国内的同行对气候变化议题的关注度挺高的吧？

**张**：是的。节能减排是国策，从国家领导到老百姓都关心，媒体当然不会例外。

**傅**：您觉得中国的读者、公众对气候变化这个议题关注程度高么？

**张**：挺高的。但如何从自己做起节能减排，大家还缺少方法和经验。

**傅**：气候变化报道对于吸引广告商的吸引力大不大？

**张**：很大。绿色标签很值钱，因为这能吸引投资者和消费者。

## 追求国家利益和追求新闻客观不存在矛盾

**傅**：在气候变化报道方面，既牵涉到国家利益，又跟世界的共同发展相关。您觉得气候变化报道对国家利益的影响大不大？

**张**：大。使用气候变化议题，可能设制贸易壁垒。

**傅**：您之前参加了巴厘岛会议，中国以什么样的角色、身份参加到这个会议中？

**张**：中国是《联合国气候变化框架公约》的缔约方，以这个身份参加会议的。

**傅**：发达国家和发展中国家对减排的指标和任务有明显的争议，您对这个争议怎么看？

**张**：美国人把自己的利益摆在第一位，然后为保护本国利益，设计歪理。我同意这种观点，发展中国家的老百姓也有权利和发达国家的老百姓一样生活，不能因为减排，就剥夺发展中国家的这个权利。

**傅**：在气候变化报道的时候，怎么样权衡国家利益和世界大同的构想？

**张**：我们绝对是支持世界共同行动的，中国政府和中国媒体愿意扮演一个积极重要的角色，参与到共同努力中，这个观点不管是中国政府还是中国媒体都认同。但承担的义务应该是合理的，是我们能承受的。

**傅**：作为一个做科学报道、气候报道、环境报道的从业者、记者、编辑，他应该怎样处理国家利益和职业追求这样的关系？

**张**：新闻报道必须真实客观。但是，一件事情，有很多种不同的观察角度，从不同的观察角度，报道就可能有所不同。作为中国记者，要站在中国的立场上。

**傅**：从事气候变化报道的记者，国家利益和世界大同理想不是矛盾的？

**张**：不是。只有每个国家和利益相关方的利益都得到表达和维护，全球的共同行动的基础才是扎实的。

**傅**：还是要在具体现实中达成一个妥协？

**张**：对。维护国家根本利益，同时能与其他国家互谅互让，这是合作的重要内容。

（访谈：傅盛裕　整理：于希旖）

## 气候和环境是未来报道的新增长点

### ——《中国青年报》经济部副主任刘世昕访谈

**【个人简介】** 刘世昕，《中国青年报》经济部副主任、主任记者。过去12年间一直致力于气候变化、能源问题及环境保护的相关报道，几乎覆盖了环保、能源、气候变化领域内所有的大事。自1999年至今，她连续多年获全国环境好新闻奖、中华环保世纪行好新闻奖及先进个人奖，并在2009年获得中国最高环保奖、中华环境奖。在气候变化方面的报道，她曾在2008年穿越青藏高原，考察气候变化对世界第三极的影响，并写出了相关的报道。此外，她还组织了高油价下的减排生活等系列报道。

### 从老百姓的角度看待气候变化报道

**白红义（以下简称白）**：你如何看待气候变化的问题，它的紧迫性、科学性及其意义？

**刘世昕（以下简称刘）**：我最早关注气候变化的议题，大致是1997年《京都议定书》签订，那时候我刚开始工作，开始接触这个议题。我一开始就是从政治和经济的角度来关注这个事情，很多人质疑气候问题的紧迫是一种建构的问题，而我更愿意从普通人的角度来看待这个问题。《中国青年报》的相关报道，不完全只从科学角度关注气候变化。

**白**：你之前在环境部的机构工作了多久？

**刘**：大学毕业后就到环境部下属的机构，两三年吧，然后就到《中国青年报》了。

**白**：你刚开始关注气候变化的时候，中国媒体有关注这个吗？

**刘**：中国媒体的大规模集体关注气候议题应该是从哥本哈根气候大会开始。

**白**：你说媒体在去年大规模地关注气候议题，它的作用在哪里？

**刘**：可以向公众传达这种紧迫性吧。

**白**：你现在觉得确实有紧迫性了吗？

**刘**：我亲眼看见喜马拉雅的冰山在后退，也专门去过西藏，亲眼看到他们的草甸被淹、森林线北移等等气候变化。但是我听到了更多质疑的声音，作为记者，应该接受两种不同声音。

**白**：你现在的气候问题报道，还是从政治经济的角度去做吗？

**刘**：是。我们更会关注气候问题对政治、对经济，以及对老百姓生活的影响。2008 年油价高企的时候，我们做过一个“高油价下的减排生活”系列，包括现在我们也在做一个中国减排调查，其中也会有一部分关于老百姓的生活。我们的观点是，没有消费就没有生产，很多市场都是由终端决定的，消费者的行为会促使企业改进他们的生产。

《中国青年报》的报道常常是从一个小的地方切入，一般总是和老百姓的生活挂钩，至少我们要把一个问题还原成与老百姓生活相关联的问题。比如说国家倡导“26 度空调”，我们就要把它往小方向的拽。

**白**：为什么说气候变化报道不好写？

**刘**：最好的稿子是要独家发现。我很佩服一位印度记者。我觉得在中国的记者中，能通读 IPCC 报道的都非常有限。

## 气候变化报道线索有限

**白**：你现在做气候变化的稿件线索从哪里来？

**刘**：线索很少。它不像环境，有很多事件来承载，气候变化很难去承载。极端天气，你只能说气候变化导致极端天气增多。我去英国采访过 BBC 的环境记者，他们更多讲气候变化对动物的影响。比如，他们会从鸟的问题去切入。但是在中国，读者的阅读习惯不同，你在中国写个选题，一种鸟类怎么样了，这个跟气候有关，这个选题很难通过。日常的选题还是围绕国家政策来，比如发改委有些什么减排的进展等等。所以采访的人主要也是政府官员，或者是和决策者关系紧密的专家，有一些科学家，但比较少。

**白**：听你的意思，气候的选题采访科学家会比较少，为什么？

**刘**：第一，我是学新闻的，跟他们对话有一定难度；第二，科学家可能太专注科学问题了。

**白**：所以有研究说，中国的记者很少在气候问题上去采访学者，你同意吗？

**刘**：我觉得因人而异。我认识的一些记者，如果他的背景是工科，他们都非常愿意采访科学家，而且只相信数据。做科学报道做得好的记者，我觉得都是工科背景的。

**白**：你认为这种差异和记者个人的学科背景很有关系是吧？

**刘**：对。

## 环境、气候报道成为媒体品质的象征

**白**：国内媒体对气候问题报道的专门版面多吗？

**刘**：还挺多的。《南方周末》有个绿色版，《21 世纪经济报道》也有一个。

**白**：我之前在《新闻晨报》，也有个环境部，里面包括台风、环境问题都会报，每天四五个人撑起一两个版，都市报在这方面有些尝试。

**刘**：现在有个趋势，就是把环境、气候的报道作为品质的象征。之前《经济观察报》也想做一个版面，就是为了吸引一部分的广告商。像《时尚先生》，它花大力气来推绿色的概念，把环保推到一个时尚的角度。很多媒体就把它作为一个品位和品质的象征，感觉谈气候变化比较时髦，有商业利益的考虑，也有媒体形象的考虑。

**白**：你做气候报道会受到外部干扰吗？

**刘**：基本不会。不像做环境报道，是实打实地批评一个企业造成了危害，而气候报道，你去批评发达国家造成了现在的气候问题，没什么用。这种报道基本就没有对立方，也没有责任人。而且也不会和主流态度出现不一致，因为中国政府现在在气候问题上是很积极的。

**白**：你觉得要提高国内媒体报道气候问题的水平，如何着手？

**刘**：我觉得这是素养问题。现在越来越多的专业人才进入媒体，有好处。不管媒体是商业目的还是其他目的，气候和环境都是一个未来比较好的增长点。

**白**：你自己专业素养的知识是如何去获取的？

**刘**：我自己现在还有很多别的方面的报道。现在这方面的论坛很多，你要愿意去听，每天都听不完，真的。

**白**：你做气候方面报道的时候有没有需要地方记者站的同事帮忙的情况？

**刘**：有，还包括其他部门的同事。比如我们做一个系列调查，我们就会多几个人一块儿做。而且很多人有自己的关注点。我们有个同事就特别喜欢新能源。

白：和其他媒体的同行交流多吗？

刘：我觉得这个就是个圈子，挺松散的，你就知道谁在做这方面的。比较官方的交流就是贾鹤鹏组织的沙龙，还有就是在一些会议上大家一起去采访等等。

## 国家利益与全球利益是一个平衡问题

白：气候变化不仅仅是科技问题，也是政治问题，你怎么看？

刘：我同意。各个国家承担的减排任务不一样，而这个任务会改变你的经济结构。我之前在环境部工作的时候，我们国家的相关国际谈判我都了解些，这些谈判都是个利益再分配的过程。

白：你觉得中国应该以什么样的角色去参与这样的大会？中国现在在气候问题上的作为怎么样？

刘：联合国有这样的表述："共同但有区别的责任。"这不是我说官话，我觉得对中国来说，不承担责任是不可能，但是中国还是个发展中国家，我非常赞同这个说法。

中国现在在气候问题上的作为，比以前要好多了。我一直觉得气候谈判其实就是主权谈判。中国对内是抓得比较紧的。

白：你说的进步体现在哪里？

刘：原来，中国在国际上说得比较多，但是国内没什么动静。现在还是在国内真正有些措施的。也就是在"十一五"期间比较明显。

白：现在发达国家和发展中国家在减排义务有很大争论，你怎么看？

刘：还是那句话，"共同但有区别的责任"，这是我们国家的官方态度，我自己非常支持。你想美国人均能耗多高啊，确实是这样。

**白**：你在报道气候问题的时候，是否觉得世界大同和国家利益之间有矛盾？

**刘**：每个国家都有发展的权利，你有义务，但是你也应该被允许发展。之前的相关谈判里，其实有很好的先例，比如臭氧问题里有个蒙特利尔基金，发达国家为发展中国家提供批量持续的资助，淘汰破坏臭氧层的设备，我们国家之所以能推广无氟冰箱，就是因为这个基金给了我们很多钱。你可以要我减排，但是你得给我资助和资金。发达国家就说，这些技术掌握在企业手里，国家不能代表企业给你技术，而给钱又是很大一笔钱。原来还有说要成立一个碳基金的机制，但是从来没有被执行过。

**白**：所以你在报道的时候还是从我们国家的利益的角度出发？

**刘**：也不单单是我们国家的利益，比如印度、巴基斯坦等发展中国家，它们也有发展的需求。

**白**：有没有这种情况，全球气候变化关系到全球利益，而你所在的国家的利益与全球利益会有冲突，碰到这种情况会从哪个角度去报道？

**刘**：这是一个平衡的问题。你要去留下一定的空间。中国作为负责任的大国应该去保护气候，我个人感觉这两年中国做得确实不错。要记者超越国界地去报道，我觉得很难。

（访谈：白红义　整理：肖文杰）

# 气候变化报道没有善恶的逻辑

## ——《三联生活周刊》科技记者袁越访谈

**【个人简介】**袁越，男，1968 年出生于上海，1990 年毕业于复旦大学生物工程系，获遗传学学士学位。1994 年获得亚利桑那州立大学生物学硕士学位。1994～2004 年在美国从事生物技术研究，2005 年回国担任《三联生活周刊》科技记者至今。在《三联生活周刊》工作期间撰写过大量与环境有关的报道，曾经连续参加过 4 次联合国气候谈判大会并发回相关报道，2009 年获得了地球村颁发的“可持续能源记者之星”唯一金奖。

### 许多质疑是因为记者过于自信

**张志安（以下简称张）**：你在美国生活 15 年，然后再回到中国，这样的经历，会使你在报道气候变化时和其他记者不同吗？

**袁越（以下简称袁）**：完全不会。因为这不取决于我在哪里生活过，更多是我的科学训练决定了对这个事情的看法。我在法国留学一两年，结果会是一样。科学问题跟经济、政治都不一样，政治和经济考虑的东西更复杂，不一定有个黑白分明的结论。但是气候，往往很多的结论是有的，起码主流是有的。再加上我的无知，在气候专业上，不够资格形成我的判断，我一直遵循报道主流，没有资格对它下判断。

**张**：你刚才说所说的“科学训练”主要指的是什么？

**袁**：如果你做过多年的科研，就会知道这个领域是怎么思考的，它的判断好坏的标准是什么，怎么判断出来的。所谓“科学共同体”是怎么一回事情，它有什么样的规则，同行评议是怎么一回事，它的好处和坏处都知道。在这个时候，判断一个科学选题，就会知道这个选题是谁说的，什么情况下说的，说完这个话，后面有没有列参考资料，这些都直接关系到这句话的准确性。要说主流的话，如果IPCC的报告出来了，IPCC说的话我觉得基本上都是对的，哪怕最近出现了几个“门”，“气候门”、“喜马拉雅门”等。我说句不公平的话，媒体把这个无限扩大了，因为这几个“门”犯错误的点是非常小的。IPCC第一部分讲科学现象的部分几乎没有错，没有人指出过错误来。“喜马拉雅门”和“亚马逊门”错误的地方都不是关键问题，比如说“喜马拉雅门”是说2035年会融化，很可能是提前了20或30年，但是对人类来讲，它如果2085年化了也是很大灾难，这个不是根本的问题、根本的错误。

**张**：概括来讲，就是你原来自己做生物的研究，经受科学训练，在你做气候变化议题的科学报道的时候，是不是为你提供了一个更好的更完整的认知框架以及辨别、理解这样一个科学成果的理论背景？

**袁**：对。

**张**：因为它内在的逻辑是相同的，评议的方法、研究的思路，包括你去看论文的时候，其实是很典型的理科思维，你也知道这个论文发展，什么大致上是权威或者非权威，一看这个文献综述，也知道这个成果的脉络。不会像一个非专业出身的人，去看这个东西的时候，不一定能看得懂，所以有可能只关注结论，没有办法关注过程？

**袁**：举一个例子吧，我曾经买过一本书，是一个气候变化反对者的书。去查这个作者，标的名字也许是某某大学理科专业，甚至是气象专业的教授或者地理专家。但是你看他的论文，他不是搞这个方面的，即使他的头衔听上去很牛，也没有用。

**张**：因为他没有前期的积累，我们很难相信他忽然间冒出来的质疑声音有公信力。一般的科学记者在做这个东西的时候，不管是专业性，还是平常工作的功利性，使得他们不可能说对科技成果在脉络、谱系、框架中去理解把握，很多时候只能是迷信科学家，迷信某主流的刊物，比如说海外媒体做的一个报道，我们把它援引过来，更多的是这样。

**袁**：对。海外的报道，就是科技的报道，我也会去查证。因为现在我们的科学信息来源都在网上。外语网站优点就是它会给个超链接指向原文，我都会把原文找出来看，起码看看摘要是怎么一回事，就可以判断这个记者引用这篇论文错没错。

**张**：你能基本勾勒一下你平常收集信息、获取信息源的方式方法吗？你会跟踪哪些网站？以哪种方式来订阅？等等。

**袁**：*Nature*、*Science*、《科学美国人》、《新科学家》、《纽约时报》、《卫报》、《时代周刊》、*Discovery*、*The Scientist*。这些杂志全有网站。我基本上在家的时候每天必看。早上起来后，把所有的网站打开，看一下他们有什么新东西，然后感兴趣的去搜索一下。只看一遍的话，基本上至少要两个小时。如果看到一个非常有意思的，接下去的话，时间就很快没了。

**张**：刚才你列举的这些东西，对你平常做报道帮助大吗？

**袁**：非常大。像我的文件夹里，比如说气候变化的理论，我可能积攒了有近百个网站。每个网站都会去点点看，过会儿把觉得有价值的文章进行链接，国外一般都会有这种。又比如说我突然要做这个，我会去看看以前积累的文章。

**张**：这里遇到一个问题，记者报道科学问题的时候，本身专业上有欠缺，更何况是这种本身存有争议的气候变化议题。在这里头，你用什么东西来说服自己说主流或者非主流的判断，你更相信主流而不是非主流？

**袁**：IPCC这个标杆，因为它毕竟是通过全球2000多个顶尖科学家出来的一个报告。这么说吧，一个学者忽然发表一个观点，严重违背IPCC的，我几乎先把它定罪为是假的，再去看看它有没有一点道理。哪怕是中国最权威的一个科学家站出来说的这个话，这个事情遇到过，哪怕是中国的科学杂志说过的话，我也遇到过，都一比，然后再去查。都出现过这种问题。

**张**：关于气候变化这个议题，其实有些人也不相信，包括做这个报道的人。比如现在搞商业报道的，觉得这个里面并没有所谓的科学，只有金钱、政治。

**袁**：对。我现在已经积攒了差不多六七本国外出的讲气候变化科学的书。我已经看了其中的两本，还有三本在看，都是英文的，没有被翻译成中文的，非常全面。从二氧化碳讲起，给你把整个这个过程讲清楚，那其中涉及到的物理、化学知识我都能懂，因为它面对的是比较大众的，全部能懂。你看过这两本书，如果再不信，那么我们可以坐下来再讨论。如果你连这样一本基础的科学书都没有看过，就不信的话，那记者不要做了。

**张**：没有必要的验证过程、缺乏足够的知识积累，单纯凭着感觉，就持一种怀疑论。

**袁**：我曾经在博客里面写过，很多人误解以为这样的记者有探索精神、有质疑精神。我觉得这些记者最大的毛病恰恰是过于自信。他们可能觉得不要信主流，我们要怎么怎么，不对！你这样做，你怀疑 IPCC 的报告，后面的逻辑就是，你不相信大多数在这里面研究了几十年的专家的集体结论，要有多大的勇气才能这样做。靠直觉，靠本能，靠自己所谓的知识，去做一个判断，这个判断在气候领域里没有任何对的可能性。

**张**：如果你把这个东西指出来，它也未必能够改变一部分同行的这种偏见，有办法改变这样偏见吗?

**袁**：你不能强迫一个人去信一个东西。我不喜欢别人强迫我去信，我也不希望强迫别人信。只能慢慢地讲道理，通过博客、通过文章、通过对话慢慢去讲道理，只有这样。那不成也没有办法，或者说，不成也没有关系，一个人反对，你写几篇文章又能怎么样。

## 气候变化问题等不了了

**张**：气候变化可以从不同的角度分开看，你比较倾向于在前一个科学范围里谈，是不是？

**袁**：我比较擅长做这个，所以我更多的精力就花在这，但我非常承认政治、经济领域是不能用我这个思维来做的。

**张**：那么有人马上就说，其实相不相信是一回事儿，做报道呢，就有自己专业领域的那套东西。比方说，在美国，往往会有那种媒体比较愿意去扮演一个挑战者或质疑者，或者倾向于把自己的声音发出来，因为他觉得这是种民主，或者变革。做文本比较，美国人那些质疑 IPCC 的报告的这些文章，他还是关注的。但是在中国呢，很少看到，我们的报道比较多的是把这个东西当成既定的事实。

**袁**：不是，现在越来越多的质疑出来了，我觉得这个是与两国的科学家的态度有关，中国的科学家从上到下是不敢说话的。

**张**：这个“不敢说话”指的是什么？

**袁**：就是在涉及到这样一个与政治和经济联系非常紧密的科学问题上，没有大牌科学家。这样说吧，现在说的比较好的科学家都是退休的，在职的科学家说不出来。我们采访过，有感觉，他的顾虑非常多。

**张**：顾虑什么？

**袁**：这个问题涉及到政治和经济，说错一句话，这句话可能对中国谈判代表团不利。在早期的时候呢，可能这个根本也没有这么热，他们也不愿意出来说话。但是你现在去看，相当多的报道提到了反对的声音，而且反对的声音很多是来自谁呢，来自中国的科学家。

**张**：回到刚才那个议题，你之前说气候变化本身不是一个坏的东西，有质疑的声音你也不倾向于去报，是因为你觉得这些质疑的声音不够可信呢，还是你更想通过推动的这个角度出发？

**袁**：我觉得不可信。在写报道的时候，要报道最真实的事情。并不是我不信这些质疑的声音，才会不给篇幅，只是我通过调查，认为质疑的声音不够资格登上我这篇文章，所以不用你的。

**张**：所以其实你把我们平常在报道上的已经习惯的所谓形式上的平衡，看作是内在的实质上的内容是不平衡的，或者一种伪平衡。

**袁**：对。我绝对不相信所谓的平衡报道就是百分之百正确，有很多决定来判断你是不是平衡报道。

**张**：其实这么做，真的蛮难的。因为对我们来说，省事就在于呈现。那么如果按照这样一种习惯的话，你做出来的报道，因为你强调准确或者你相信这个科学，就不那么有冲突，那么好看呢？

**袁**：是这样的，这么说吧，科学问题即使它有一个所谓的标准答案、正确答案，不意味着它就不冲突。冲突很多时候是可以找到的，是可以用知识和技巧写得很好看、很有戏剧性。但是同时传达出主流正确的观点，其实很看功力。也不是说非得让双方在文章里吵得不可开交，这个文章才有戏剧性。

**张**：你有没有也看过一些外国记者写关于气候变化报道一个非常重要的原则，就是所谓的不确定性，就是说科学记者应该保持这样一种不确定性。

**袁**：是这样，即使 IPCC 的报告，也没有说它百分之百会变暖。但是你去看 IPCC 的前 4 次报告，它的措辞越来越强。什么意思呢？就是它的模型算得越来越多，它出错的可能性越来越少。比如说以前的 50%的可能，到 70%的可能了，现在已经到了 90%了，说这个可能已经非常高了。那你要传递什么消息呢，就是说我们现在有 90%的可能性，是人类意识到地球变暖，而且很严重，我们有 10%的可能确实不是这样的。如果我们不为这 90%现在做准备的话，去赌那 10%的话，就像你赌钱，你是压 90%，还是 10%，那你肯定要压 90%。这是一个逻辑关系。第二个逻辑关系呢，那就是你即使压了这 90%，错了，最后那 10%是对的，你损失了多少呢？在我看来，几乎没有损失，因为不光是气候变暖影响你，石油快没了，煤快没了，再生资源耗尽了。从这两个逻辑去想的话，你都应该是去压 90%，压 10%是百无一利，压 90%是百利无一害，你压错了又会怎样？所以现在国家就应该要重视它，要投很多的钱、精力去做这件事情。不是说你再等等看，等不了了。

**张**：可能你的专业背景正好可以作为一种比较，报道气候变化和报道别的领域有什么差异呢？

**袁**：我觉得像很多其他报道，起码以我的智力，很难百分之百定义坏人和好人，我没有胆量说这话。比如城管打小贩，假如我报道这事，我就不敢说这城管就是百分之百坏的。说实在的，也有说不清道不明的各种结构制度的安排。气候不一样，气候基本上我是能下判断的，这个 90%是错的。

## 互联网放大了劣质报道的影响

**张**：作为一个在气候变化领域里冲了这么多年的记者，你不觉得焦虑，或者痛苦吗？

**袁**：在现在的中国，只有慢慢来。说实在的，这也不是天大的事，你信了气候变化怀疑论，不能说明你是个坏人，我们还是朋友。

**张**：但是这一下子就抹杀了你一开始的那种期待：大家对这个东西要更多地相信，并且产生行动。

**袁**：那怎么办呢？我所能做到的是影响，你又不能强迫人家把稿子凑上去。

**张**：回到这个话题来讲，你觉得做科学报道，最好还是有科学背景。可我们现在搞科学报道的记者的比例，你判断，有科学背景的多吗？

**袁**：非常少，但越来越多了。像我在国外遇到的报道科学的人，比例是倒过来的。比如说我们这里有 80％的科学记者是文科生，要倒过来。

**张**：我有时候对科学记者这个群体不了解，它没那么热闹，没那么多人关注，做这个报道岂不是很没意思？什么因素会让记者在科学报道这个领域走的时间长一点？

**袁**：做任何一个工作，都有枯燥的一面，但是我承认我很喜欢这个工作，就像你对待电饭锅，或者开车一样，多大乐趣也说不上，也宁愿花时间去海滩游泳，但是这是工作，你要付出这个代价，不能成天玩。

**张**：是不是中国的其他记者圈一样，其实中国的科学报道，气候报道这个记者圈，其实也是没有共识，没有共同体的。

**袁**：逐渐开始有。

**张**：你觉得现在的这个圈子啊，关于气候变化的报道，从行业上来讲，最大的问题是什么？除了刚才讲的那个以讹传讹，信源不准以外，还会有什么问题？

**袁**：我顺便还补充一个，就是互联网。互联网影响非常糟糕，假如我们这里媒体共同发出平均的声音，如果平均地被老百姓接受，那还没有太大问题。现在的问题在于被互联网放大了，而它放大的恰恰是差的。所以你去看新浪、搜狐、腾讯、网易，在哥本哈根期间做的那一些专题，每个网站全都是专题，而且那段时间点击率相当高。我在哥本哈根期间，随时观察这 4 个网站的消息，他们把所有媒体中最弱、最差的报道放到首页，放大。这有两个原因，第一就是差和弱的媒体往往非常快，我都还没写出来呢，他们早就发出来了。这样代价就是他的时间成本不够，于是就出这个问题。第二就是这些网站的目的很简单，点击率。反主流、反 IPCC、反 UN，然后爱国的，这样类型的文章全部被点了无数遍。

**张**：这些网站会说，好像说起来我们在迎合，或者在商业导向，实际上这也许恰恰说明了民意呢？老百姓喜欢这样的。

**袁**：科学跟民意没有关系。

**张**：甚至它可能用科学来纠偏，对民意进行引导。

**袁**：对。最近无数个例子，奶粉事件、小龙虾事件，这么说吧，最近新浪连续冒出科学事件，几乎全是误导的，比例相当高的媒体误导。

**张**：这里面涉及到一个问题。你要是就事论事而言，比如说关于奶粉、小龙虾，中国的多数记者，反正我接触的，大都有反政府情绪。所以呢，他们基于对整个政府、整个政治的不信任，不倾向于信任所谓不发表的结果。你觉得他们错了吗？

**袁**：当然错了，我现在不拿你当记者作要求，我当你以一个公民，都不对。原因在哪儿呢？你抱的这个想法是好的，但是你抱着好的想法，做了一个错误的事情，会丧失可信度，会误打好人。结果呢，是让你这一派人越来越失去可信度，而你的理想越来越被质疑，而你就越来越糟了。如果报道不准确的话，就等于把自己给毁了。

## 为中国谋利益不是记者的本职工作

**张**：气候变化跟国家利益是有关的。你相信一个记者在做这个报道的时候能跳出这种框架吗？能超越所谓的国家意识和国家利益的框架吗？

**袁**：只能尽量中立，因为它确实涉及到很多的国家利益。但是我愿意这样说，在琢磨的时候，更多地报道中国相关的事儿，不要完全以中国的视角去看。原因在于你是个记者，你的工作不是借这篇文章去拯救中国，或者为中国谋利益，能做到这一点的是政治家、民众和经济学家，他们看你报道的时候，他会去分析。所以你给他提供正确的、平衡的观点，让他来做这个决定，才是你的职责。不是说你的文章挑动政治家去做什么，你没有能力，也不是你应该做的。

**张**：可是这里面有个难点，记者很少能够跳出所谓的国家利益的框架，站在更高的全球视野上来呈现这样一种利益差异，或者博弈过程。因为这好像忘却了自己的国民身份了。

**袁**：不是。我刚才说的那个即使你有国民身份也没有关系，你报道平衡恰恰是最好的爱国。你这篇文章并不能说就能决定中国的决策。决策还是由中央来做。那你提供一个正确的情况，你告诉他现在发生什么，会帮助领导人去做出更正确的选择。

**张**：但是我们的报道太容易受政治左右了。

**袁**：是啊，这也是问题，这就是我控制不了的。你说《人民日报》不可能按我这样写。

**张**：马上就有人会讲，你以为你可以超越国家利益，比方说美国新闻界，他们也超越不了，比如说关于伊拉克战争或者本·拉登，美国记者什么时候把拉登的声音和美国政府的声音平衡地处理呢？你能说那些同行不专业吗？

**袁**：第一你采访不到拉登，第二政治报道完全有另一套规矩，我也不懂，你让我去评价这个事情，我也没有资格，让我写本·拉登，让我写伊拉克战争的报道，我也不知道怎么写。我觉得政治领域和经济领域报道，第一它本身就决定了不会像科学领域那么干净，第二就是这两个领域，哪怕在美国，也是左派占多数。冲突天生存在，造成这个领域非常混乱。在科学界，哪怕是中国科学界，都会有一个小团体，你写个傻报道，大家都会看出来，但是你写一个伊拉克的报道，这是你的看法，我们不能说“错”，可是你写个圣元奶粉，错了就是错了啊。

**张**：科学本身有一种超越国界的特质，所以你能够回到科学本身规范的报道来讲，必然会强迫你自己，你得跳出国家层面，在一个更高的层面上展现冲突，展现差异，或者是寻求更本真的东西。但是政治就不一样，而这个议题本身又这么容易和政治有关，想要在政治的角度中解决这个问题，就不可能感觉是超越国家的，所以这里面这个对象和你报道的路径本身可能也就确定了你站在什么层面看问题。但是这还是等于说回到前面的问题，从科学出发又回归科学，坚持本位，实在是太难了，或者说是不太可能。

**袁**：越来越多的人在这么做，真的。

**张**：你觉得越来越多的人在这么做吗？

**袁**：我看到的趋势是越来越多的记者，通过各种渠道，帮助新入行和没有理科背景的记者理解理科的思维是什么样子的。这个在最近五六年就可以看出来很多的转变。

## 任何类型的报道都需要自洽的逻辑

**张**：现在说说你的工作经历。你说你也做调查，还写专栏，那么气候的这块会占多大比例？

**袁**：10％。

**张**：就你的感受来讲，政治或者商业因素对你报道的影响大不大？

**袁**：非常小，《三联》是一个很讲究记者发挥个人能力的地方。可能他在记者团结或者协同做事这个方面比别的媒体差一些，但是他鼓励你发展个性，鼓励你在某个行业说下去，比如说我做的报道，无一例外都受到支持。

**张**：领导会给你派任务吗？比如说哪个广告商需要配合。

**袁**：我从来没被派过。

**张**：你为什么喜欢做记者，而没有选择别的职业，或者继续从事原来的研究工作？

**袁**：我觉得我可能其他职业也做不好。反正一开始回国后就做这个，一直很高兴。

**张**：很多人到你这个年龄，就开始觉得做记者倦了，然后都转行了。你比较过吗，10%的关于气候报道的带给你的收获或者快乐，跟别的90%做其他领域的有什么不同吗？它实际带来给你的快乐和收获也是10%吗？从量来讲你把它定为10%，但是从质来讲，你觉得是怎样？

**袁**：我可能花的时间比10%多一点，我觉得就是对人类未来遗憾蛮大的。它比我其他的报道有更深远的影响，因为你做个什么核污染，哪怕是地震，死那么多人的地震，你可能从长远来讲，都不是小事，这是个大事。

**张**：但是你看，我们中国人，或者中国记者，或者中国当下普遍的文化和行事方式，谁关心三五十年以后的事儿？眼前的才是最重要啊，凭什么关心大的东西？

**袁**：那你觉得你认同哪一个？

**张**：我当然认同关心大的东西了。问题是现实摆在那里，以小的以眼前的为主。

**袁**：现实是一个一个人组成的。那你只有从你自己做起了，关心大事，慢慢会有很多人来，用你的行为或者你的语言去影响他。你也不用去考虑影响不影响这么大，你就说做你想做的事儿，就好了。你愿意关心大事情，觉得这很重要，那就去做，就去做调查，做报道。

**张**：你觉得这里面，哪个是你觉得起主导作用的因素，是因为做了这个领域了，所以才形塑了一个人去关注大的事情，还是一个人骨子里是一个大情怀的人，所以他才去做，哪个是主要的？再深刻探究一下，什么东西会深刻影响一个人，让一个人从骨子里更加喜欢大的事呢？

**袁**：这个真不好说了。跟他的生活经历、视角都有关系吧。比如我可能出国出得多了，我在很多国家生活过，见过很多东西，知道中国实在只是一小块，还有很多很多世界的，所谓地球是平的还是什么，很多概念就会很鲜活地在你面前出现。

**张**：关于气候变化报道这个领域，你还有什么要补充的？

**袁**：就是有一条吧，敬业。很多东西归根到底就是敬业。当你做一件事情，你尊重这件事情，就要把这件事情做好，很多东西都是顺理成章的，自然就会出现在你脑海里面。你有很多想法，或者三心二意、混日子，就有很多因素造成你不在乎这件事情，那各种毛病都会出来。

**张**：所以我越来越觉得，其实你没有那么多的时间去投入，关系也不太大，但是你要有一个态度，也要有一个方法论做气候变化报道。这个东西要比别的都重要。如果把气候变化报道归入科学报道，它跟一般类型报道的不同可能就在这里。你说社会新闻，热情多重要。

**袁**：但是社会新闻应该也有自洽的逻辑。自己能说服自己的逻辑，就不光是热情，热情是没有逻辑的。

**张**：社会报道很多时候是善恶逻辑。

**袁**：气候报道实质上没有善，它的善是要为人类服务，但是说到国家、企业就没有了。

（访谈：张志安　整理：平措卓嘎）

# 《南方周末》"绿版"的深度实践

## ——《南方周末》记者朱红军访谈

**【个人简介】** 朱红军，出生于1980年，南京大学中文硕士毕业，2004年入《南方周末》工作至今，先后担任资深记者、编辑工作，涉足调查、时政、特稿等报道领域。2009年主创南方周末绿色新闻版块，并负责内容构架及采编事务，专司环境、城市、低碳、能源等领域的采编工作，现任南方周末上海中心副主任。代表作"山西黑砖窑"系列报道、厦门PX事件系列报道、汶川大地震系列报道，曾获得业界报道奖项若干。

### 让科学归科学，让新闻报道归新闻报道

**朱红军（以下简称朱）**：我们知道气候变化论，至今都没有摆脱科学上的争论，依旧有科学家或组织提出所谓的气候怀疑论、气候阴谋论。但一段时间内，形成的氛围是，似乎从事气候变化报道的记者必须要坚信气候变暖这个结论，这似乎是职业的前提。持怀疑论的人在道德上总被质疑。我的观点是，作为记者不应该有先入为主的判断，不应预设气候怀疑论不值一提的立场。

**白红义（以下简称白）**：你是指科学上关于气候变化还没有形成一定的共识？

**朱**：气候变暖或者严格说气候异常变化，如果作为一个事实，它的确是存在的，尤其全球这近百年来，表现比较明显。但问题在于，我们现在强调的气候变暖，它不是一个点上的事实，而是包含了一个完整的判断，就是认为全球正在经历一个前所未有的气候变暖的趋势，导致这一变暖的主要原因是人类对环境的破坏，而这一变暖的趋势将很快带来不可逆转的灾难。这中间，分歧是依旧存在的，而且没有办法彼此证伪，比如有不少科学家认为：

第一，全球目前的气候异常放诸地球更长的时间段考察，依旧属于正常波动的范畴，并不意味着必然的灾难。第二，造成这个全球性的气候异常，人类因素是不是主导性的因素？到现在为止也是没有科学结论的。这些质疑，在IPCC报告接连爆出低级错误的大背景下，越发引起人们关注。

作为媒体，我想，首先要在气候变化问题上重视起来，加大对它的报道力度，让社会、读者、各个利益体充分关注到这一领域的变化，继而探究真相，寻找对策，毕竟这是一个不可试错的现象。但是媒体不应从源头上就带着判断的目光进入，抵制一切非主流的观点。媒体的职责或者功能首先在于记录，创造观点平台，不虚夸，也不遮蔽。在气候变暖真相的问题上，说实话，记者是没有能力给出真相的，它应该是科学家等专业人士的职责。

**白**：你是怎么关注到这个领域的？

**朱**：《南方周末》这几年，版面创新相对少了些，在大家印象中也一直是舆论监督类的报纸。报社希望报纸的视野与时俱进，内容实现创新，《南方周末》从最初的娱乐小报，成长为后来的监督类大报，最珍贵的财富就是不断创新，不断扣住时代的脉搏而动。

这几年，气候变化的议题，以及与环境食品安全等相关的绿色议题，越来越成为社会的显性焦点，以前可能更多是精英们的专利，但现在却几乎影响到每一个人的日常生活。大的方面，国家的环境问题、经济结构的问题，能源问题等等，都在酝酿变革，我们预估这是一个新的时代信号，是未来的显性领域，所以作为瞭望者角色的媒体，应该有所作为，于是就果断地向报社建议开设绿色新闻版块。这个板块主要关注环境问题，包括气候变化所直接相关的低碳问题，也包括食品安全问题，还有包括能源、新能源的问题，以及城市化的问题。这些问题有经济色彩，也有涉及社会新闻的色彩，还有时政色彩，以前大多散见在报社的其他版块内，我们这次实际上继承了传统，同时再有所开掘。报社从新闻部、经济部各抽了一些人手来组建专业团队，我从新闻部被调过来了。我个人也正在寻求职业领域的突破，我觉得绿色的领域实际是一个综合的平台，想要家国天下、干预现实、体察民生，可以做环境污染、食品安全等等，想寻求专业见识，培养专业门槛，可以去探讨能源、新能源，以及前沿的低碳话题。

**白**：媒体的功能你刚刚也提到了，它就是一个记录的平台？你觉得它应该有更多的角色吗？

**朱**：我只能说记录是本职工作，其他的干预也好，监督也好，是基于记录的基础的。比如气候变化这个问题，我认为，要给出一个完整的关于气候变化究竟是不是变暖了的真相，科学家还都有不同观点，媒体更是没有能力，如果不存这份敬畏心理，轻率指点江山，极有可能事与愿违。我想强调的是，让科学归科学，让新闻报道归新闻报道。

**白**：读者对这一领域话题的呼应度如何？

**朱**：对于普通读者来说，绿色话题虽然关注度显著提高，但仍比不上一些社会类题材。比如气候变化，当然你去做国际谈判，各个国家间的博弈，冲突显然更能打动读者。但是气候变化还涉及到商业、低碳、碳税等经济属性，显然更多的是行业内的、精英的读者在看。其实绿版有点兼容并包，或者叫"人格分裂"。我觉得这么一个选题，你做什么样的角度，取决于你要什么样的读者。或者说从策划来看，有的选题就得考量，它的最大注意力价值在哪里？有的选题，比如说环境污染，它的最大价值就在于去吸引普通的读者，在公共性上面去发挥作用。如果是个碳税的东西，这种题目摆在你面前，你只能去往专业型上面去做。我们绿版就是这样，我们希望以具体的工作来打动不同层面的读者，整个版块并不是说事先预设只替某一群体服务。

## 报道内核要专业，呈现方式要通俗

**白**：报道的消息来源主要是哪些？

**朱**：国内国际的 NGO 以及一些比较专业的组织，是一个非常重要的信息源。这个不是因为他们有多权威，而是因为他们比媒体还积极，信息搜集更及时。他们会主动找到媒体，希望关注。还有一些政府层面的信息源，比如说像发改委、国家能源局、中国气象研究中心，但这块信息源是间歇性的、不可延续的，取决于他们的需要，一般来说媒体主宰不了。至于专家这块分两种，一种是所谓社会政策类的专家，偏政策、偏宏观评论的，这块比较好接触，他们也比较乐于跟媒体打交道。但是一些专业的，比如说大气科学、地球物理这块，回答科学层面比较专业问题的科学家，一个是他们本身曝光率很低，没有时间跟媒体打交道，他不知道媒体需要什么，另一方面这些人可能对于媒体一向就敬而远之，觉得媒体不够严谨。

**白**：如何解决气候变化报道的专业性、科学性、通俗性的问题？

**朱**：我是这么看的，就是说文章的判断、见识或者灵魂内核要专业性，但是呈现的形式一定要通俗，可读性是保证传播的第一要义。

**白**：这个难度不是很大么？

**朱**：只能这么要求，比如说你找科学家来讲一大堆专业机理，不如一篇讲太平洋小岛要淹没来得打动人心。比如说哥本哈根气候变化大会之前，我们要做一些关于气候变化报道前景的、前期的资料铺排，我一般不会选择请科学家来讲，这1000年全球气候是怎么变的。我们更希望比如说去做中国西部的一个地方，这些年因为气候变暖，给村庄带来了非常直接的影响。比如说粮食减产、冰雹灾难增多，给老百姓带来的影响。取材、写法、表现还是尽量要以故事化为主，但判断要专业，不能情绪化。

**白**：因为你现在也要找选题，派记者去做题对吧？你自己这块的知识是从什么地方去获取呢？

**朱**：知识基础只有靠阅读来解决，靠与业内人士的交流来获得，靠自己的学习来增进。但具体的知识，比如经常有专业性的气候变化的网站、NGO、国外机构定期会往你邮箱传他们的信息简报。然后同行之间会适当地关注一些专业类的网站。行业内的专业报纸可能会看一看，有一些线索出来。至于说政府发布，这种非常畅通的联系，还谈不上构建。在中国，政府和媒体建立一个非常通顺的渠道，现实中是很难的。

**白**：很少采访科学家？

**朱**：是很少，两方面都有原因。一方面中国整个媒体圈，没有科学报道经验的，现在国内多少家媒体，有科学版面的都很少，不要谈科学里面这么细的气候变化这个领域了。中国的记者大部分都是文科出身，在科学问题上的敏感性不够。另一方面，中国科学圈从来都是相对封闭的，可能对记者也不是特别热情，或者也没有媒体素养以接触媒体的动力。

**白**：国内媒体报道气候变化的现状如何？

**朱**：肯定是比以前好很多。两年前，气候变化对很多媒体来说都是个陌生的词。现在至少经过哥本哈根会议，通过密集性的、硬性的灌输，眼球吸引力的轰炸，多少是对媒体也好、读者也好，提示了这方面新闻报道的存在。但是延续性不够，积累不够，专业性不够，包括传播的这种技术层面包装也不够。

**白**：不同类型的报纸对报道气候变化的角度有什么差异？

**朱**：中央大报更多的是从政治外交、经济大局等政经角度去报道气候变化，专业媒体更多报道专业领域的突破。市场化媒体可能要兼具，可能会更多地关注气候变化非科学之外的政治属性、经济属性，贴近读者阅读兴趣的要素。因为这些话题才跟老百姓更密切相关的，社会互动比较紧密的。市场化媒体是依赖读者而生存的。

## 政治、商业对气候变化报道的干预正在加强

**白**：如果要提高中国记者和媒体对气候变化的重视程度，应该做什么？

**朱**：那肯定是从量变到质变的过程。首先要解决的是让报道多起来，频

率快起来。

白：有多少是真正有兴趣做这个的记者？

朱：这么说吧，有兴趣做这方面的记者一般还是有些专业基础。比如说以前读大学学这块的。而且我觉得外语能力要很强，科学新闻这块不像社会新闻可以自己做的，很多都是国际化的问题，需要不停地交流，对外沟通。

白：《南方周末》总体对气候变化问题重视么？

朱：如果说相比于社会新闻、经济新闻，还谈不上对等重视，如果相对于国内同类媒体，我们算相当重视的，对气候变化报道的篇幅也比较多的，持续性也有一定保障。几乎没有第二家媒体像我们一样开辟绿色新闻专叠，用八分之一的内容去关注。而且头版头条刊登气候变化的报道去年还是有一两回的，效果也不错。哥本哈根气候谈判，我们做了近十篇报道，角度多元，提前就有专题的储备。

白：媒体内部的同事有合作么？

朱：如果是一些气候灾难性场景，能够反映记者感受的，我们还是会让记者去拍，有的时候图片报道反而更重要。特别是像一些青藏高原冰川啊这些东西，图片是比文字更重要。我们更倾向于在气候变化报道方面有更多的图片报道出来。

内部的记者合作也有，气候变化报道更多的是需要国际的交流，我们会和国际报道的同事有一些合作。气候变化报道这个领域是一个相对宽泛的领域，你从不同角度解读，牵涉的知识面都不一样，你从时政角度解读，从经济角度解读，其实是需要时政部门、经济部门通力合作的。

白：国内相关培训组织得如何？

朱：还是比较多的。但是除了 NGO 组织的有关培训之外，所谓官方色彩的组织培训，目前看还不是很多。国内的 NGO 组织跟我说这种同业之间的圈内交流应该更频繁。尤其这两年，这个议题比较热，但是也是出现一个地区分布不均的趋势。北京，因为很多国际组织的驻华机构在北京，是相对比较多，但是在上海啊，包括其他一些地方，这方面还是相当少。

**白**：中国读者观众对于气候变化的议题关注么？

**朱**：跟以前比，关注度大大提高，但还不是特别够，或者说气候变化问题目前还止于相对精英的层面关注。普通的大众可能关注的迫切性不是很高。我们自己有个内部网站，我们有读者点击率的排行榜，但是气候变化问题很难进入大家关注的排行榜。只有过一次，为什么呢？是因为哥本哈根谈判做了一个丹麦文本，其实更多是讲中国和美国之间博弈那种问题，其实蛮遗憾的，因为这样一个操作的东西显然不是纯的专业性的科学变化报道的范畴。

**白**：气候变化报道会不会受到有关部门的干预？

**朱**：干预是有，但坦白说，和社会新闻、其他新闻相比，这方面的干预还是比较少的。只有像在哥本哈根气候谈判，涉及重大决策，会有一些指导性的意见。这些意见更多是围绕中国的角色、表态。

**白**：会在会议开之前就发给你？

**朱**：会有，某一个谁的表态，他觉得不太妥当，他会发指导性的意见，比如说指导讨论啊，但是一般很少会像在其他领域出现的严禁报道。所以我说气候变化报道这块的干预是有，但是还是相对要比其他领域好很多。

**白**：有应对干预的例子吗？

**朱**：比如我们在做一些气候极端灾害的问题的时候，尽量就事说事，比如说某某地方发生气候灾害，尽量就说这个地方。不要延展，不要轻易地由点到面，给一些可能引起恐慌的结论。有人做气候极端事件，和食品安全一样，可能在意的是事情会引起公众恐慌，一般考虑这个东西会给你下指导性意见。在规避这个指导性意见的时候，为了让报道能顺利出来，你可能部分要牺牲一下，或者就尽量就事说事。

**白**：气候变化报道是否对广告的吸引意义不大？

**朱**：纯粹的气候变化报道对吸引广告的意义不大。但是由气候变化报道引发的比如低碳领域的报道，比如说环境保护领域的报道，新能源领域的报道，对广告吸引的意义非常大。中国现在这波绿色浪潮非常明显，基本每个行业，无论真的还是假的，真绿还是漂绿，对于环境保护提倡的非常多。而且现在企业提倡社会责任，这种社会责任心由原来那种很单纯的捐款、慈善，开始演变到环境保护、全球气候保护这块，所以这块其实是非常大的领域。商业力量在社会变革或者绿色进程中的作用，有时比你想象的还要大，还要广泛。

**白**：怎么理解？

**朱**：比如像壳牌、西门子、日立，经过100年传统的，要转型，要告别传统的家电行业，要做什么呢？要做这种新能源。因为他们觉得未来的经济是绿色经济、新能源经济，他们现在开始转向做一些新能源的技术设备，一些解决方案，为未来绿色的解决方案。比如说低碳交通、智能电网，这些都是指向绿色的、节能的，对气候变化变相帮助的。基于这些，“绿色”那块投入大量的广告，把自己的传统形象改变过来，这个就是商机。而且这种形式的变化，不仅仅是只投广告的，还可以搞活动。

## 警惕地区分国家利益和阶层利益

**白**：气候变化报道中牵涉不同国家的利益，你怎么看？

**朱**：我支持中国政府在减排这块坚持“共同但有区别”的责任。我不认同所谓完全的世界大同，从某一刻开始，所有的国家应该承担同样的责任，不能因为过去算历史旧账，影响了对未来的发展。世界大同我觉得应该是大家对于气候变化问题形成一个重视的共识。

毕竟是一个地球村，责任的分担，我觉得还是要有区别的。不同国家的不同发展状况，它对于全球的不同贡献度，所处的机制体制不同，应该在责任的分担上有一些区别。具体到中国，我也不倾向现在扔给中国一个绝对的量化的指标，因为中国现在的发展还处于一个高速的启动阶段，机器是停不下来的。中国的社会稳定很大程度是建立在经济持续的高速发展之上的，如果经济一旦停顿，经济结构的调整也不是一天两天就能转变过来的，还需要一个过渡的阶段。我不主张这种休克式的绝对量化的减排。

最典型的恶果已经出来了。工信部搞的节能减排最典型，“十二五”在即，国务院有硬性指标完不成，各个省搞突击、注水。各种各样的手段都出来了。

**白**：这样的新闻有报道么？

**朱**：有啊，就有媒体直接向工信部叫板。各地已经在汇总名单了，关停了多少企业，名单交上去了，记者实地去看，一些企业三年前就关了，现在又拿出来，原来产能只有 20 万吨，现在报出来 100 万吨，就是作假，要完成这个指标嘛。报道出来后网上有反响，而且稿子很扎实啊，工信部没法出来辩驳的。但问题是到现在也没见有什么反应，工信部也没有出来致歉啊。

**白**：中国该以什么样的角色参加气候变化峰会？

**朱**：一个负责任的大国。中国已经超过日本成为第二大经济体了，同时也是世界第一能源消费大国，当然要承担应尽的责任。同时，应该是立即行动，也号召大家一起行动，提倡责任分担，应该是一个先锋者的角色，带头行动，带头努力，号召全球的其他国家来行动的角色。

**白**：你觉得中国这方面实际做得怎么样？

**朱**：坦白说从中央政府角色，我觉得做得还可以，比美国、俄罗斯强多了。中国在气候变化这一块的表态也好，已经做了蛮多的工作。当然够与不够，我觉得是相对而言的。

**白**：发达国家是不是应该还更多的历史旧债？

**朱**：首先，历史旧债肯定要还，而且还不是历史旧债的问题。发达国家这种奢侈的生活方式，还有很大的减排余地，发达国家很多时候把他们减排的后果转移到发展中国家来了。比如说中国是世界工厂，中国生产大量的产品，特别是供给发达国家使用的。这里面有相当多的节能、增派的份额，中国来承担了。发达国家应该做得更多。

从历史的二氧化碳发展份额来说，发达国家是占重要部分的。而且他们有能力做得更多，以他们的社会发展的程度、人民的素质、经济的富裕度、技术的拥有度，应该做得更多。发展中国家也要分的，中国在发展中国家已经算是领头羊一样的角色，也不能把自己作为普通的发展中国家来看，也应该在力所能及的范围内做更多的工作。

在我的报道过程里面，如果全人类的利益和国家利益是一致的，那两个利益都要提倡，如果说全人类的利益和国家利益产生冲突，首先要区分是真冲突还是假冲突，如果是真冲突的话，我还是以国家利益为重。当然这个国家利益不是党派利益，也不是某一个阶层的利益。

**白**：科学环境报道记者应该有明确的国家意识至上还是超越国界的认知？

**朱**：科学和环境当然是全球问题，但问题是如果是真正的国家利益，因为国家也在全球之上，国家也是地球的一分子，国家利益跟很多环境、科学不是矛盾的。我们要警惕的是什么是真正的国家利益，这要区别清楚。

（访谈：白红义　整理：于希旖）

# 科学记者应弱化道德判断，强化专业判断

## ——《科学新闻》贾鹤鹏访谈

### 动态地阅读论文是重要消息来源

**张志安（以下简称张）**：想了解一下您对气候变化问题的总体看法。

**贾鹤鹏（以下简称贾）**：我本人大概是在2003年就开始从事这方面的报道了，应该说是有一个比较深刻的认识，在我看来气候变化已经非常严重，因为我是长期跟踪，就光是这7年中的时间，我都能感觉到灾害性天气或者极端性天气的频率，在以可感知的方式增加，这是一点。

第二点，围绕着气候变化的这种国际谈判以及这种国际话语是逐渐升温的，即使在自然这个层面上没有那么严重的问题，但因为已经成为了一个国际主流的话语。中国作为一个大国，作为记者和传播者，就会有种很失语的感觉，就好像是这么重要的一个东西你不知道一样。

第三点，围绕着气候变化，实际上它要回答很多非常重要的问题，这些问题是中国传统的科研所比较忽视的，比如说中国传统的这个领域的科研主要就是关注天气的问题，就是weather的问题而不是climate的问题，这就导致跟国际上的差距非常大。正因为如此，我们作为科技界的媒体，就会认为这个领域需要取得很多重大突破，在这个意义上来讲，它也是一个重要的话题。

第四点当然就是从媒体的角度来讲，因为气候变化成为了国际主流新闻话题。在报道其他领域的时候，气候变化是一个绕不开的思考的节点，或者出发点。在这个情况下，如果我们的媒体不去积极行动起来，不去应对问题的话，不论是跟国际接轨也好，还是自身的发展也好，我们的媒体都会是很落伍的。

**张**：那也许一些中国记者会说，这个东西成为国际界的话语更多的是外交家或政治家的事，为什么让媒体如此深地介入，或者说跟大众传媒如此有关呢？

**贾**：我觉得有几个原因。首先一个原因就是气候变化这个问题从国际上来讲已经远远不只是政治家的事情了，在经济层面上，世界上各大公司都已经在围绕着气候变化在制定自己的战略，实际上已经在这个产业的方向上进行了很多的调整和部署。

第二点是气候变化在西方，也包括很多发展中国家，现在成了一个比较重要的话语体系，中国人跟人家交往可能回避不开这一点。

第三点是我们自己的问题，气候变化的问题在自然环境中已经引发了很多极端气候和灾害。

最后一点，气候变化不是一个单纯的问题，即使就环境领域而言，它也跟很多问题联系在一起，如果你去关注其他领域，比如说水危机、土地的硬化、森林砍伐、水土流失等问题，在其中都能找到气候变化的影子。

**张**：也就是说这样的一个议题仍在深刻地影响着现在这个世界，包括政治经济和社会，所以中国身处其中，不可能回避如此深刻的影响因素。

**贾**：对。

**张**：关于气候变化的报道，需要很多的专业知识，记者原来积累可能不够，您自己的专业背景是怎样的？你是怎样学习掌握了解这方面专业知识的？

**贾**：其实坦率讲我也是文科生，我研究生是读历史的，对于我个人，从事科学报道是一个比较偶然的经历，我研究生是清华毕业的，清华是以理科为主的，所以在清华就和很多做科学家的老师成为朋友，后来他们老是把我往自然科学这个领域去引导，从 2003 年开始几乎是没事儿就去写稿子。这个时候我发现国际科学新闻体系有着很多完全不同的规范，其中第一条就是你要好好读论文，那时候其实自己是没有科学方面的背景和素养的，但是我觉得对于我来讲大概在2003、2004一直到2005年，非常艰苦地经历了一个文科生到理科生的转变，大概有那么两年的时间读了大量的论文，为了报道读了大量的论文，几乎是在那一段时间每一个涉及科学的题材都是从论文开始，而且不止一篇论文，导致自己对科学的运作方式、思考方式以及读论文的技巧养成了很好的习惯。

我开始重点进行气候变化报道的时候，实际上在科学的基本的方法论方面已经有了相当的基础，让我可能比中国的绝大多数同行有了先机。

第一，从读论文能找到最准确的表述方法，第二，从读论文能找到这个科学家的联系方式，第三，通过读论文的方式你能找到它的学术脉络，这就意味着你能知道他这个观点，他为什么要做这个事情，他这个观点怎么来的，他同意哪些人，不同意哪些人。作为一篇规范的新闻报道来讲，是应该有第三方评论的，所以你就去找那些不同意他观点的作为第三方评论，我觉得是一条比较畅通的路吧。

**张**：*所以阅读可以是一个动态过程，通过阅读再加上简要探讨。通常来讲记者面对科学家是处于绝对的弱势，在专业领域完全没法比，所以你能讲讲看一个记者在跟科学家交流的时候怎么样能够建立起自信，然后怎么样对一个问题真的有一个纵深全面的了解？*

**贾**：首先对于一个记者来讲，没有义务也没有必要对很多的科学领域进行全程的跟踪和把握，从方法的角度上来讲，在读这些论文的过程中，引用每一篇论文实际上都要对它的学术脉络进行分析。我为什么讲这个问题，实际上文科论文也是这样的，国内的文科论文不太规范，有时候省略掉这个问题了，作为自然科学的论文这是一个最基本的出发点。

第二点，一个好的记者，他需要在一两个领域成为专家，相对的专家。他在一两个领域成为专家之后，借此养成的思维习惯能让他在比较短的时间之内了解其他领域的逻辑思维方法。

作为一个记者来讲，如果你只能报道你最熟悉的领域的话，那么你可能就不是一个好的记者。你不需要在某些领域内容上精通，而是需要对整个综合的方法上有比较大的了解。

关于弱势的记者如何在科学家面前取得比较平等的地位，坦率讲，百分之百的平等是不可能的，尤其是在中国，你采访科学家，信息上总会处于一个相对的弱势。我觉得问题的最关键之处在于你看完他的论文之后提出的问题，是否能把握其学术脉络和其研究中一些未尽之处，我相信认认真真去读一些论文，是可能达到这种效果的。有了这个，就意味着在很大程度上改变了你的信息劣势。而更加重要的是，这种做法能迅速与科学家形成对话，有可能改变媒体的心理弱势。

## 如何报道作为精英话语的气候变化

**张**：国内目前不同类型的媒体对气候变化报道的总体特点，你之前做过一个描述，中央的媒体好像比较多，地方的媒体好像并不是很多。媒体在报道的时候更多地会关注热点，因为热点而起的关键事件，他们才会去做报道。你能讲讲对目前国内气候变化报道的总体判断吗?

**贾**：目前和我 2006 年的研究所揭示的问题应该说已经有很大不一样。随着 IPCC 发布第 4 次评估报告，以及后来的“巴厘岛路线图”和哥本哈根气候变化大会，气候变化日渐成为主流话语，媒体关注已经非常多了。

此处，我们说的是大的气候变化的概念，低碳就包含在里面了，一些专业的、市场化的媒体现在开始投入了很大的力量来做气候变化相关的话题，比如说《南方周末》开设了绿版，比如说《21 世纪经济报道》开设了《低碳周刊》，它们开始投入很大的力量。这类媒体一旦开始投入力量，就会显出它们比党报类的媒体更加旺盛和强大得多的创造力，它们的文章好读，要有意思得多。

从党报的角度来讲，对气候变化的报道肯定也会增加，但从总体上来讲，肯定不是围绕着气候变化本身，而是围绕我们的领导人或者说政府在气候变化中在做什么事儿进行的报道。都市报会在特定的时间节点上，比如说巴厘岛和哥本哈根气候大会，有些特别热点的报道，另外的一些情况，比如说下个月要在天津举行国际气候变化谈判，那肯定天津的都市报会对这个关注非常多，但是总体而言，都市报的关注还不是特别多。为什么都市报关注得这么少，因为都市报关注的是普通老百姓的生活，这就意味着气候变化这样一个话题还没有进入到普通老百姓的日常谈资之中。

为什么2006年只有党报报道气候变化的问题比较多呢，因为当时它就是一个政治家行为或者说是机构行为，那么为什么现在《南方周末》或者《21世纪经济报道》开始报道气候变化了呢？这是因为气候变化已经开始成为精英阶层的一个重要的话语，但是还没有成为老百姓的一个话语，所以都市报还没有成为主流的报道媒体，这是第一点情况。

第二点，我觉得从记者的报道能力来讲，这几年发生了很大的变化，现在全中国能进行优秀气候变化报道的人越来越多了，基本上可以以百来计数了。

第三点，在统计分析2006年的报道时我发现，中国科学家和中国记者在气候变化这方面打交道非常少，现在我感觉到明显在增加。

这是几点变化和进步的地方。有待改善的地方，首先从报道的性质上来看，现在的报道仍然没有把气候变化作为一个绕不过的坎，很多问题你是要从气候变化本身来思考，这现在仍然是很缺乏的。很明显的例子是今年有这么多很明显的灾害，我们基本上看不到媒体很深入的解析，这些灾害到底跟气候变化有什么样的关系。

其次，现在经济领域围绕着低碳的报道非常多，但还是就商机论商机的报道，仍然没有把减缓气候变化变成自己的指导方针。

再次，从沟通这样一个角度来讲，专家现在跟记者交流是越来越多了，但是就一些特定的事件，单独去采访科学家的仍然比较少，这就导致看起来专家在增加，可能很大程度上是因为机构主动发布信息增多或能表达专家观点、有媒体到场的研讨会数量增多。

**张**：这个里面好像会有一个问题，按照我们现在记者的条线分工，这种灾难的东西多数是派国内的记者或者说是调查报道记者去的，所以他们更多是展现灾难或者灾难后的深层次的社会原因，你让他去把科学作为一个背景，或者说从科学的角度把这一系列事件跟气候变化的背景建立一个关联，好像不是他们应该去做的。环境记者一般不会被派去做这个，很多时候，都在本地，环保部门，或发布什么新闻了，有什么重大消息，才让他们去弄。

**贾**：你说得非常对，中国媒体这样的生产机制，条块分割使得很少有人善于把科学问题和社会问题综合起来，把这个热点和所谓的专业综合在一起，做深做透。

一个是条块分割，一个是所谓的跑口，让这些记者没有办法形成比较全面的报道。而在科学环境这样一些领域，记者特别关注自己领域的东西，导致他们缺乏深入的对社会问题的思考，从而就导致他们的稿子更加弱势。我现在认识的在科学环境方面做得比较好的记者，都既有专业方面的知识，又有对社会的问题、管理的问题，以及对映射出来的政治问题有很强的敏感度和思考。

而且他们多数都在精英类媒体，也有一个板块可以相对比较从容地操作，所以他们会持续关注。对于多数的记者来讲，他们没有一种比较从容的工作状态，也就没有一种深入持续的跟踪机制，也就没有深度报道的意识。

## 不要设“气候记者”，要从气候变化的角度思考

**张**：现在有哪些因素妨碍着气候变化领域报道更深入，做得更好，有什么办法可以推动这个领域的报道？

**贾**：我觉得专业性的因素仍然存在，因为大家缺乏这方面的专业背景。另外，毕竟气候变化还没有进入老百姓的寻常话语体系之中，这就导致从需求来讲报道气候变化不是最优先的事情。第三点，气候变化涉及到的领域太多太广泛，也很难说是哪个方面特别关系到气象的。所以不要设一个词语叫“气候记者”，而应该是更多的记者都能从气候变化这个角度进行思考。我觉得大家是否都去报道气候变化这并不重要，即使是没有达到这样的效果，但是对记者本身的能力建设是很有好处的。气候变化会联系到经济问题，会联

系到环境问题，这样的关注应该是长期的。

**张**：一个是外部环境的推动，外部的力量、政府机构、专业组织，包括专家、专业机构他们服务记者的能力的提高；还有一个是科学记者，在单位里头边缘化，做得多却拿得少，花时间去钻研却没有足够的回报。作为一个科学记者，怎么才能说服自己，使自己心理平衡？

**贾**：我觉得做一个科学记者首先想到的不应该是金钱的回报，你会比同行拥有更大的视野，去认识一些有趣的事和人，会比你的同行接触更多的很有价值的东西，对精神的回报是相当大的。就算将来不做记者，前面取得的知识也会帮助自己成功转型。

科学记者具有了更广泛的视角，如果能够结合更多社会的思考，那么完全可能生产出一些非常好的也非常畅销的文章，这些东西在市场化的环境下就可以得到很好的报酬。

**张**：那你跟这个圈子打交道，如果要给科学记者画个像的话，那标准像应该是什么样的？我是指年龄、性别、大概的专业背景，他的标准像应该是怎样的？

**贾**：这个圈子不太好画，因为中国这种纯粹的就科学而论科学的记者，基本上只存在于我们这种比较专业的，以及从专业领域跳槽出去，到别的媒体的。我觉得有狭义的科学记者和广义的科学记者。狭义的科学记者是以科技界为自己的报道对象，这一类的应该说各个年龄层的都会有，但适宜在专业媒体工作，或者说大型的媒体，比如说《光明日报》，它有好几个专业的科学记者，因为科技圈是《光明日报》这类媒体的一个主要覆盖对象；另外一类科学记者可能报道的是其他领域，但不是都市报的那种小豆腐块的，这一类的科学记者普遍来讲，报道的对象比较广泛，但是它一般来讲是比较深入的，据我了解，他们通常理科背景的比较多。这一批人的年龄一般是在30～40岁之间。如果还说是更大的圈子我觉得就不好归纳了。

**张**：气候变化不只是科技问题，它也是政治问题、经济问题。你觉得在报道的时候记者对这个问题的价值观念会不会受到影响？

**贾**：总体上来讲肯定会有影响，我们就拿英国驻华使领馆长期做的气候变化的活动来讲，参加了4年这样的活动的记者，可以说对气候问题的关注和报道是比较多的，但很少有记者会因为报道而把自己的价值立场变得跟发达国家记者一样，要求中国承担量化减排义务。大多数记者都认为气候变化是很严重的问题，我们需要积极应对，但我们要从中国的国情出发，不能降低自己的身价，这是我所观察到的。在这个意义上来讲，政治的因素、国家利益的因素还是对我们大多数记者有影响的。

第二点就是，即使是有一些政治敏感性的影响，也不妨碍记者去把这些问题做深做透，因为这些影响价值因素只是一些高高在上的东西。即使是一些谈判桌上的因素，也都需要我们在这个领域积极行动起来，因为气候变化也会造成灾难，中国人自己也会倒霉，另外也不是说最后一定要依赖于国际谈判的结果我们才行动。国际谈判到目前也没有最终的结果，但我们自己也要做应对气候变化的行动。我觉得气候变化的政治敏感性在某一些维度上对媒体报道有影响，但是这些影响不足以构成全方位的报道模式、报道行为的变化。

**张**：那具体在哪些领域有影响的？比如说哥本哈根谈判中国在其中发挥的作用，记者会有自己不同的判断和看法？

**贾**：中国的记者，不论是党报媒体的记者，还是精英类媒体的记者，在国家利益这一方面，确实是高度一致，这就导致了在哥本哈根的时候，国际媒体围绕中国的批评非常多，但是这样的声音我们的记者基本没有传递过来。本来没有政治因素的话，应该传递过来，但大家都没有传递过来。在这一点上来讲，大家都自觉与国家利益保持一致。应该说，这种对国家利益的潜在的考量，对媒体报道的影响还是非常大的。

**张**：我想知道真实的情况，媒体报道中对那些质疑中国政府声音的自觉屏蔽和你们私下探讨的话语是高度一致的吗？还是说大家私下里谈论的时候，还是有一种更多地崇尚中国人应该承担更多的减排指标，应该为当前的高排放进行负责，美国等西方发达国家提出的要求是更有道理的这种想法。

**贾**：（私下里的交谈）还是有一些（和政府立场）不一样的，但是没有不一样到跟西方的政府提出的要求完全一样的地步。但是经常报道气候变化的这样一个记者圈子里，仍然还是会认为中国在政策方面做得不够。我们可能都认为我们可以在国际上像现在这样强硬，但是在国内做的仍然不太够。最后会变成两个不同的话题。当你在谈国际问题的时候，涉及到国家利益的时候，我们的文章中是不会去说我们做得不够的，但是回过头来谈到国内的问题，谈到节能减排力度不够或者说环境的管理仍然是不足够的，对排污者处罚不够，大家可以比较自由地去谈。实际上，大家可以把在国际语境下想到的有一些问题在国内的语境中反映出来。

**张**：这是不是内外有别呢？家丑不可外扬，我自己的东西自己做，自己批判，但是你要放到世界的平台或者国际的平台上去，那我就不愿意去展示我的不足。

**贾**：对，我觉得非常明显。不论是（隶属于）激进型的媒体还是党报媒体，在这一点上记者们还是非常一致，就是家丑不可外扬，内外有别的思想非常一致。

**张**：这背后能有深层次的文化传统因素吗，还是单纯出于政治习惯？

**贾**：我觉得这两种因素都有。应该说在这方面，政治因素影响是比较大的。政治因素应该是内化的，不是因为宣传部门的一个禁令导致我们不去做这方面的东西，是长期的政治因素对大家有一个潜移默化的影响。

**张**：所以这个领域的报道还是存在自我审查的，涉及到国际议题的时候，我们会屏蔽掉那些对中国政府层面质疑的声音，这方面我们可能是自动筛选，并不是宣传部门下的禁令。

**贾**：对，我觉得这个领域也存在自我审查，这个也很明显。我觉得自我审查是研究中国媒体逃不掉的一个话题，大家多在自我审查这方面形成了高度一致。不光是在气候变化报道这个领域，很多领域都是这样。

**张**：所以我就很想知道，我们的记者群体是不是已经高度一致化了，还是有一些另类，他们在做报道的时候不这么想，会更多的带一些批判性的姿态去看中国政府的一些政策。

**贾**：就气候变化这样一个议题，有，但很少。

**张**：说到爱国情感，我有时候感觉到我们中国人才过上好日子，不应该让我们付出那么多的代价。但是如果出于推动整个世界对这个问题的变化和改变，就会觉得中国应该立刻承担起责任，快点做，现在做得远远不够。

**贾**：我个人一直认为对外我们确实不应该承担减排任务，但是对内我们步子可以迈得大一点，比如说要对私家车进行控制，但不是像环保组织一样认为大家都不要去开车了，我觉得那是不现实的。经济的措施应该增加一点，对有车的群体和住大房子的群体实施增税的方式，（从而在应对气候变化成本方面）实现从弱势群体的支付转移，但这个就是比较小范围的不同声音吧。

**张**：中国的记者总体上来说多数都是偏自由派的，那么科学领域的记者是不是也会这样呢？还是说它们会相对中立一些？

**贾**：这很有意思，中国记者中的一个普遍的氛围，就是不相信政府，更相信普世价值观。相对而言，科学记者在相信政府的方面会比其他的记者多一点，比如说最近的圣元奶粉事件，再往前的垃圾焚烧的这个事件，转基因的事件等等。因为熟悉科学小圈子的科学记者群体，尊重科学价值观，尊重科学方法，他们也知道，大多数科学家在大多数基本的问题上，都是在基于已有的证据得出结论，而非按照政府授意，专门得出误导性的结论。在多数情况下，这些结论看起来与政府的结论是一致的，所以表现形式就成了仿佛科学记者们更倾向于愿意相信政府。但实际上并非他们天然愿意相信政府，只是更愿意相信证据。

**张**：通常绝大多数记者会出于对政府的不信任，把这样一种结论当成是政府的谎言。很多都市报人不相信，你看网上的话语，那些评论，在微博里面，一看这个结论出来以后，多数人都是不相信，他们更相信自己心中的道德判断或者是社会总体那个判断。

**贾**：对，科学记者就是相对弱化道德判断，相对强化专业判断。这一点上是跟其他圈子不一样的。也是在这一点上，科学记者和环境记者有不同，涉及到这些问题的时候，很多典型的环境记者就是特别不相信政府说的，典型的科学记者就会知道起码一些来自专业界的声音还是可信的。

还有一点很重要。科学家都是花政府钱的，在中国，科学家一般来讲都供职于政府的事业单位。对于一些批评政府的人而言，这就意味着科学家一定会和政府官员穿一条裤子。但即便花政府钱，属于政府事业单位编制，科学家也往往是有独立性的，因为他们要基于各种独立的、公开的证据和文献，说整个科学界替政府撒谎的可能性是很小的。

**张**：看起来科学记者受到组织的价值文化影响和定位相对要小一些。

**贾**：对！我们看起来好像更愿意相信政府的一些东西，并不是因为我们认为政府足够好，而是更愿意相信自己的一个专业判断，以及自己所长期打交道的科学圈子的一些判断。所以在这一点上来讲，道德判断相对少，价值判断相对少、专业判断相对多。

（访谈：张志安　整理：胡晓剑）

# 媒体、受众适应气候变化是一个过程
## ——《新民晚报》记者董纯蕾访谈

**【个人简介】** 董纯蕾，复旦大学新闻学院毕业，现任《新民晚报》记者，科教卫新闻部副主任。具有丰富的科学技术类新闻采访和写作经验，活跃于高新科技的研发和应用、气候变化等题材的新闻报道第一线。曾获得“赵超构新闻奖”特等奖、科学技术部“科技好新闻”、中国科学院“科星”新闻奖、上海市科学技术新闻奖一等奖等众多奖项。因成功创办和运作新型互动科普品牌“新民科学咖啡馆”而获得第七届上海市大众科学奖提名奖。目前还担任上海市科技传播学会理事、上海市天文学会理事、上海市科普作家协会会员。2007 年底 2008 年初，参与策划中国首次大学生北极考察，并成功组织上海赛区选拔。2008 年 3 月，随中国首支大学生北极考察队远赴北极（挪威斯瓦尔巴德群岛）。

### 气候变化报道很难归作一类

**刘璟（以下简称刘）**：你为什么对气候变化报道感兴趣？

**董纯蕾（以下简称董）**：对记者而言，很多兴趣是条线使然。我一度既是气象条线的记者又是科技条线的记者，自然对气候变化的敏感度会高一些，在这方面的消息也会灵通一些。我觉得这是一个很有意思的领域：一方面，你可以从很多很多的数据、图表、影像对照中看到变化的确在发生，知道这些变化已经、正在和将要对地球环境、对人类生活、对国际形势造成的影响；另一方面，科学界对气候变化和人类活动到底有多大关系、有没有超出地球所能承受的极限，还没有定论。我们对地球对规律其实还知之甚少，我们所掌握的气候观测资料不超过 200 年。现在看起来，气候变化早已不是一个纯粹的科学问题，无论是国家元首、IPCC（联合国政府间气候变化专门委员会）科学家、能源行业的大亨还是普通老百姓，你都不能不知道气候变化。

**刘**：你一开始就是关注气候变化的吗？

**董**：没有，我是文科生，不是学气象专业的，从 2003 年才因为采访条线的变化开始接触这一领域，对这方面的知识渐渐有了一些了解，其中大多涉及短期的天气，也包括长期的气候。所以，一开始的关注是被动的。我的很多同行都和我一样，没有科技背景。

**刘**：你是怎样看待气候问题的紧迫性及其影响的？

**董**：大部分科学家认同气候正在变暖，且主要是人类活动所致，如果任其继续，地球会朝着一个越来越糟糕的方向发展，这意味着将出现更频繁的自然灾害，更显著的能源危机。就这个问题，我曾经采访过历史地理学家葛剑雄，他的观点给我很大的启发："这个问题要一分为二来讲。对公众而言，站在全球共同利益考虑，强调人类活动对气候变化的影响，没有什么坏处。它能提醒人们及早采取应对措施，待所有科学问题都有了定论再来解决全球气候变化问题，恐怕为时已晚。但在科学界，一切还远没有到下结论的时候，还有很多未解之谜。"

**刘**：你是怎样处理气候变化这方面的题材的？

**董**：其实，我们没有办法把关于气候变化的报道完全归作一类，气候变化原本就不是一门单一的学科，许多学科都和气候变化有关，我们可能在越来越多题材的报道里都会牵扯到气候问题。哥本哈根会议当然谈的就是气候变化的事，夏季变长了，高温天数越来越多了，也会涉及全球气候背景，再比如某些岛国再过多少年就不复存在了，政府如何推广节能灯、节水装置等产品，甚至是龙卷风、火山喷发等某些极端气象事件也会扯上气候原因。所以，和气候有关的新闻报道，一般没有固定的、专门的版面，可能会上头版，科技新闻会有国际新闻版会有，经济新闻、民生新闻版也会有。

## 国内报道更愿意相信政府官员和专家

**刘**：你觉得国内媒体对气候变化的报道总的趋势是怎样的？你们报道的消息源是什么？

**董**：我感觉关于气候变化的核心报道数量在增多，但整体变化不大。我们的新闻源主要是：科学家、政府官员、一些 NGO 组织。以气候变化为主题或背景，还不时会有一些跨学科的、国际性的研讨会对媒体开放，数量也略有增加。比如，在全球气候变化背景下关注新生、再生传染病。在这样的研讨会上，也能获得一些新的数据、观点或视角。就我个人感觉，国内的媒体更多的是和政府层面和科研机构打交道，大抵如此。在气候变化这个问题上，我们还挺愿意请专业人士来分析一些事情，给一些建议。

**刘**：专业人士包括哪些？

**董**：主要来自中科院、中国气象局下辖的相关研究机构，还有各高校相关院系，大多和气象、环境、地球物理、生态、海洋、极地等专业有关。

**刘**：你们具体是怎样采访科学家的？

**董**：一种情况是相对静态的，比如你有一个题目，然后带着问题去找该领域的科学家，希望他能提供与之有关的研究结果或历史资料。另一种情况是相对动态的，你需要科学家来帮你解读某个新闻事件。找对人很重要，一方面要靠积累的人脉，另一方面要学会从论文检索、从机构简介中找到能为你解疑释惑的科学家。

还有一种情况，是开放式的。可能不是严格意义上的采访，而是促进科学家与公众的互动。比如我们一直在做的科普活动"新民科学咖啡馆"，科学咖啡馆是从欧洲舶来的一种科学传播方式，在喝咖啡般自由的氛围里让科学家就某一新闻事件、热点话题发表见解，让公众直接与科学家对话，有提问与回答也有交流与建言。我们的活动现场没有讲台和演讲席，你可以一家三口一起来参加，大家是平等地聊一个和科学有关的新闻热点话题。气候变化，是新民科学咖啡馆经常会谈到的话题。这种场合，存在一定的不确定性，你事先并不确切地知道最终的报道会写什么。有的时候，科学家的主旨发言很精彩，很合我们新闻记者的胃口，但却没能打开现场受众的话匣子。有的时候，主旨发言环节的内容，对记者而言不够新，但现场受众很感兴趣。有的时候，科学家一个人高谈阔论的时候，用词过于学术化，老百姓听得一知半解，但到了互动环节，现场提问是“不按牌理出牌”那种，纯属天马行空的，反而激发出科学家的不少妙语，有点受众帮助记者采访科学家的意思。

**刘**：感觉好多报道是政府层面的，对公众观念的推广作用不大。

**董**：是有这样的问题，还不仅仅是报道停留在政府层面的问题。虽然对气候变化的研究是有持续性的，对气候变化的认识也是有阶段性的，但是在我们的新闻报道中这些却没有体现出来。很多文章还是反复使用那些最常见诸媒体的数据，说来说去都是那些口号式的呼吁，公众难免会产生审美疲劳。每一次气候变化的报道高峰往往是一个国际性的重大事件，媒体蜂拥而上轮番炒作。某年相关事件比较多的话，那一年气候变化的报道也就会相应多一些。比如，巴厘岛路线图、哥本哈根会议、坎昆会议。问题是：从巴厘岛到哥本哈根，公众对气候变化的理解有加深吗？

**刘**：我今天看到一个研究报告说，2006～2007年间，中央级媒体一般从政治角度来报道，科技媒体多从专业角度来报道，你觉得是不是存在这样的角度差异？

**董**：大致是这样的。我国的专业媒体还很少。像我们这样的都市类媒体，常常强调要从民生角度切入，去报道气候变化问题。不过，这些所谓的角度是没有明显界限的，是可以互相融合的。

**刘**：从报道技巧来说怎样才能更吸引人？

董：这其实挺难的。当然，我们要从考虑到新闻的贴近性，要寻找地域上、心理上贴近的角度去报道气候变化这一相对严肃的题材，谋篇布局、遣词造句、叙述方式都要想方设法吸引人，且不能影响报道的准确度和深度。还有一个不那么显而易见的问题，如何兼顾报道的客观性和可读性，如何在一些没有定论的事情上，既让各方都发表意见，又不至于把受众搞晕。我曾在外媒中看到一种说法，认为美国的气候变化报道没有对气候变化的事业起到很好的推动作用，我想其中一个原因就是它罗列了太多不同的意见，在媒体上采用了太多辩论模式。我之前提到过，气候变化领域很多根本性的问题并没有在学界达成一致。不确定性对现代科学而言是其本身特质的一部分，但你该如何将此传播给公众？读者会问：既然是现在还没办法说个准的事情，那为什么要告诉我？而且，在思维方式上，我觉得，中国人更不容易接受不确定的东西。

刘：科学性与通俗性很难平衡。

董：是的，很难平衡，但在报道时必须要做一个平衡。我们可以更多地报道人类该如何应对气候变化，而不是简单地渲染气候变化可能带来的危害。全球气候变暖现在好像成了一张可以跟任何事情扯上关系的狗皮膏药，今天温度出奇的高了，也会被自然而然地扯上全球气候变暖。事实上，天气和气候不是一回事。

## 对气候变化的兴趣是逐步积累的

刘：你一直都在很认真地吸收气候的知识吗？

董：这是必须的。我刚开始做气候变化报道的时候，觉得很新鲜，求知欲也就特别旺盛。时间长了，也会把经验跟知识结合起来，仍然要经常浏览一些相关的书、纪录片、网站。对一个文科生而言，要补很多自然科学的东西，包括不支持气候变化论的非主流观点也要了解。比如，我买过一本《全球变暖——毫无来由的恐慌》，里面有不少数据和例子也很有意思，有它的道理。

**刘**：国内外的资料会不会有一些区别？

**董**：感觉国外的资料更客观一些，有时候还比国内的更容易获取些。

**刘**：关于气候变化报道，有相关培训吗？

**董**：英国文化协会经常会组织一些媒体研修班，邀请科学家和媒体人共同参加，分享科学研究的进展和前景，媒体报道的心得与经验。不少国外的高校和NGO，也会提供一些相关的奖学金或者进修机会。很多跨国企业也很愿意赞助这样的活动。老外们通常更乐意也更善于沟通，可能是因为国外申请科研经费时往往被强制性要求履行科普的义务，告知公众他们所从事的科学研究有什么价值。

**刘**：和这个领域的同行怎么交流？

**董**：和其他条线的同行交流没有大的区别。我们共享的更多是专家资源，是研讨会和讲座信息，是科学新知，而不是简单的新闻由头。我们在MSN上、新浪微博上都有专门的群，也经常跨地域地策划一些科学传播活动。

## 媒体和受众都要有适应气候变化的过程

**刘**：《新民晚报》的气候与科技这一版面是从什么时候开始的？

**董**：我们目前尚无专门的气候版或环境版什么的。相关的新闻类版面是科教卫新闻版；副刊类版面是新智版。

**刘**：民众对气候变化议题会不会越来越了解和关注？有没有促成一些行为模式的改变？

**董**：会吧，不过，公众关注的角度会比较多样化，比如某一极端气候事件，比如“绿电”的购买和使用，比如海平面上升，比如低碳出行。这其中便有不少涉及行为模式的改变。最初的气候变化报道可能有点类似预告，而近几年我们看到的是已经发生、正在发生的事，应对气候变化不只是科学家的事，需要全人类付诸行动。人们已经逐渐认识到有气候变化这么回事儿，但很少有人会为了减排而放弃私家车。

**刘**：你觉得自己是不是在常年关注中获得了很大的提高？

**董**：当然有提高，记者需要不断的学习和积累，科技记者在这方面的迫切性更高。气候变化本身是一个新的课题新的话题，媒体和受众都需要一个适应过程。

## 气候变化报道逃不脱政治色彩

**刘**：报道中会受到政治因素的干预吗？

**董**：目前很少。当然，气候外交已经登上了国际政治舞台，为了在《京都议定书》到期之后形成一个新的国际减排指标，联合国每年都要组织各国参与的多轮谈判，这本身就是政治。就连气候变化的科学研究，也被人质疑其客观公正性，这两年 IPCC 多次卷入负面新闻中。

**刘**：会不会有自我审查，自动过滤掉一些东西？

**董**：没必要隐瞒什么。

**刘**：你报道过国内或国外一些大型会议吗？

**董**：主要是参加在国内举办的大型会议。曾经跟随中国首次大学生北极考察队，赴北极圈内的斯瓦尔巴德群岛（黄河站等多国北极科考站均建于此地）考察，极地是观察气候变化的好地方：冰川的退缩、浮冰覆盖面积的减少，甚至北极熊数量的下降，都很能说明问题。其中有个采访对象的话，令我至今印象深刻，他说：“我们是影响全球气候变化的第一代人，也是能幸免于气候变化后果的最后一代人。”

**刘**：关于哥本哈根会议，你应该做过很多报道？

**董**：我和我的同事们做过很多报道。包括之前的不少预备会议，奥巴马的气候大使也到过上海接受过媒体访问。我们没有派记者去哥本哈根，所以前方报道更多是编译的，我们留在后方做一些外围的、相关的报道。我个人认为哥本哈根会议是一个政治事件，一次国与国之间谈判、以平衡国际关系与国家利益的努力，结果没有成功。在其中，气候变化问题本身早已沦为道具。

**刘**：你对中国担当的角色怎么看，中国应该承担更多的责任吗？

**董**：如何定义“更多的责任”？整个国际社会都有责任，有现实责任也有历史责任。历史上西方国家应该承担的责任，他们没有承担。而现在，我们还没度过最容易产生排放与污染的发展阶段，生活水平还需改善。要在国家层面上达成减排协议，太难了，很多时候都逃不脱政治色彩。我在首尔参加过一次以城市为单位的气候变化峰会。也许，从城市层面出发，会有一些更可行的模式可以借鉴、可以推广吧。

（访谈：刘璟　整理：赵连敏）

## 财经类媒体如何细分气候变化议题

### ——《民营经济报》记者邱登科访谈

**【个人简介】**邱登科，1966 年出生于湖北，山东大学化学系毕业，1988～2000 年历任广州蓄电池研究所工程师、高级工程师、所长。2000 年至今任《粤港信息日报》、《民营经济报》记者。从事新闻工作期间，在科技、环境保护、知识产权等领域的报道获国内外奖项，并获美国、丹麦、南非等国访问学者。

### 报道气候变化要唤起公众觉悟

**刘璟（以下简称刘）**：您作为报道环境和气候变化记者，怎么看待气候变化的科学性、紧迫性？

**邱登科（以下简称邱）**：气候变化就目前来说，已经成为世界的第一议题了。所谓世界第一议题，分深度和广度两个方面。

从深度来说，最可怕的后果就是会造成对整个地球系统的毁灭性打击，不但影响经济形态，还会影响政治形态，尤其是地缘政治形态，相邻国家间的关系也会受到影响。

从广度来说，可以说它影响整个地球，没有一个国家没有受到波及。发达国家受到冲击，发展中国家受到冲击，极度贫困国家更是最容易受到冲击。

所以从深度和广度来说，它都是整个人类面临的最迫切的问题。作为记者，不管你从事哪个领域，都必须去了解气候变化。

**刘**：您在进行报道的时候，主要从哪些角度切入？

**邱**：除了一些简单快速的动态稿，我大量精力都放在气候变化报道上，几乎相关的角度都会涉及到。不仅如此，除了记者身份，我还参与一些社会活动，包括给记者做培训，承担一些相关的传播项目，编写这方面的书籍，等等。

**刘**：你们报纸上有固定的气候变化报道版面吗？

**邱**：我们没有固定的版面。《民营经济报》有像创新和低碳经济版这样的版面。大量的气候变化报道都是围绕企业和政府应对气候变化创新的。我会比较有主导性地去做这方面的工作，而不是被动地发现哪里有新闻就冲到现场去。

**刘**：您好像提倡不仅要做记者，还要成为行动者？

**邱**：对，我花了很多时间主动推进，并且是有意识地去做，主观引导很重要。不能像有些记者哪里有新闻就往哪里冲。

**刘**：会不会有截稿时间的压力？

**邱**：也有，但不会太大。因为如果做气候变化报道，太按时间限制的话，可能就做不透。我一般会花比较多的时间去找依据，去求证，不单报道新闻事件本身，会去报道针对这个新闻事件相关的背景，它所波及到的影响。

**刘**：能够让你有时间和空间去做这些议题？

**邱**：我可以主导性地去做，不会受版面或者受时间的压力。报社给我的空间相当大，基本上要去抓什么东西，或者要去跟踪什么事情，挖掘某方面的知识，都可以主动完成。

**刘**：自由度是不是也和你们媒体的性质有关？

**邱**：广州的平面媒体非常强势，因为它市场化程度比较高，按市场的规律来做新闻。

刘：您从事了多久的气候变化报道？

邱：应该是在2003、2004年开始的。

刘：您的专业背景是文科还是理科？

邱：物理化学。

刘：能否简单描述下《民营经济报》的性质？

邱：属于财经类媒体。

刘：最近一年中，报道气候变化的天数有多少？和上一年相比，是增加了还是减少了？为什么？

邱：肯定在20天以上，比原来增多了。为什么比原来多？一方面我更专注于做气候变化报道，基本上把以前跑的那些条线都放弃掉，分给其他记者去做了。另外一个方面，气候变化越来越迫切，中国也越来越感觉到它的重要。

刘：在气候变化这块，编辑的意志对报道影响大不大？

邱：关键是报社管理内容的总编和副总编，对媒体内容负责的人能够重视，可能就更好一些。如果单是编辑的话，记者采访内容过来，他只是起一个加工，对整个内容导向不一定起到决定性的作用。

刘：气候变化很复杂，涉及政治、经济、科学、社会、环境等等，你怎么看它的复杂性？按重要性的话如何排列？

邱：从关注程度来看，政治问题肯定是最高端的。这几个方面都很重要，就是环境稍次要一点点。其实在中国，气候变化对环境的压力，不如污染等对环境的破坏大。科学问题我是高度关注的，经济问题也是的，一旦发生经济转型，整个经济格局可能就会发生变化。我觉得气候变化跟环境之间的关联度，可能不如污染、空气、水、土壤对社会的压力那么大。

**刘**：那社会问题呢？

**邱**：社会问题关注是关注，但是作为新闻来说，它必须要有冲突性，气候变化和社会活动的直接冲突还不是那么明显。气候变化还不足以构成目前中国社会的社会张力。但公众因素太重要了，其实我们做社会工作主要还是唤醒公众的觉悟。

## 报道大问题要有大思路

**刘**：您在做报道的过程中，如何获取相关信息？

**邱**：现在资讯来源比较发达，往往就是从网络、专业刊物找新闻线索。但是最后要求证一个问题的时候，一定要当面找科学家。哪些是值得我信赖的科学家，哪些是我不相信的科学家，是有我的标准的，当面求证，有时候会逼得人家没办法，这种情况都有。如果他不愿意回答你的问题，你又要逼他回答，一般就把他的姓名隐去，不能说是谁说的，只能说是某个领域的科学家说了什么事情。

**刘**：记者在报道的时候可能要找很多资料和素材，使报道更让人信服。实际上中国还是有规范的、从政府视角出发的书，里面有很多数据，也有中国现在气候变化方面的探讨。但是现在的气候变化报道，对它的引用是非常少的，是为什么？

**邱**：主要就是务虚的成分太大，中国就是这样，基本上国家层面就是一个原则性、框架性的东西，这放到报纸上说了等于没说。其实有些东西是要落实的，比如说法规、文件，比如说对产业政策和经济结构有真正引导作用的东西。那些框架性的东西太虚了，放到报纸上意义不大。

**刘**：您在报道气候变化时最大的疑虑和困惑是什么？

**邱**：我一直持续思考的问题就是，将来气候变化问题到底会往哪里走？它的前景怎么样？比如说，联合国应对气候变化有一个基本的原则，叫做“共同承担有区别的责任”，实际上是非常有技巧性的，对发达国家、发展中国家、东方国家、西方国家，还有一些极度贫困地区都提出了要求。气候既是最迫切的议题，又是一个特别持续深入的议题，单从经济责任或者政治责任，或者从西方政治发达，甚至像美国这种价值观输出，从这些问题上去思考，都没有结果，将来这些问题会上升到气候变化的一个哲学问题。

**刘**：哲学问题怎么理解？

**邱**：实际上你在思考这个问题困难的时候，你会想，原罪在哪里？这个问题再往前推，就会推到这种文明的模式是从哪里来的，是谁发扬光大的？最后形成怎样一个系统？要怎样合理性地去解决？要站在一个什么高度去说服人家？所以会想到不同的人种、不同的国家、不同的文化体系。在处理大问题的时候，一定要有大思路，不能用一些小的技巧去解决这么大的问题。

**刘**：您是从工程师转而做记者的，怎么会做这个决定？

**邱**：这个问题比较复杂了，也算是一种兴趣，反正做文字工作也比较擅长，做研究也比较擅长，当时研究所要转制，我就不太想干了，也积累了一些资源，给报刊写点文章。还有一点要强调的是，当时做专业工作感觉思路越来越窄，从事传播以后，感觉思路开阔了很多。

**刘**：受众对这个议题的关注程度的变化是怎样的？

**邱**：关注度还是越来越高，企业界是我们报纸的主要读者群，普通市民往往不是。企业界对这个问题越来越关注，他们感觉到气候变化是大势所趋，会引发产业革命。比如说减排、低碳，这些议题对企业来说都是看得见的利润。2007 年的时候，已经有跨国公司在中国采购的时候贴上碳标签，没有碳标签卖不出去，直接影响到企业的生死存亡。企业家要考虑利润和企业的前途，绿色、低碳、新能源等产业大有可为。

**刘**：好像在2005年，气候变化报道的数量有一个显著提升？

**邱**：对，2005年应该是一个比较大的变化。记者持续不断地关注气候变化的进展情况，对企业界的觉悟其实有很大的帮助。2005年还有一个气候事件就是《京都议定书》正式生效，2007年有巴厘岛气候谈判，巴厘岛路线图确立，然后2008年波兹南会议，2009年就是哥本哈根，整个气候变化议题不断升温，中国跟上了这个节奏。

**刘**：那做具体采访的记者，怎样培养自己的科学素养？

**邱**：我们报社情况比较特殊一点，因为我们记者、编辑数量不多。在广州来说，平面媒体中我们规模算是比较小的，所以能够关注这个领域的人其实也不多。可能也就是有一两个编辑，然后加上我，加上个别记者。我们会形成一个团队协作来做一个气候变化报道。他们都没有相关的背景，所以基本是我来主导。如果我让他们协助做一些采访，就会告诉他应该先读哪些资料，准备哪些东西，去了解这个专家有哪些背景，去问哪些问题能够跟他形成比较好的沟通，或者哪些企业这方面做的情况怎么样。

**刘**：听说您隶属于一个国际科学报道组织？

**邱**：对，有一个世界环境记者网络，有一个世界科学记者联盟，主要是这两个比较大一点。还有一些欧美的非政府组织，跟我们关系比较密切，经常会发一些资料给我们。我会从里面选一些议题来做。

**刘**：那您报社的记者，会有比较多的机会参与这些组织的培训吗？

**邱**：很少，培训的要求还是很高的，不光要有专业素养，英文水平也要比较高，还要有这样的眼界。具备这样素养的记者太少了。很多强势媒体都找不到，不要说我们这种相对弱势的媒体。

刘：您觉得国内报道气候变化的记者主要存在什么问题？

邱：一开始我们就说气候变化议题越来越重要，相应地，必须要有一批人来跟进。你要不断提升记者的素养，现在的问题不是关注的人少，而是相关素养比较缺乏。知识培养的难度倒在其次，观念、意识更重要。

刘：在报道时要把科学的东西通俗化，中间有困难吗？

邱：这是最难的，做科学报道的时候，必须要既吸引眼球，又能让人明白，同时又不能犯错误。所以科学家跟我们在一起聊天的时候，我们教他们这个问题要怎么描述才能吸引读者。这对科学家来说是不可思议的，但是对记者来说，这是专长。

刘：那您是怎么做的？

邱：我给你举一个例子，有一个技术叫碳捕获及储存，英文缩写叫CCS，当时我就写了一篇文章，就是煤电厂，要把排出来的碳搜集起来，然后再打到地底下去埋起来。我当时文章的标题叫做“把烟囱埋到地底下去”。这就很形象，又不会犯错误。然后我一查，同一天一个《楚天都市报》的记者，跟我发的标题一模一样，就这么神。

刘：具体阐述这个故事的时候怎么操作？

邱：具体阐述也不能太专业，尽量用最通俗的语言把它描述清楚。怎么样把二氧化碳储存起来，埋到地底下去，这样做有什么好处、有什么弊端。

刘：这个领域的记者做了很多通俗化、形象化的工作？

邱：对，必须要这样做，不这样做就没有读者，记者比科学家强的地方就在这里。有个英文词组叫做 reach out，让受众接受，这是对科学家的基本要求。我一跟欧美的大科学家说 reach out，他们就眉飞色舞。中国的科学家多数还没有这个素养。对政治家要有政治家的语言，对企业家有企业家的语言，对公众有公众的语言，对小孩子有小孩子的语言，这都是 reach out 的事情。所以我们在报道一些比较大的话题的时候，就很少找国内的科学家，我们直接找国外的科学家。当然，一般的采访，国内科学家肯定会多一些，找国外科学家肯定不是很方便，要发邮件。

## 从民间和技术趋向大同

**刘**：您自己在做报道的过程中，会不会优先考虑国家利益？

**邱**：我基本上不会太多纠缠于国家利益。如果从利益角度考虑问题的话，我更多考虑企业利益。因为我觉得国家这个概念涉及的问题太复杂，不是一个简单的经济问题。我们的报道还是集中在经济方面的要素，如果是谈利弊的话，更多把利弊分析放在产业。我觉得对于一个国家来说，利益实在是太不重要了。所有的利益不都是国家的吗？

**刘**：我个人的理解，是不是国家是世界发展大趋势中的一个暂时的阶段？

**邱**：那倒也不一定，但是一个国家他如果把自己的利益看得太重了，不去考虑其他国家的利益，我觉得也不合适。没有哪个国家会这么干。

**刘**：应该是一种互惠。

**邱**：对，更多的应该考虑互惠互利，共同应对。

**刘**：那按照您的说法，中国去参与哥本哈根会议时的角色是不是应该尽力达成协议？

**邱**：那倒不一定，实际上谁能够提出一套大家都能接受的协议？如果单纯地停留在这种政治格局的纠缠上面，只能吵成“一锅粥”。

**刘**：那您对中国参与气候变化峰会的角色，有没有什么期待？应该以什么样的角色参与？

**邱**：我越来越觉得，中国在整个气候变化问题上起的作用太大了。中国整个国家的态度实在太重要了。欧洲并不是那么重要，因为欧洲整个社会体系已经非常成熟了，不可能发生太大的变化。不像中国和美国，不断有发生巨变的可能性。但是这个巨变往哪个方向走，直接决定这个气候变化议题到底往哪个方向走。所以为什么中国和美国在这个问题上纠缠不休，各自站在自己的立场不退步不让步，就是因为他们太重要了。

**刘**：那你觉得中国现在在这个方面做得怎么样？

**邱**：我觉得中国还是做了事情的，只是没有办法一步到位，也不能答应人家所有的要求。但是中国在这个问题上是“以我为主”，就是这样一种姿态，就是有我自己的一套系统。欧洲有欧洲的计算方法和系统，我们有我们的计算方法和系统。我们按自己的系统来做，也能达到欧美所说的系统和目标。如果完全按西方的系统给一个太明确的目标，中国暂时没有这个能力。所以中国现在提的只是节能减排，没有提承诺减排的量是多少。

**刘**：双方都做了努力，为什么没有达成协议？

**邱**：我觉得还是价值观的体系完全不一样。一天两天不能指望解决什么问题，技术问题也要一步一步来解决，大家积累到一定程度，说不定在某个层面就达成一致了。现在主要技术都在欧美国家，中国如果要实行经济形态的转变，又要大量从欧美国家购买这种技术，不是又受制于人了么？从国家主导的角度来说，中国肯定不愿意干这个事。如果中国自己本身的技术储备到了一定程度，矛盾就可能有所缓解。

**刘**：国际间合作是不是在一定程度上受阻了？

**邱**：也不会有很大的阻力，只是没有一个完整的机制去推动。但如果民间的合作，企业与企业间的这种合作，这种技术的转让，大家都看得见，也是有好处的，就利于推广。

**刘**：请您再总结一下产经类报纸报道气候变化的特点和视角吧。

**邱**：财经类媒体更多要关注由于气候变化议题引发的经济形态的变化。比如说我们也在编一套教程，分成实体经济和虚体经济，虚体经济比如金融市场、期货、碳交易这些虚拟市场。实体经济就是直接的产业，比如说制造业、服务业。财经媒体要对气候变化的议题进行细分，一旦有新闻点，马上会反应过来，这个议题将来会引导哪些产业发生什么变化。这样做起来会很有方向性，很有针对性，也很容易吸引读者。

（访谈：刘璟　整理：于希旖）

## 气候变化报道的网媒经验
### ——华龙网李心成访谈

**【个人简介】** 李心成，2000年毕业于西南政法大学，现供职于重庆华龙网。2000年至2002年6月，于西南科技大学法律系任教。2002年6月～2003年10月，在重庆民间环保机构——重庆市绿色志愿者联合会工作，此间创办了“重庆大学生可持续发展领导型人才培训班（SLEADER）”，并积极参与了气候变化宣传。2003年10月～2007年9月，在《重庆晚报》担任记者。此后来到华龙网。在华龙网工作期间，参与策划了“中英低碳行动”专题网站建设，并积极参与相关活动报道。作为媒体记者和地球的一名普通公民，李心成一直在持续关注气候变化问题，积极倡导低碳生活。

### 媒体是连接公众与专家的桥梁

**傅盛裕（以下简称傅）**：您是怎么样来看待气候变化的问题的？比如它的紧迫性、科学性。

**李心成（以下简称李）**：气候变化的问题归根结底还是可持续发展的问题。它的紧迫性不言而喻，尽管科学家没有给出一个明确的、肯定的答案说气候变化就是人为因素导致的，但是现在我们遇到的事实就是感觉极端天气出现和气候变化有关，对人类的生存造成了威胁和影响。

IPCC已经出了4个报告，从一开始就20世纪80年代出的第一个报告，到90年代，到2000年和之后的最近的一次，它的科学性逐渐被人们认知。IPCC组成的专家团是来自世界最权威的顶级科学家，因此他们出报告的科学性已经足以向我们证明气候变化。研究是很科学的，结论我也认为是科学的，而且IPCC出的报告里也是说90%以上的可能性是人为导致的，它没完全说是。我觉得科学性、严谨性都已做到了。

**傅**：您觉得媒体在气候变化报道当中应当承担什么样的职责和角色？

**李**：媒体的作用非常重要。比如说科学家研究的结果，发现气候变暖已经成为一种趋势，影响了人类，他必须把这个结论告诉公众，中间的桥梁就是媒体。媒体要科学地告诉公众，就要传播正确的观念和新闻。这就需要采访，而且要持续采访。

中国的现实就是从 20 世纪 80 年代缺乏认知，到 90 年代开始认识，到 21 世纪现在的这几年，媒体对气候变化的持续关注。我想媒体的持续关注也正是公众持续关注的一个缩影。因为只有媒体持续关注了公众才能够持续关注。没有媒体的话，科学家研究得再多、政治家关注再大，可能也不会引起公众足够的重视，所以媒体在这里面角色就是说把政府决策者的东西和科学家研究的结果通过桥梁传达给公众，也引起他们对气候变化的关注，这个作用不可替代。

**傅**：媒体的持续关注是非常重要的，但前两年有研究发现，好像一些类别的媒体对于气候的关注力度其实不是很高。

**李**：关注气候变化和经济发展水平密切相关。我相信这个研究结果包括你们看到的媒体有几个特点，第一个要么是行业类媒体，比如说文化类的媒体如杂志、报纸，它可能不会关注；第二要么就是经济不发达地区媒体不关注，巴基斯坦闹洪水，他关注的是我明天能不能不被洪水淹。虽然你可能会给我说这洪水是气候变化导致的，对不起，我不关心，我只想知道明天能不能不被淹，明天能不能有饭吃，能不能找到工作，养家糊口，这才是最关心的。

所以谈到媒体关注不够的时候一定要和当地的经济发展水平相结合。为什么在中国，尤其是在西部地区，比如哥本哈根会议，我们报道得不多或者说只是转了中央媒体的报道，原因就在于大家觉得这个东西离自己太远了。那是政治家去讨论的事情。

我觉得两点，第一点经济发展水平，第二点与公众切身的利益相关。只有具备了这两点，当地的媒体也好、其他媒体也好，才能够持续关注。

**傅**：我们看现在的气候变化报道，其实有的时候不仅仅是针对气候变化本身的，有可能还是经济报道或者外交、政治报道。您看气候变化报道议题更关注哪些领域。

**李**：针对你这个问题，我做这样的排序：第一，最关注的肯定是科学领域。因为只有科学家研究是最准确的，它不带有偏见，不带有政治色彩。第二，我关心社会问题，这指的是个大社会概念，比如说能不能引起社会混乱、稳定，以及文化的发展，可能这个概念比较宏观。第三，我关心环境问题，你比如说会不会引起生物的多样性变化，最后是政治和外交，我把政治和外交排在最后。因为政治和外交是带有集团和政党色彩的。

## “中英低碳行动”专题网站实践

**傅**：您个人大概是从什么时候开始关注气候变化报道？

**李**：从1996年起，我就开始关注气候变化的问题。1996年我进入西南政法大学读书，1998年自己创办了一个环保社团，成立环保社团之后，很关注的是重庆当地的水、空气。那个时候我已经看了一些报道有关气候变化的报道，特别关心气候变化对生物多样性的影响。

**傅**：这是您对这个问题的切入点？

**李**：对，后来渐渐地随着媒体的关注，信息了解得越来越多，包括政治的、社会的、文化的都出来了，也渐渐就对气候变化有一个更全面认识。包括IPCC研究报告，我也是逐渐弄懂的。到了2002年，我从西南科技大学辞职，到重庆市绿色志愿联合会（NGO）做了一年多志愿者。打那时起，自己去采取行动，做了几个以气候变化为主题的论坛和活动，其中一个是和英国驻重庆总领事馆策划的，全称是“中英应对气候变化公众论坛”，邀请了一些政府官员、企业家、大学生，一起来研讨公众在应对气候变化中起到什么作用，公众应该怎么做，找了一些方法和建议。

**傅**：那您写过，或者编辑策划过多少的气候变化报道？

**李**：我没有计算过，具体的可能不是特别多。对我来说最重要的就是2007年，参与策划了“中英低碳行动”专题网站的活动。这个低碳网站是2007年11月份上线，整个网站架构的策划是我做的。这个网站的主办方之一是英国驻重庆总领事馆，华龙网是承办方。主要目的，第一是传播现在国际上对低碳研究的进展，对低碳科学的报道，当然重点关注还是中国在节能减排领域所采取的政策措施行动。除了线上之外，我们还有线下的活动，比如说中英低碳法制建设研讨会，就是讨论怎么通过立法的方式来实现减排。

**傅**：这个会的参与人员大概是什么性质的？

**李**：中英低碳法制建设研讨会参与人员有英国的一位议员、中国的法学家、人大代表、政协委员，就这几个层次的人来参与，因为人大代表、政协委员是直接参与立法或对立法能起到积极推动作用的人群。法学研究者，他们怎么来研究低碳这个领域，怎么来通过立法的方式来节能减排。还有搞了一些低碳的公益广告的征集大赛，还有那个金点子征集大赛。

**傅**：这个网站现在还在继续运作吗？

**李**：还在运作，已经搞了3年，今年已经马上要进入第四期。主要的行动是低碳生活行动。我们之前叫低碳行动，它涵盖的就是政府、企业和公众。这次低碳生活行动关注的是一些小点子还有互助，比如说大家在线交流日常生活的一些心得理念。在低碳领域，我的主要工作就在这个方面，一是跟英国方面进行沟通对接，然后把想法付诸网站上去操作，然后实现低碳理念的传播。

**傅**：我比较感兴趣的是在一些比较大型的环保相关的策划活动当中，比如地球一小时，华龙网这边肯定也会有专题策划吧。

**李**：对，有。就是在那个网站里有我们的专题网页，我们连续两年都参与了，而且做了策划，我们会调集多路记者，对重庆地标性建筑熄灯行动进行报道跟进。

**傅**：大概每个组的人员构成？

**李**：一个文字一个图片。因为网络的优势是图，熄灯也是靠图。

**傅**：您在报道气候变化的时候，有没有一些值得拿出来给咱们从业者来分享的心得和体会？

**李**：要加强和外方合作，这有两个优势，第一，它的关注度不仅是国内。第二，可以从他们那里得到一些好的经验，他们对气候变化关注的是什么，怎么做，我们终归要以国际的视角来看待气候变化问题，不能老是站在自己地区的角度、国家的角度。

**傅**：这个气候变化报道本身还是具有一定的专业性和科学性的，但是新闻报道要求通俗，要贴近大众，要怎么样来处理这两者之间的关系？

**李**：要做到科学家的观点通过记者传出去的时候不误导读者，不偏颇地表达科学家的观点，不断章取义。怎么做呢？我觉得有几方面：第一就是记者要多看专家的论文，尤其是气候变化领域专家的论文。第二我觉得记者在采访完之后，一定要和科学家有一个反馈机制，因为你不是科学家，你是通过自己的理解去写的，万一你理解错怎么办？这样的话一是误导了读者，二是传递了错误的信息，三也让专家失去了信任。反馈机制很重要，在相互信任的基础上，记者把很专业的东西用科普化的方式表达出来，告诉读者。第三，一些机构应该主动担当起记者培训的工作。不要小看这样一些培训，实际上对我们来说，它们会潜移默化地改变我们一些报道习惯。

**傅**：您刚才讲到的主要是记者和科学家之间的互动，我觉得通俗易懂可能还有另外一方面，牵涉到写报道的时候如何讲故事。

**李**：对，现在中国媒体的报道，政治性的多，企业的多，老百姓的少。

这是我的一个切身感受。那么怎么从科学意义上来写一些通俗易懂的报道呢？有几个方面：第一，做气候变化报道一定要和当地的经济、文化、社会联系起来。第二，通过挖掘身边切切实实的故事来告诉读者。另外可能在写作的手法和风格上尽量少用专业术语，即使有也应该注明这个专业术语表达什么意思，笔风上要结合每个媒体不同的风格，比如都市类媒体就更侧重于活泼轻松，日报类媒体可能更多的是严谨，网络媒体呢，我觉得更多的是时尚或者是互动，结合自己的受众。

## 公众和媒体在气候变化议题上相互推动

**傅**：您觉得目前国内的气候变化报道的现状如何？存在哪些问题？

**李**：中国的媒体更加关注的是政策层面和宏观层面的气候变化，趋势性的东西。对微观和民生问题的关注比较少。

**傅**：那您操作选题，做报道的时候，切入点和其他的媒体有哪些差异？

**李**：比如说我是网络媒体的时候要考虑，网络媒体的特点是什么。量大，文章要短，打组合拳。我们做个专题，要有专家的声音，要有政府的声音，老百姓的声音。我们不一定放在一个稿子里，但我们不同的稿子里有表现。图片、视频，要结合一起来，有一个布局。

**傅**：您觉得如果要提高中国记者对于气候变化报道的重视程度，或者说推动报道水平，应该从哪些方面入手？

**李**：第一，政府重视非常关键。第二，对媒体记者进行必要的培训。由于培训缺乏，很多记者对这个领域的相关知识和前沿问题不了解。培训既是为了提升自己的素质，也能够得到很多资源。第三，是交流，包括去外国，拓宽记者的视野，吸取他们的一些经验。第四，是科学机构能有一些善于与媒体互动的权威专家，给记者爆料。如气象局、气候变化中心、环保局。

**傅**：据您观察，现在国内有志于做气候变化报道的记者身上有没有什么可以总结的共性？

**李**：第一，责任感。因为气候变化报道确实是耗时的，专业性也很强。一天两天完不成。写一篇气候变化报道挣的工分很低。

第二，紧迫感，现在的环境形势，尤其是气候变化带来的形势让我们感觉到，气候变化其实就在我们身边。像今年 5 月重庆发生的龙卷风，一下死了几十个人，这种不可思议的自然现象重庆几十年从来没有过的。

**傅**：如果让您来评价一下国内的同行对于气候变化报道的关注程度，您觉得如何？

**李**：我觉得记者这个群体都对气候变化普遍关心。但在媒体这个层面，因为受到市场因素限制，很多读者觉得气候变化离得很远。所以他们不会花大的精力，去做气候变化的相关报道。

**傅**：大体上看，公众对于这个气候变化的议题的关注程度高吗？

**李**：高。极端天气、自然灾害，导致粮价减产、粮价上涨。发洪水，淹了，受损失。干旱，没水喝。这样就都和生活相关了，关注程度就高了。现在“气候变化”这个词组，大家都能说出来了。

## 维护国家利益要以事实为中心

**傅**：在国内做气候变化报道，也有可能受到有关部门或者一些企业不同程度的干预吧？

**李**：气候变化不仅是经济问题，也是政治问题。既然是政治问题，每个国家的国情不一样，政治体制不一样，媒体的角色不一样，我们就应该尊重这种情况。我觉得有一点应该很清楚，就是我们应该在现有的国情体制下，来做一些报道。

**傅**：在已有的框架内来努力。

**李**：对，不能说中国的媒体按照美国的思路来报道。就像美国的媒体不可能按照中国的思路来报道一样。

**傅**：刚才谈到气候变化不仅仅是科学问题，也包括政治、经济等不同层面，如果牵涉到不同国家的利益的时候，怎么来处理？

**李**：首先我还是强调一个观点，任何一个媒体都要受本国的政治体制、文化和价值观取向的影响，这是事实，所有国家媒体都一样。什么叫冲突？难道说英国把它的价值观给我，英国就正确了吗？我的就狭隘了吗？也不是。难道说中国拒绝减排就错了吗？

**傅**：可能有些时候有这样一种情况，比如说本国的有一个企业或者相关的部门，它在破坏环境，但这个破坏行为可能是粗放式发展，有利于改善人民当前的生活状况。在这样的情况下，如果报道了这个事情产生了不利的影响，可能对国家利益是一种损伤。但是如果不报道的话对于全人类是一个破坏。怎么处理？

**李**：我觉得你说的这种情况是存在的。在中国，媒体监督还是要靠政府去督促，所以可以通过政府介入的方式，既维护了国家的尊严，又能够达到解决问题的目的，不一定要通过报道。

而在国际层面，国家利益是不可或缺的。可能是我们受到中国价值观的影响，这没有办法改变。但是在维护国家利益的前提下，同时要尊重气候变化科学研究的结论，不能违背这个结论去维护国家利益。

**傅**：还是要以事实为中心。

**李**：对，以事实为主的情况下尊重国家利益，比如说我们强调减排的问题，你不能强加给一个国家，减排是我的义务。我该做，但你别给我说必须减多少，那不行。你都发展完了现在让我来必须这么做，不公平。

**傅**：您觉得中国应该以什么样的角色来参加到国际性的气候变化大会中？

**李**：负责任大国的角色。中国现在已经是了。在这样一个国际问题上，我觉得不应该像美国那样，拒绝参加或拒绝签字。负责任的第一点就是要参加，第二个呢，要强调对话。大家肯定有很多分歧，但总有基本共识。至于怎么才能采取行动，多大的行动，先把共识达成了就好办。

**傅**：您刚才也提到，发达国家和发展中国家对于比如减排这样的议题的争议，可能更多地还是要以事实为基础，进行交流，达成共识以后，才可能根据不同的国家的基本情况来做出选择。现在部分人坚持认为发达国家应该偿还历史上的一些债务，也有发达国家认为发展中国家应该现在立即就承担起责任。您怎么看？

**李**：发达国家应该承担历史责任，一个人做错了事，不可能不认错嘛。发展中国家也应该立即承担起责任，立即行动。但这个行动有几个方面。第一，比如说像非洲国家，立即行动的就是教育人民立即节能减排。节能的方式有很多种。第二，通过企业技术改造升级，进行结构调整。

**傅**：不同的国家根据不同的实际情况可以做出不同的行动，但这个行动的目的是一样的。

**李**：目的是一样的，但行动的方式不一样。现在我们理解的行动呢就一定是减排，给你个指标，按那指标去减。

**傅**：您觉得作为从事科学报道的从业者来说，是应该有明确的国家至上的意识呢，还是应该说有超越国界的更加职业的追求？

**李**：我认为首先是尊重科学。记者一定要以事实为根据，传递真实信息，这是他们的职责。第二，在这个前提下，我们才能谈维护所谓的利益。

（访谈：傅盛裕　整理：李泽昆）

## 附录：本书编著者简历

贾鹤鹏，科学媒介中心（China Science Media Centre）创办人和执行主任，中国最早的气候变化报道者和传播组织者。他目前在美国麻省理工学院担任 Knight 科学新闻访问学者。此前，他是中科院《科学新闻》杂志总编辑，并带领该杂志成功改版为中国第一份服务职业科学家的新闻杂志。他 1999 年毕业于清华大学人文学院，获得历史学硕士后加盟《中国日报》。

2002 年，贾鹤鹏开始为英国公益性在线科技期刊科学与发展网络（SciDev. Net）写稿，从 2005 年开始，他担任了科学与发展网络（SciDev. Net）中国区域负责人，并负责该组织中文版的工作。2006 年以来，他已经为中国科技与环境新闻记者先后举办了多次科技新闻报道方面的培训，迄今为止，培训了超过 3000 多名记者。从 2003 年开始，他成为知名科技刊物《自然生物科技》（*Nature Biotechnology*）杂志中国特约记者。2005 年起，他先后应约为《自然》杂志、《科学》杂志以及英国《化学世界》杂志写稿。目前，贾鹤鹏已经出版了《争议中的科学》（2011）、《如何报道气候变化》（2008～2009）以及《全球化时代的科学传播》（2006）三本著作。

张志安，传播学博士、副教授、博士生导师，中山大学传播与设计学院院长助理，中山大学全媒体研究院秘书长，兼复旦大学信息与传播中心研究员、复旦大学媒介素质研究中心副主任、“文化繁荣与新媒体发展”上海社科创新研究基地研究员、上海外国语大学中国国际舆情研究中心研究员。美国国务院国际访问学者，香港城市大学及香港中文大学访问学者。研究方向：新闻生产、新闻从业者、融合新闻等。主持国家社科基金项目、教育部人文社科等多个项目，曾赴美国、日本、瑞典、挪威、中国香港、中国台湾等多个国家或地区进行学术交流。主撰/主编出版《报道如何深入》、《记者如何专业》、《深度报道 30 年幕后轨迹》、《驻华外国记者如何讲述中国故事》等多本著作。

方玄昌，《如何报道气候变化》第一章作者。男，1973年出生在浙江千岛湖。1992～1996年在吉林大学环境科学系（环境化学专业）学习。1996年9月～1999年3月在淳安县环保监测站从事环境分析工作，1999年3月～10月在北京晓清环保公司从事环境工程设计工作。此后进入媒体，先后在《中国科技画报》、《东方早报》、《外滩画报》、《中国新闻周刊》等报刊做编辑。2009年11月进入《科学新闻》杂志社，担任执行总编辑，2010年3月担任《财经》杂志科学环境版主编。

游雪晴，《如何报道气候变化》第二章编著者。女，科技日报新闻中心主任记者。1992年进入《科技日报》，从副刊部、星期刊到机动记者部、新闻中心，既做过科普版的编辑，也干过跑口记者和写深度报道的机动记者。曾获得中国新闻奖二等奖、中国科技新闻奖一等奖，并撰写出版过科普图书一册。也许因为地理学的专业背景，她对地学及资源环境领域新闻更为感兴趣。2005年跟随中科院综合科学考察队，在珠穆朗玛峰地区考察采访一个月。现热衷于气候变化及低碳经济等题材的报道。

李虎军，《如何报道气候变化》第三章编著者。男，1974年生，《财经天下》副主编。曾供职于《科学时报》、《南方周末》和《财经》杂志以及《新世纪》周刊等，历任《财经》杂志环境与健康版高级记者及《新世纪》周刊环境与健康版编辑。报道领域包括科学、技术、环境与健康。曾作为Knight科学新闻访问学者在美国麻省理工学院进修一年。2006年，李虎军最早参与发起了科学记者沙龙，并同时作为气候变化报道俱乐部开展活动。